S. FISCHER

STEPHAN ANPALAGAN

KAMPF & SEHNSUCHT IN DER MITTE DER GESELLSCHAFT

S. FISCHER

Aus Verantwortung für die Umwelt hat sich der S. Fischer Verlag zu einer nachhaltigen Buchproduktion verpflichtet. Der bewusste Umgang mit unseren Ressourcen, der Schutz unseres Klimas und der Natur gehören zu unseren obersten Unternehmenszielen.

Gemeinsam mit unseren Partnern und Lieferanten setzen wir uns für eine klimaneutrale Buchproduktion ein, die den Erwerb von Klimazertifikaten zur Kompensation des CO_2-Ausstoßes einschließt.

Weitere Informationen finden Sie unter:
www.klimaneutralerverlag.de

FSC
www.fsc.org
MIX
Papier aus verantwortungsvollen Quellen
FSC® C014496

Erschienen bei S. FISCHER

Satz: Fotosatz Amann, Memmingen
Druck und Bindung: GGP Media GmbH, Pößneck
Printed in Germany
ISBN 978-3-10-397198-9

Für Jasper

INHALT

ICH LIEBE DIESES LAND

»And I thank you
For bringing me here
For showing me home
For singing these tears
Finally I've found
That I belong here«

Depeche Mode – »Home«

Almanya

»Deutschland sagt Danke!«

So heißt die Veranstaltung, zu der Hüseyin Yılmaz eingeladen ist. Er, der 1 000 001ste Gastarbeiter, soll eine Rede halten. Über sich, sein Leben, seine Heimat. Über Deutschland. Und über die Türkei. Es gibt nur ein kleines Problem: Yılmaz ist leider während eines Türkeiurlaubs, im Beisein seiner Familie, verstorben. Er hatte sich seine Worte sorgfältig zurechtgelegt, es gab viel zu erzählen. Wie er seine Heimat in Anatolien verlassen hat und nach Deutschland gekommen ist. Wie seine Frau mit den drei kleinen Kindern alleine zurückblieb. Wie er nach der Arbeit auf deutschen Baustellen nachts in seinem Bett lag, die Briefe las und die Bilder anschaute, die ihn aus der Ferne erreichten. Wie die Sehnsucht überhandnahm, die Verantwortung aber alle Zweifel an seiner Entscheidung einhegte. Wie die Familie eines Tages endlich wieder vereint war. In Deutschland. Wie seine Frau verzweifelt versuchte, in diesem fremden Land mit seiner fremden Sprache Brot und Milch zu kaufen. Wie ihm die Kinder entglitten, weil sie Deutsche wurden. Viel schneller als er. Er hatte viel zu erzählen. Über seine Identität und seine Zugehörigkeit. Über sein Kommen und Bleiben. Über die seltsamen Deutschen, die ihn schlussendlich zu einem der Ihren gemacht haben. Der rote Reisepass der Bundesrepublik Deutschland war der Beweis. Er war nun Deutscher. Deutschtürke. Deutscher mit türkischem Migrationshintergrund. Ein türkischer Alman.

Die Veranstaltung »Deutschland sagt Danke!« findet in Schloss Bellevue statt, dem Sitz des Bundespräsidenten. Im Beisein der Bundeskanzlerin Angela Merkel. Hüseyin Yılmaz wird seine Rede nicht halten. Das macht nun Cenk Yılmaz, der sechsjährige Enkel. Cenk ist sichtlich nervös. Als er an das Rednerpult tritt, schwebt das Mikrofon einen halben Meter über seinem Kopf. Während er redet, sieht man eine Zahnlücke dort, wo einmal sein Milchzahn war.

> »Ich bin Cenk. Hüseyin Yılmaz ist mein Opa. Er ist vor kurzem gestorben. Aber ich weiß, was er sagen wollte. Wir haben zusammen geübt: Sehr geehrte Bundeskanzlerin und liebe Mitbürger. Ich danke Ihnen sehr, dass ich als 1 000 001ster Ausländer, der nach Deutschland kam, um zu arbeiten, heute zu Ihnen sprechen darf. Ich lebe seit 45 Jahren hier. Manchmal war es gut und manchmal schlecht. Aber jetzt bin ich glücklich. Früher hätte ich das nie für möglich gehalten …«

Cenks Stimme wird leiser. Die Kamera richtet sich nun auf das Publikum, man sieht Cenks Eltern, die gerührt sind und stolz. Seine Großmutter Fatma Yılmaz ist zu sehen, die Witwe von Hüseyin Yılmaz, der die Tränen über das Gesicht laufen.

Es ist eine der letzten Szenen eines Films, der so heißt, wie viele Menschen in diesem Land ihre Heimat bezeichnen würden: *Almanya.*

In der allerletzten Szene sieht man die gesamte Familie Yılmaz in der untergehenden Abendsonne sitzen. Sie essen und trinken. Gemeinsam mit Freunden. Man sieht alle Figuren des Films, die Erwachsenen und ihre jüngeren Pendants. Der alte Hüseyin Yılmaz führt sein jüngeres Ich auf eine Sitzbank, klopft ihm liebevoll auf den Rücken und flüstert ihm etwas ins Ohr. Beide lachen.

Der Film endet mit den unsterblichen Worten von Max Frisch:

»Wir riefen Arbeitskräfte, es kamen Menschen.«

Während der Abspann läuft, bleibe ich noch eine Weile nachdenklich sitzen. Dieser Film macht etwas mit mir. Dieser Satz macht etwas mit mir.

Ich habe anderthalb Stunden lang mit Hüseyin Yılmaz mitgefiebert, der sich Hals über Kopf in eine Frau verliebt, die er mit viel Liebe und List gewinnen muss, weil er ihrem Vater nicht gut genug ist. Ich habe mit einem verzweifelten Hüseyin Yılmaz mitgefühlt, der sich in einem fremden Land kaputt malocht, damit seine Kinder es eines Tages besser haben als er selbst. Ich habe schmunzelnd den Kopf geschüttelt, als sein daheimgebliebener Sohn Veli in der Türkei die Schule schwänzt, weil er seine Zeit lieber mit seinen Kumpels am Meer verbringt. Und ich habe dessen Bruder Muhamed bedauert, der schmerzhaft erfahren muss, dass die Freundschaft zu seinem vermeintlich besten Freund keinen Pfifferling wert ist, weil der ihn nur ausnutzt. Ich hatte Mitleid mit der Enkelin Canan Yılmaz, die ungewollt schwanger wird und nicht weiß, wie sie es ihrer

Mutter beichten soll. Und dem kleinen, zuckersüßen Cenk, der in der Schule ausgegrenzt wird, weil er in keine Gruppe so richtig hineinpasst. Ich war ratlos angesichts der erwachsenen Brüder Veli und Muhamad, die derart zerstritten sind, dass nicht einmal mehr Verachtung füreinander übrig bleibt. Und ich konnte nur erahnen, was für eine Überwindung es gekostet haben muss, als Veli den ersten Schritt auf Muhamad zugeht, um sich mit ihm zu versöhnen. Ich habe förmlich gespürt, wie Fatma Yılmaz' Herz zerreißt, als sie mitansehen muss, wie ihr Mann stirbt. Nach 50 Jahren Ehe, in denen sie alles gemeinsam durchlitten und durchgestanden haben. Nachdem sie vier Kinder großgezogen, eine neue Heimat gefunden, Häuser gekauft und zuletzt über grüne und schwarze Oliven gestritten haben. Wie sich die Trauer auf sie legt und sie ahnt, dass die Einsamkeit und die Schwere nie wieder weggehen werden.

Während ich diesen Film schaue, macht sich ein diffuses Gefühl breit, und erst ganz zum Schluss, als die Worte von Max Frisch auftauchen, lässt es sich präzise bestimmen. Es geht in diesem Film nicht um die Geschichte der türkischen Einwanderer in Deutschland. Es geht nicht um Gastarbeiter und Integration. Es geht um Beziehung und Vertrauen, um Träume und Wünsche, um Verzweiflung und Hoffnung. Die Protagonisten dieses Films sind nicht in erster Linie Türken, sondern Ehemann, Großmutter, Vater, Bruder, Schwester, Enkel und Cousine.

Sie erscheinen beinahe wie echte Menschen. Obwohl sie Ausländer sind.

In diesem Land, in dem es Schulen, Friseure, Wellnesshotels und Krankenversicherungen für Hunde gibt, in dem

Hunde Menschennamen[1] tragen und sich Hundehalter als »Hunde-Eltern«[2] bezeichnen, ist es noch immer ungewöhnlich, wenn Ausländer wie Menschen dargestellt werden.

Almanya hat zahlreiche Preise gewonnen. Das Fachpublikum war begeistert. Das Publikum der Berlinale war begeistert. Doch trotz der Qualität des Films, des Drehbuchs, der Schauspielerinnen, trotz der Verleihung des Deutschen Filmpreises in Silber in der Kategorie »Bester Film«, trotz einer Auszeichnung durch die Deutsche Film- und Medienbewertung mit dem Prädikat »besonders wertvoll«, trotz alledem kommen selbst die freundlichsten Besprechungen in liberalen Zeitungen nicht umhin, festzustellen, dass in dem gesamten Film »Integrationsdefizite« und »Ehrenmorde« ausgespart bleiben. Oder dass die beiden Schwestern, die diesen Film geschrieben und gedreht haben, keine Kopftücher tragen. Na sapperlot!

In der *Süddeutschen Zeitung* heißt es großzügig:

> »Es ist schon ganz in Ordnung, wenn inmitten all der notwendigen Debatten über den Stand der Migration und Integration in diesem Land gelegentlich jemand daran erinnert, dass es auch Einwanderer gibt, denen die Integrationsproblematik wesentlich fremder ist als Sauerkraut.«[3]

Der *Tagesspiegel* schreibt:

> »Es ist eben, auch wenn sich daraus starke filmische Dramen wie ›Gegen die Wand‹ oder ›Die Fremde‹ filtern lassen, nicht alles immer gleich ›Ehrenmord‹ oder pure Verzweiflung der nachgeborenen Einwanderergenerationen. Sondern es gibt

> auch das Vorandrängen der Jüngeren, die neue Lebensentwürfe suchen und durchsetzen, es gibt sie, die Integration im Alltag, und darauf vor allem richtet ›Almanya‹ seinen Blick.«[4]

Auch das macht mich nachdenklich.

> »Es ist eben nicht alles immer gleich ›Ehrenmord‹.«

Ist es das, was die Deutschen über die Ausländer denken? Die liberalen Deutschen aus der Mitte der Gesellschaft, die den *Tagesspiegel* lesen, die für den *Tagesspiegel* schreiben, über einen Film, der damit endet, dass der kleine Cenk Yılmaz in Anwesenheit der Bundeskanzlerin eine liebevolle Rede über seinen Großvater hält – auf einer Veranstaltung, die »Deutschland sagt Danke!« heißt?

> »Es ist eben nicht alles immer gleich ›Ehrenmord‹.«?

Der Film zeigt Ehepaare, Eltern und Kinder, die ihr Leben, trotz aller Widrigkeiten, in Freiheit, Würde und Liebe bestreiten.

Als Fatma Yılmaz nach ihrer Ankunft in Deutschland ihren Kindern eine Freude bereiten will, kauft sie einen ca. 30 Zentimeter großen Weihnachtsbaum und läuft anschließend mit den unverpackten Weihnachtsgeschenken an den argwöhnischen Kindern vorbei. Die sind entsetzt. Die verpackten (!) Weihnachtsgeschenke gehören unter (!) den Weihnachtsbaum! Dann klingelt das Glöckchen! Und die Kinder dürfen die Geschenke vorher nicht sehen! Wegen Christkind und so! Fatma ist völlig entnervt. Die Szene lässt sich in Sachen Schrägheit mittig zwischen der »Muppets Weihnachtsgeschichte« und dem »Früher war mehr Lametta«-Sketch von Loriot einsortieren. Eine muslimische Frau aus einem kleinen Dorf in Anatolien, die in einem deutschen Wohnzimmer einen windschiefen Miniaturtannenbaum aufstellt und ein Glöckchen läutet, um ihren Kindern eine Freude zu machen. Weil die unbedingt das christliche Weihnachtsfest feiern wollen.

Wie kann man diesen Film sehen und anschließend »Es ist eben nicht alles immer gleich ›Ehrenmord‹« schreiben? Selbst die menschlichste Regung eines Ausländers scheint nicht Mitgefühl, sondern Argwohn hervorzurufen.

Diese Ausländer sind in diesem Film ausnahmsweise einmal keine Projektionsfläche für Inländer. Sie müssen nicht als Boxsack herhalten, damit sich die Mehrheitsgesellschaft nach einem harten Tag an ihnen abreagieren und anschließend gut fühlen kann.

Im Gegenteil.

Der gesamte Film, das Ringen seiner Protagonisten mit ihrer Identität und ihrer Zugehörigkeit, das Hin-und-hergerissen-Sein zwischen Stolz und Angst, Vaterland und Muttersprache, Anerkennung und Ausgrenzung, alles das erreicht seinen Höhepunkt in den sechs Worten von Max Frisch, die ganz zum Schluss auf der Leinwand erscheinen.

»Wir riefen Arbeitskräfte, es kamen Menschen.«

Arbeitskräfte

Es ist ein Satz, der über den Film und seine Protagonisten hinausragt.

Und wie das so ist mit unsterblichen Sätzen, hat sich auch dieser von seinem Schöpfer losgelöst und verselbständigt. Der Satz stammt aus dem Vorwort zu einem Buch über Gastarbeiter. Der Filmregisseur Alexander Seiler sprach dafür im Jahr 1965 mit zahlreichen Protagonisten über ihre Heimat, ihre Arbeit in der Fremde und ihre prekären Lebensbedingungen. Das Buch ist der Nachtrag zu einem Film, der ein Jahr vorher erschienen ist. Auch dort kommen die Gastarbeiter zu Wort, aber auch die Einheimischen, die sich über die Ausländer beschweren.

Das Vorwort von Max Frisch lautet, leicht gekürzt:

> »Ein kleines Herrenvolk sieht sich in Gefahr: man hat Arbeitskräfte gerufen, und es kommen Menschen. Sie fressen den Wohlstand nicht auf, im Gegenteil, sie sind für den Wohlstand unerlässlich. Aber sie sind da. Gastarbeiter oder Fremdarbeiter? Ich bin fürs letztere: sie sind keine Gäste, die man bedient, um an ihnen zu verdienen; sie arbeiten, und zwar in der Fremde, weil sie in ihrem eignen Land zur Zeit auf keinen grünen Zweig kommen. Das kann man ihnen nicht übelnehmen (…). Aber

das erschwert vieles. Sie beschweren sich über menschenunwürdige Unterkünfte, verbunden mit Wucher, und sind überhaupt nicht begeistert. Das ist ungewohnt. Aber man braucht sie. Wäre das kleine Herrenvolk nicht bei sich selbst berühmt für seine Humanität und Toleranz und so weiter, der Umgang mit den fremden Arbeitskräften wäre leichter; man könnte sie in ordentlichen Lagern unterbringen, wo sie auch singen dürften, und sie würden nicht das Strassenbild überfremden. Aber das geht nicht; sie sind keine Gefangenen, nicht einmal Flüchtlinge. So stehen sie denn in den Läden und kaufen, und wenn sie einen Arbeitsunfall haben oder krank werden, liegen sie auch noch in den Krankenhäusern. Man fühlt sich überfremdet. Langsam nimmt man es ihnen doch übel. Ausbeutung ist ein verbrauchtes Wort, es sei denn, dass die Arbeitgeber sich ausgebeutet fühlen. (…) Aber sie sind einfach da, eine Überfremdung durch Menschen, wo man doch, wie gesagt, nur Arbeitskräfte wollte. (…) Es geht nicht ohne strenge Massnahmen, die keinen Betroffenen entzücken, nicht einmal den betroffenen Arbeitgeber. Es herrscht Konjunktur, aber kein Entzücken im Lande. Die Fremden singen. Zu viert in einem Schlafraum. Der Bundesrat verbittet sich die Einmischung (…); schliesslich ist man unabhängig, wenn auch angewiesen auf fremde Tellerwäscher und Maurer und Handlanger und Kellner und so weiter. (…) Sie arbeiten brav, scheint es, sogar tüchtig; sonst würde es sich nicht lohnen, und sie müssten abfahren, und die Gefahr der Überfremdung wäre gebannt. Sie müssen sich schon tadellos verhalten, besser als Touristen, sonst verzichtet das Gastland auf seine Konjunktur. Diese Drohung wird freilich nicht ausgesprochen, ausgenommen von einzelnen Hitzköpfen, die nichts von Wirtschaft verstehen. Im allgemeinen bleibt es bei einer toleranten Nervosität. Es sind einfach zu viele, nicht auf der Baustelle und nicht in der Fabrik und nicht im Stall und nicht in der Küche, aber am Feierabend, vor allem am Sonntag sind es plötzlich zu viele. Sie fallen auf. Sie sind anders. Sie haben ein Auge auf Mädchen und Frauen, solange sie die ihren nicht in die Fremde nehmen dürfen. Man ist kein Rassist; es ist schließlich eine Tradition, dass man nicht rassistisch ist (...). Trotzdem sind sie einfach anders. Sie gefährden die Eigenart des kleinen Herrenvolks, die ungern umschrieben wird, es sei denn im Sinn des Eigenlobs, das die andern nicht interessiert; nun umschreiben uns aber die andern. Wollen wir das lesen?«

Man muss unwillkürlich stutzen.

Unser Satz, der im Laufe der Zeit zu einer eigenen Kapitelüberschrift der deutschen Geschichte geworden ist, steht eingequetscht in einem Text, der mit den brachialen Worten »Ein kleines Herrenvolk sieht sich in Gefahr« beginnt. Und er lautet gänzlich anders, als ihn mancher in Erinnerung hat, und auch anders, als er in dem Film *Almanya* zitiert wird. Man ist noch mit dem »Herrenvolk« beschäftigt, weshalb man ihn beinahe überliest.

»Man hat Arbeitskräfte gerufen, und es kommen Menschen.«

Wenn man ihn so sieht, macht es den Eindruck, als hätte Max Frisch irgendwann genervt aus dem Fenster geschaut und anschließend voller Verärgerung über das, was er sah, eine technische Beschreibung des gesellschaftlichen Zustands in die Schreibmaschine gehackt. Das gesamte

Vorwort klingt weniger nach staatstragendem Pathos als nach Zigarettenqualm und Migräne. Generationen von Sozialkundelehrern haben sich diesen Satz möglicherweise größer vorgestellt, als er tatsächlich ist. Eigentlich ist er klein, fast schon ein Nebensatz. Vor allem führt er auf ein Nebengleis. Die Hauptpersonen in diesem Vorwort sind nicht die Arbeitskräfte, sondern »das kleine Herrenvolk«, das sich »in Gefahr sieht«. Wegen der Arbeitskräfte, die die schlechte Angewohnheit haben, nebenberuflich Menschen zu sein.

Es gibt kaum eine Geschichte über die türkischen Gastarbeiter in Deutschland, die ohne dieses verfälschte Max-Frisch-Zitat auskommt. Auch *Almanya* nicht. Und beinahe so, als wollte der preisgekrönte Film aus dem Jahr 2011 die Wirklichkeit überholen, findet sich das Max-Frisch-Zitat sogar auf einer Einladung der Bayerischen Staatsregierung wieder, die im Jahr 2021, zehn Jahre nach Veröffentlichung des Films, einen »Festakt anlässlich des 60-jährigen Jubiläums des deutsch-türkischen Anwerbeabkommens« ausrichtet und dafür den bayerischen Innenminister und den Vorsitzenden der türkischen Gemeinde in Bayern reden lässt.

> »Vor 60 Jahren haben sich viele tausend Menschen aus der Türkei auf den Weg nach Deutschland gemacht, um hier zu arbeiten und zu leben. Geebnet hat ihnen diesen Weg das am 30. Oktober 1961 in Bad Godesberg unterzeichnete Anwerbeabkommen zwischen der Bundesrepublik Deutschland und der Türkei. Damit wurde nicht nur die enorme Arbeitsnachfrage des ›Wirtschaftswunders‹ befriedigt, sondern Begegnungen

> und Gemeinschaft geschaffen, wie Bayerns Innen- und Integrationsminister Joachim Herrmann den Schriftsteller Max Frisch zitiert: ›Wir riefen Arbeitskräfte und es kamen Menschen.‹«[5]

Der bayerische Innenminister der CSU zitiert also aus einem Vorwort, das mit den Worten »Ein kleines Herrenvolk sieht sich in Gefahr« beginnt und das von den unerschöpflichen Ressentiments der Mehrheitsgesellschaft gegenüber den Gastarbeitern handelt. Und er zitiert auch noch falsch.

Es passt aber auch einfach zu gut. Dieses Zitat. Eigentlich das gesamte Vorwort. Es passt gut zu Deutschland und seinem Umgang mit den türkischen Gastarbeitern. Es passt so gut, dass man eigentlich stutzig werden muss. Und noch einmal nachschauen sollte, wo genau dieses Vorwort erschienen ist. Wie das Buch heißt. Und um welche Gastarbeiter es sich handelt. Und siehe da: Das Buch ist 1965 erschienen. Im EVZ-Verlag. Es hat 244 Seiten und heißt: *Siamo italiani. Gespräche mit italienischen Arbeitern in der Schweiz.*

Italienische Arbeiter. In der Schweiz.

Es ist eine Information, die in jenem Teil des Gehirns explodiert, der für die kognitive Dissonanz zuständig ist. Italienische Arbeiter? In der Schweiz?

Man könnte wissen, dass es in dem Vorwort um die Schweiz geht, wenn man weiß, dass Max Frisch Schweizer war. Der lange in der Schweiz gelebt hat. Der über die Schweiz geschrieben hat. Der sich zeit seines Lebens hadernd und kritisch mit der Schweiz auseinandergesetzt hat. Der seine Dankesrede zur Verleihung des Georg-Büchner-Preises im Jahr 1958 unter den Titel »Emigration« und seine

Dankesrede zur Verleihung des Schillerpreises im Jahr 1974 unter den Titel »Die Schweiz als Heimat?« gestellt hat.

Sein Vorwort zu den Gastarbeitern ist ebenfalls als eigenständiger Text erschienen und heißt »Überfremdung I«. Wenig später erscheint »Überfremdung II«, nicht weniger unversöhnlich, nicht weniger scharf, dafür ausführlicher in seiner Begründung, damit es auch der Chef der kantonalen »Fremdenpolizei« versteht, der ihn zu einem Vortrag eingeladen hat.

Für Max Frisch ist die Schweiz keineswegs ein Sehnsuchtsort. »Wir sind Emigranten geworden, ohne unsere Vaterländer zu verlassen«, lautet ein nachdenkliches Zwischenfazit seiner Dankesrede zum Georg-Büchner-Preis.

Über die Jahre des Nationalsozialismus schreibt Frisch:

> »Schon wieder kommen die klassischen Flüchtlinge, die einem Todesurteil entfliehen. Dachau oder Schweiz! Ich schweige von den Namenlosen, aber ich schweige nicht von der Tatsache, der vielleicht verständlichen oder mindestens begründbaren, aber durch kein Eigenlob verdeckbaren Tatsache, wie viele Namenlose damals zurückgewiesen wurden in den sicheren Tod.«[6]

Nicht alle Flüchtlinge, die von den Nationalsozialisten verfolgt werden, dürfen einreisen. Viele werden an der Grenze abgewiesen. Diejenigen, die es in das Landesinnere schaffen, müssen in Emigrantenlagern zurechtkommen.

Es ist eine Zeit allergrößter Not, aber auch der künstlerischen und gesellschaftlichen Blüte. Die zahlreichen Flüchtlinge schreiben, spielen und fordern die schweizerische Gesellschaft heraus. Die österreichisch-deutschen Juden

Leopold Lindtberg und Therese Giehse prägen die »Neue Schauspiel AG«, aus der später das Zürcher Schauspielhaus hervorgeht.[7] Hermann Hesse, der im heutigen Baden-Württemberg geboren wurde, erhält 1946 den Literaturnobelpreis. Die renommierteste und höchste Auszeichnung für einen Schriftsteller wird der Schweiz zugerechnet, weil sie Hesse 22 Jahre zuvor ihre Staatsbürgerschaft verliehen hat.

Emigration lohnt sich. Kulturell, aber auch industriell. Doch die Schweiz beginnt sich zunehmend abzuschotten. Im Innern macht sich Unmut breit über die Fremden, die man auf der Baustelle, in der Fabrik, im Stall und in der Küche dringend braucht, aber eben nicht in den Läden, in den Krankenhäusern und in den Innenstädten.

Menschen

Womit wir bei den Italienern wären.

Der Filmregisseur Alexander Seiler gilt als Pionier und Mitbegründer des »Neuen Schweizerischen Films«. Er wird, ähnlich wie Max Frisch, mit zahlreichen Preisen geehrt. Er erhält die »Goldene Palme« von Cannes, den Zürcher Filmpreis und den Schweizer Filmpreis. Sein Nachlass wird vom Schweizer Filmarchiv verwaltet. Wer sich mit der Schweiz, dem Schweizer Film oder den ausländischen Arbeitskräften in der Schweiz beschäftigt, kommt an dem promovierten Journalisten nicht vorbei.

Seilers Mutter wird in Mailand geboren, er selbst macht Bildungsreisen nach Florenz, Rom und Neapel. Durch diese Verbindung zu Italien und zur italienischen Kultur ist Seiler besonders berührt von den Lebensumständen der italienischen Arbeiter in der Schweiz. Er möchte sensibilisieren, Bilder zeigen und die zuweilen offen rassistische und fremdenfeindliche Diskussion in eine andere Bahn lenken.

Die Weiterentwicklung der Filmtechnik kommt ihm dabei zugute:

»Die Realität, die es wieder zu entdecken galt, waren (…) die Menschen, und für diese Entdeckungsreise hatte sich mit der Technik des ›Cinéma direct‹ (geräuscharme Handkamera, lippensynchroner Direktton, hochempfindliche Emulsionen) eben erst ein neues Instrumentarium herausgebildet. Statt über Menschen zu sprechen, konnte man sie nun selber sprechen lassen.«[8]

Man muss hören, was diese Menschen sagen, wenn man wissen will, wie sie sich fühlen. Diese Menschen, die für sich selbst sprechen, reden wenig und fordern noch weniger. Nur das Nötigste. Eine ordentliche Wohnung zum Beispiel. Mit Küche und Bad, in der man wie ein Mensch leben kann. Sie hausen in Fünfbettzimmern und Zwölf-Mann-Baracken. Die wohlhabenden Schweizer haben ihren italienischen Arbeitern umgebaute Stallungen zurechtgemacht. Das stößt bitter auf.

»Wo sie sonst Kühe haben, dort müssen wir jetzt wohnen. Warum das? Wir sind Menschen wie sie.«
»Viele von uns wohnen in Häusern, die recht wären für Tiere, nicht für Menschen.«

Dass es menschenwürdige Wohnungen gibt, wissen sie aus erster Hand. Sie sind es schließlich, die diese Häuser bauen. In denen allerdings gibt es keinen Platz für sie.

»Ist die Wohnung noch zu haben?«
»Sind Sie Italiener?«
»Ja.«
»Dann ist die Wohnung leider schon vergeben.«

Egal wen sie fragen, egal was sie fragen: Immer ist alles aus, immer hören sie dieses eine Wort. Und dann wechselt der Mann für einen kurzen Moment vom Italienischen ins Deutsche: »Nein, nein, nein.«

Das »Ja« erfolgt auf Italienisch. In der ersten Szene sieht man einen Haufen nackter Männer, die wie auf dem Viehmarkt aufgerufen und durchgewunken werden. Sie werden auf Tuberkulose und Syphilis getestet. Anschließend dürfen sie einreisen und arbeiten. Die Filmagentur Swiss Films beschreibt ihre Funktion in der schweizerischen Gesellschaft mit wenig zurückhaltenden Worten:

> »Der Mensch wird zur Ware – Menschenware als Massenware –, deren einziger Sinn darin besteht, im Arbeitsprozess reibungslos zu funktionieren und sich möglichst einfach verwalten zu lassen.«[9]

Es würde kein bisschen auffallen, wenn man diesen Satz in eine Filmbesprechung zu Fritz Langs *Metropolis* oder zu Charlie Chaplins *Moderne Zeiten* hineinschmuggeln würde. Der Mensch als Ware. Menschenware als Massenware.

Dabei wirken die Menschen nicht wie Maschinen. Sie sind erschöpft und schwermütig. Sie kehren nach getaner Arbeit in ihre Behausung zurück. Sie leben eingeengt und eingepfercht, versorgen sich nur mit dem Nötigsten. Sie sind keine seelenlosen Maschinen. Sie wirken vielmehr wie Nutzvieh. Vielleicht haben die klugen Schweizer genau das im Sinn gehabt, als sie den kräftigen jungen Burschen ihren Kuhstall umgebaut haben.

Dass ausgerechnet diese Fremden nun genauso Menschen sein sollen wie die ehrenwerten Eidgenossen in der ehrwürdigen Schweiz, provoziert. In dem Film kommen nicht nur die Italiener zu Wort. Auch die Schweizer sind zu hören.

> »Das Laute, das ertragen wir Schweizer einfach nicht.« »Sie haben einen anderen Charakter als wir, nicht diese Schulbildung. Sie sind einfach nicht wie wir Schweizer.« »Wer weiß, wie lange sie zur Schule gehen. Drei, vier Jahre Schule, die sind dumm wie Bohnenstroh.« »Das ist die Gefahr. Vor allem hat es zu viele, es wimmelt.« »Sie wollen billige Wohnungen. Ganz gleich, ob sie zu sechst in einem Zimmer sind. Aber billig, billig, billig. Es ist nun einmal ein Herdenvieh.« »Wir müssen raus, und die Italiener bekommen die Altwohnungen.« »Man kommt sich selber als Ausländer vor.«

Während der Mann den letzten Satz auf Schweizerdeutsch sagt, ergänzt mein Kopf auf Hochdeutsch die NPD-Parole, die ich in den 1990er Jahren so häufig gehört habe: »Heute sind wir tolerant, morgen fremd im eigenen Land.«

Man muss sich konzentrieren, um mitzukommen. Nicht nur wegen der Sprache. Italienisch. Schweizerdeutsch. Untertitel. Sondern auch, weil Seiler in trauriger Genialität die sich selbst widersprechenden Schweizer in direkte Nachbarschaft zueinander gestellt hat.

> »Sie sind eine Gefahr für die Schweiz, sie konsumieren zu viel. Sie haben hohe Löhne, sie wollen alles haben.«

Einmal habe ein Italiener 27 Tafeln Schokolade gekauft! Ein anderer hätte die gesamte Reisetasche voll gehabt. Obendrauf die Schokolade, was sich unten verbarg, das habe man nicht sehen können. Ihr Nachbar ergänzt: Sie stünden die ganze Zeit vor dem Warenhaus herum, seien neugierig, würden gucken. Nur kaufen würden sie nichts.

Sie kaufen zu viel, sie kaufen zu wenig. Es ist, als würde man Mister Bean und Hape Kerkeling zu einer Zeugenaussage vorladen, um einen komplizierten Banküberfall aufzuklären.

In einem sind sich aber alle einig: Die Italiener gehen auf die Schweizer Frauen los. Selbst wenn sie 60 Jahre alt sind – wie ein Augenzeuge mit erkennbarer Verwunderung betont. Ein anderer führt aus, dass die 16-jährigen Schweizer Töchter besonders gefährdet seien. Kurze Zeit später hört man Musik und sieht eine Oben-ohne-Bar, wo eine tanzende Frau in leichter Bekleidung die Männer in Wallung bringt. Die Ansagen und Aufrufe sind auf Deutsch und Italienisch, Schweizer wie Italiener sitzen in dem Etablissement einträchtig nebeneinander.

In der Einleitung zu seinem Buch schreibt Seiler:

> »Wir kamen nicht als Soziologen oder Fürsorger, sondern als Fragende ohne Einschränkung, und ohne Ausnahme scheinen wir für unsere Gesprächspartner die ersten Schweizer zu sein, die sich nicht bloss für bestimmte Aspekte ihres Lebens, sondern für sie selber und alles interessierten, was sie zu sagen hatten.«[10]

Die Gesprächspartner, sie sitzen drinnen, sie sitzen draußen, rauchen Zigarillos, essen Spaghetti, schreiben Briefe, fahren sich mit der Hand durch die Haare und schauen nachdenklich in die Ferne.

Die einzige Konstante ist die Linie 14. Ein Zug, der die Arbeiter durch die pechschwarze Dunkelheit befördert und an ihrer Arbeitsstätte ausspuckt, wo der graue Nebel sie in Empfang nimmt.

> »Das erste Jahr in der Fremde, man hat etwas im Herzen … Ich weiß nicht … Das erste Jahr war schwer. Auch jetzt möchte ich immer nach Italien zurück.«

40 Jahre nach *Siamo italiani* begibt sich Seiler mit den Gastarbeitern von damals auf biographische Spurensuche. Globalisierung, Entwurzelung, Integrationsschwierigkeiten und Identitätsverlust durchziehen das gesamte Leben der Menschen, die ihre alte Heimat verlassen haben und in der neuen Heimat nie angekommen sind. Der Film heißt *Il vento di settembre*. Septemberwind.[11]

Rotationsprinzip

Das Zauberwort lautet »Rotationsprinzip«.

Im Jahr 1955 unterschreiben der deutsche Bundesarbeitsminister Anton Storch und der italienische Außenminister Gaetano Martino die »Vereinbarung über die Anwerbung und Vermittlung von italienischen Arbeitskräften nach der Bundesrepublik Deutschland«. Es ist nicht das erste Anwerbeabkommen mit Italien. Bereits 1937 beschließen das nationalsozialistische Berlin und das faschistische Rom eine Vereinbarung, mit der italienische »Arbeitskameraden« die deutsche Landwirtschaft stützen sollen. Als 1943 Italien aus dem Dreimächtepakt austritt und sich den Alliierten anschließt, werden aus 650 000 italienischen Soldaten und Offizieren über Nacht Kriegsgefangene und Zwangsarbeiter des »Dritten Reiches«. 50 000 von ihnen sterben oder werden ermordet.[12] 1955 soll es anders werden. 1956 kommen die ersten italienischen Gastarbeiter nach Deutschland. Freiwillig.

Das Anwerbeabkommen ist für beide Länder eine Erfolgsgeschichte. Italien hat besonders im Süden mit der enormen Arbeitslosigkeit junger Leute zu kämpfen. Eine gesamte Region leidet unter struktureller Armut, Perspektivlosigkeit und schlichtweg Hunger. Die Kriminalität ist hoch, zuweilen bietet die Mafia mehr Aufstiegschancen als Staat und Wirtschaft. Zeitgleich entsteht das deutsche Wirtschaftswunder. In Landwirtschaft, Baugewerbe, Metallverarbeitung und Automobilsektor werden händeringend Arbeitskräfte gesucht. Im Wortsinn. Kräftige Arbeiter, die die schweißtreibenden Knochenjobs erledigen.

In München erfolgt der Transit.

Einige bleiben hier, die meisten fahren weiter nach Ludwigshafen, Mannheim, Stuttgart, Solingen, Essen und vor allem Wolfsburg. Die Stadt, die mit dem Automobilkonzern Volkswagen quasi identisch ist, deckt ihren Bedarf an Arbeitern unter anderem mit Flüchtlingen aus der DDR. Als diese nach dem Bau der Mauer ausbleiben, richtet man sich auf die italienischen Gastarbeiter ein.

Der Vorstandsvorsitzende der Volkswagen AG, Heinrich Nordhoff, kümmert sich persönlich um die Anwerbung seiner Arbeitergäste. In der italienischen Zeitschrift *Quattrosoldi* wirbt der Konzern, man könne bei ihm »jedes Jahr eine halbe Millionen auf die Seite legen«.[13] Den italienischen Neuankömmlingen baut man Häuser und Siedlungen. Die *Wolfsburger Nachrichten* begleiten die Bauarbeiten und berichten beinahe in Echtzeit über die »Einsaat von Grassamen« und die Pflanzung von Bäumen.[14]

Eine kostenfreie Unterkunft, ein fester Job in einem DAX-Konzern und die Möglichkeit, jedes Jahr eine halbe Million Taler auf die Seite zu legen. Würde man die jungen Menschen heute fragen, was sie von diesem Angebot hielten, würden die meisten wohl zurückfragen, wo man unterschreiben darf.

Den Italienern ging es damals nicht anders.

Die *Wolfsburger Nachrichten* berichten auch über die Anlage einer Bocciabahn, den Bau eines Sportplatzes, die Errichtung eines kleinen Pförtnerhauses und den Lagerarzt Dr. Cervelti, der sein Krankenrevier im Gemeinschaftshaus beziehen wird.

Moment mal, Lagerarzt?

Die »Siedlung« entpuppt sich den Italienern bei ihrer Ankunft als Lager, das umzäunt und mit einem Schlagbaum versehen ist, überwacht von einem »Lagerführer«. Die »Häuser« sind ungedämmte Holzbaracken, in denen jeweils vier von ihnen einen Schlafsaal teilen müssen. Nun muss nicht alles, was das Wort »Lager« oder »Führer« trägt, irgendwas mit den Nazis zu tun haben, im Falle des »Lagerführers« Ludwig Vollmann lohnt sich aber der kleine Hinweis, dass er bereits unter den Nationalsozialisten das Gemeinschaftslager in der »Stadt des KdF-Wagens« geführt hat. Ein echter Fachmann also, der sich möglicherweise daran erinnert, wie bereits 1938 italienische »Fremdarbeiter« beim Bau des VW-Werks halfen.[15]

Ähnlich wie auch in der Schweiz sollen die Italiener arbeiten und nicht in der Innenstadt herumflanieren, wo sie doch nur die Zeche prellen und die Frauen belästigen würden. Wolfsburg ist in dieser Hinsicht keineswegs ein Einzelfall. In ganz Deutschland schlagen den italienischen Kollegen massive Vorurteile, Ressentiments und knallharte Ausgrenzung entgegen. In mancher Gastwirtschaft heißt es bereits am Eingang: »Kein Zutritt für Italiener« oder »Für Hunde und Italiener verboten«.[16]

Wobei, so ehrlich muss man sein, viel Freude hätten die Italiener in den deutschen Lokalitäten ohnehin nicht gehabt.

Draußen war das Wetter usselig, drinnen der Kaffee ungenießbar, und dann dieses Essen. Keine Pasta, keine Pizza, kein Knoblauch, kein Olivenöl, kein gar nichts. Das musste man den Deutschen alles erst noch mühsam beibringen. Im Gegenzug beschimpften die Deutschen ihre italienischen Arbeitskollegen als »Makkaronifresser«. Spaghetti kannte man damals noch nicht. Das Wort hat Eingang in den Duden gefunden und die deutsche Schriftstellerin Gudrun Pausewang zu einer gleichnamigen Geschichte inspiriert:

> »›Jetzt arbeitet so ein Makkaronifresser bei mir an der Maschine‹, sagte Erwins Vater, als er aus der Fabrik nach Hause kam, zur Mutter. ›Stell dir das vor!‹
> ›Was ist ein Makkaronifresser?‹, fragte Erwin.
> Der Vater antwortete nicht, er war zu ärgerlich.
> ›Ein Italiener.‹, sagte die Mutter.
> ›Was ist denn daran so schlimm?‹, fragte Erwin.
> ›Die Italiener sind faul, dumm, schmutzig, sie können nicht deutsch reden und essen nur Makkaroni. Mit einem solchen Kerl müssen wir zusammenarbeiten!‹ rief der Vater.«[17]

Der Text endet damit, dass Giovanni, so heißt der Makkaronifresser, der beste Freund der Familie wird und die namenlose Mutter fortan gerne Makkaroni kocht. Man lernt in dieser Geschichte, dass auch Ausländer Gefühle haben und traurig sein dürfen und wie unbarmherzig die Deutschen mit ihren direkten Arbeitskollegen umgehen. Es ist eine Geschichte, in der man mehr über Vorurteile, Zivilcourage und Integration erfährt als in den allermeisten Sonntagsreden.

Die Italiener bleiben also zwangsläufig unter sich. Sie sparen die Hälfte ihres Lohns und senden das Geld in die Heimat zu ihren Familien. Nach und nach holen sie ihre Frauen und Kinder nach Deutschland.

In München erfolgt der Transit.

In der Durchgangshalle am Nordausgang des Bahnhofs gibt es ein ständiges Kommen und Gehen. Ein riesiges Gedränge. Die Menschen stehen, sitzen, essen, trinken, singen und spielen Karten.[18] Im Jahr 1974 verhängt die Stadt München eine »Zuzugsperre«, um die Ankunft weiterer Ausländer zu verhindern.

Dabei war die Idee einfach wie bestechend. Man holt jedes Jahr junge, unverbrauchte Menschen aus dem Ausland, die für wenig Geld schwere Arbeit erledigen. Nach zwei, drei Jahren kehren sie in ihre Heimat zurück, und neue, junge, unverbrauchte Menschen treten an ihre Stelle. Einerseits bleiben so die Lohnkosten durchgehend niedrig, weil niemand beruflich aufsteigt und anschließend Forderungen erhebt, andererseits besteht keine Gefahr, dass sich die Ausländer heimisch fühlen oder gar Wurzeln schlagen. Die Bildung von Parallelgesellschaften war ausdrücklich erwünscht und wurde zuweilen forciert. Wer heute im Nachhinein bedauernd feststellt, dass sich Staat und Gesellschaft nicht hinreichend um die Integration der ausländischen Arbeitskräfte gekümmert haben, ist mindestens naiv. Der Kerngedanke des Rotationsprinzips beinhaltete, dass sich die Arbeiter wie Gäste benehmen und verschwinden, wenn der Gastgeber den Abend beendet.

Vielen Dank. Auf Wiedersehen.

Es kam, wenig überraschend, anders. Nachdem die ausländische Bevölkerung durch Familiennachzug und Fortpflanzung unaufhaltsam wuchs, waren es die Arbeitgeber, die dem Rotationsprinzip den Todesstoß verpassten. Sie mussten feststellen, wie wichtig Aufbau und Erhalt von Expertise und Erfahrung selbst für vermeintlich einfache Tätigkeiten waren. Außerdem wurden sie müde, immer wieder immer neue Menschen einzuarbeiten, und gewöhnten sich an die tüchtigen Ausländer, die sie nicht wieder hergeben mochten.

So wurden aus Gastarbeitern Mitarbeiter. Sie machten Karriere, kauften Häuser und gründeten Familien. Sie zogen aus ihren Lagern aus und mäanderten langsam und unaufhörlich in die Mitte der deutschen Gesellschaft.

Feindbild

In die Mitte der Gesellschaft. In die Mitte *unserer* Gesellschaft. Man kann sich heute kaum vorstellen, dass die Italiener nicht schon immer dort waren.

Wer mit den Deutschen über die Geschichte der italienischen Gastarbeiter sprechen will, muss erst die Urlaubserinnerungen einer gesamten Nation beiseiteräumen. Doch nicht nur die stehen im Weg. Die Kindheit ist voller Dolce Vita und Eiscafé. Loriots berühmtestes Stück »Die Nudel« spielt in einem offensichtlich italienischen Restaurant mit einem offensichtlich italienischen Kellner. Und dann sind da natürlich noch die italienischen Markenbotschafter Bud Spencer, Terence Hill, Enzo Ferrari, Giorgio Armani, Adriano Celentano, Monica Bellucci, Valentino Rossi, Andrea Bocelli und Luciano Pavarotti. Wer in den 1990er Jahren ferngesehen hat, erinnert sich an den Cappuccino-Mann Bruno Maccallini: »Isch 'abe gar keine Auto, Signorina!«

Es ist ein seltsamer, gewundener Weg in die deutsche Gegenwart.

Wer heute an Italien denkt, denkt nicht an die »Itaker«, die »Makkaronifresser«, die »Messerstecher«, die den 16-jährigen Töchtern gefährlich werden. Die verhassten Ausländer, die man auf dem Weg zur Arbeit niederschlägt, dass sie dabei ihre Zähne verlieren,[19] die nach einer Hirnblutung 40 Minuten warten müssen, bis der Krankenwagen im Italienerdorf einfährt.[20]

Die *Bild* druckt damals den Titel »Wir wollen keine Italiener mehr! Sie arbeiten schlecht, fehlen zu oft und verlangen zuviel Lohn!«[21], die *Neue Illustrierte* beschwert sich über die zunehmende Gewalt gegenüber Polizisten. Der *Rheinische Merkur* betitelt einen Bericht über Gastarbeiter mit »Läuse im Gepäck«. Der *Spiegel* sammelt im Jahr 1970 all diese Artikel und berichtet über eine Analyse zur medialen Stimmung im Land:

> »Das nordrhein-westfälische Landesamt für Politische Bildung hat denn auch einen Rückkopplungseffekt zwischen Publikationen und Publikum ausgemacht. Eine Analyse von Artikeln über Gastarbeiter wies einen hohen Anteil an ›Sensationsmeldungen‹ nach: ›Mit 23 Prozent der Gesamtbeiträge kommt die Tagespresse dem pathologischen Interesse der Bevölkerung an solchen Meldungen, die die Aversion gegenüber den Ausländern als berechtigt erscheinen läßt, entgegen.‹«[22]

Im Jahr 1967 erscheint eine Untersuchung, die »Die Kriminalität der italienischen Gastarbeiter im Spiegel der Ausländerkriminalität« betrachtet. Die Untersuchung kommt zu dem Ergebnis, dass die Italiener in den Kriminalstatistiken überproportional vertreten sind. Insbesondere bei der Gewaltkriminalität und den Sexualstraftaten.

> »Bei den Delikten gegen die Person liegen die Kriminalitätsziffern der Italiener vier- bis fünfmal so hoch wie jene der Deut-

> schen. Dieses Ergebnis findet, wenn auch in abgemilderter Form, bezüglich gefährlicher Körperverletzung, Totschlag, Notzucht und Unzucht mit Kindern innerhalb der untersuchten Arbeiter seine Bestätigung. (…) Insgesamt gesehen handeln die Gastarbeiter weit gefährlicher, was insbesondere in der Eigenart der verwendeten Mittel zum Ausdruck kommt. So ist die Tatwaffe bei Gastarbeitern in 42,1 % aller Fälle das Messer, während bei deutschen Arbeitern 57,7 % der Körperverletzungen durch Faustschläge bewirkt werden.«[23]

In München kommt im selben Jahr eine Untersuchung zur Kriminalität der italienischen Gastarbeiter zu dem Ergebnis, dass das »blitzschnelle Zücken und Zustoßen mit dem Messer zur besonderen Eigenart der Südländer« gehöre.[24] In Zeitungen häufen sich Berichte über italienische Messerstechereien.[25] Das Fernsehdrama *Amara terra mia – Mein bitteres Land* beschreibt, was viele Deutsche über die italienischen Gastarbeiter dachten: »Trau keinem Italiener, bei denen steckt das Messer locker in der Tasche.«[26]

Die messerstechenden Italiener sind derart prominent, dass Künstler wie Franz Josef Degenhardt Lieder über sie singen. In »Tonio Schiavo« wird ein italienischer Gastarbeiter, der in Deutschland unter erbärmlichen Bedingungen leben muss, auf einem Richtfest vom volltrunkenen Polier als »Itakersau« beschimpft. Der Italiener rammt ihm kurzerhand ein Messer in den Bauch.

All dies kommt seltsam bekannt vor. Die Kriminalstatistiken, in denen die Ausländer überproportional vertreten sind. Das »Tatwerkzeug Messer«, mit dem unschuldige Deutsche angegriffen werden. Die Angst der Frauen vor sexuellen Übergriffen. Die Parallelgesellschaften, in denen die »Fremden« lieber unter sich bleiben. Die Kulturunterschiede, die die Frage aufkommen lassen, ob sich die Ausländer überhaupt in diese Gesellschaft einfügen *können*, wo doch so offensichtlich ist, dass sie sich nicht einfügen *wollen*.

Es gibt einen sehr lesenswerten Sammelband aus dem Jahr 2011 mit dem Titel *Dolce Vita? Das Bild der italienischen Migranten in Deutschland.* Darin beschreibt die Geschichtsprofessorin Bettina Severin-Barboutie, wie die negativen Stereotype und Klischees gegenüber den Italienern zeitgleich mit der vermehrten Zuwanderung türkischer Gastarbeiter immer mehr verblassen. Man könnte auch sagen: wie sich die deutsche Gesellschaft immer mehr auf einen besseren, passenderen Sündenbock konzentrierte.

Die Türken.

Severin-Barboutie führt aus, wie die Italiener davon profitieren, dass nun jemand anderes am Pranger steht. Wie sich die Vorurteile gegenüber den Italienern vom Negativen ins Positive verkehren. Wie die italienischen Gastarbeiter gesellschaftlich aufsteigen, weil nun die türkischen Gastarbeiter ganz unten ankommen. Und wie den Italienern sonnenklar ist, was gerade passiert.

> »Die vermehrte Anwesenheit türkischer Migranten und die dadurch ausgelösten gesellschaftlichen Entwicklungen generieren im Kontext veränderter Rahmenbedingungen neue Wahrnehmungsmuster und Stereotypen, die den italienischen Zuwanderern implizit zugute kamen, indem sie ihnen zu mehr gesellschaftlicher Anerkennung verhalfen. Von den Migranten aus

Italien wurde dieser Rollentausch sogar als sozialer Aufstieg empfunden. ›Am Anfang war es ganz schlecht‹, bemerkt ein im Ruhrgebiet tätiger italienischer Bergbauarbeiter in der Rückschau, ›aber später (…) kommen hinter uns die Türken, dann kommen die Italiener auf eine andere Stufe, die Türken kommen auf die letzte Stufe‹.«[27]

Es ist ein offenes Geheimnis und ein wichtiger Baustein, um die Geschichte der Einwanderer und ihrer Verfemung zu verstehen. Um zu verstehen, wie einfach es war, die Anti-Ausländer-Alarmstimmung von den Italienern auf die Türken zu übertragen. Wie aus den messerstechenden Italienern messerstechende Türken wurden. Wie die besorgten Eltern 16-jähriger Töchter nicht mehr die hormongeladenen italienischen Frauenhelden, sondern die hormongeladenen türkischen Frauenhelden fürchteten. Wie die Polizei den Verfall von Respekt und Ordnung nicht mehr den aggressiven Italienern, sondern den aggressiven Türken zuschrieb. Wie die Nachbarn nicht mehr über Lärm und Geruch italienischer, sondern türkischer Familien klagten. Wie die *Bild* nicht mehr vor einer Flut italienischer, sondern türkischer Arbeitsloser warnte.

Ein ganzes Land einigte sich quasi über Nacht auf ein neues, besseres Feindbild.

»Die subjektiven Wahrnehmungsmuster von Italienern traten sukzessive hinter eine positive Sichtweise zurück, während türkische Zuwanderer mehr und mehr zur negativen Projektionsfläche (…) wurden. Sie ›avancierten‹ quasi zur Problemgruppe der in der Bundesrepublik lebenden Ausländer schlechthin und

> schlüpften damit unfreiwillig in jene Rolle, die bis dahin den Italienern von der Gesellschaft zugewiesen worden war.«[28]

Beinahe 30 Jahre vorher, im Jahr 1982, veröffentlichen die Sozialwissenschaftler Reinhard Körner und Ulrich Spies einen Artikel »Zur Fremdenfeindlichkeit in der Bundesrepublik Deutschland«. Es gibt darin dieses eine Wort, das alles so wunderbar erklärt.

> »Die kontinuierliche Zuwanderung von Türken auch und gerade nach dem Anwerbestopp verengte im Verlauf der 70er Jahre das vielschichtige Gastarbeiterproblem im Bewußtsein der Öffentlichkeit mehr und mehr zu einem Türkenproblem.«[29]

Türkenproblem.

Nahezu alle negativen Stereotype gegenüber den Italienern wurden aus dem kollektiven Gedächtnis gestrichen. Wer heute die Härte, die Unerbittlichkeit und die menschenfeindlichen Abgründe gegenüber den italienischen Gastarbeitern offen anspricht, erntet Unglauben, Scham und Reue. Der Hass auf die Italiener ist nicht in der Erbmasse der Elterngeneration enthalten.

Dafür haben die Eltern etwas anderes in ihr Testament geschrieben. Es ist ein sehr ausführliches Testament, aber dieses eine Wort haben sie rot unterstrichen:

Türkenproblem.

Bitternis

Derselbe *Spiegel*, der 1970 in einem ausführlichen Artikel über die Vorurteile der einheimischen Bevölkerung, die populistischen Maßnahmen der Politiker und die Verantwortung der Medien an der aufgehetzten Stimmung im Land schreibt, veröffentlicht drei Jahre später einen Artikel mit der Überschrift: »Die Türken kommen – rette sich, wer kann«. Der Untertitel lautet: »Berlin, München oder Frankfurt können die Invasion kaum noch bewältigen: Es entstehen Gettos (…), Kriminalität und soziale Verelendung wie in Harlem.«

Die Invasion. Sie ist kaum noch zu bewältigen.

Der Autor des Artikels beobachtet mit zoologischem Interesse, dass immer mehr Briefkästen in Berlin Namen tragen, die auf »oglu«, »ek« und »can« enden. Über eine von Türken betriebene Berliner Kneipe heißt es:

> »Berlinisch ist da nur noch der Strohmann, den sich der türkische Inhaber aus gewerberechtlichen Gründen hält. Und nebenan um die Ecke, die ganze Straße hinauf und die nächste hinunter, wohnt unübersehbar Kundschaft aus dem Morgenland.«

Die Zwischenüberschriften des Artikels lassen sich beinahe auswendig aufzählen, wenn man die Geschichte der italienischen Gastarbeiter kennt. Sie lauten unter anderem: »Ein Türke bleibt selten allein«, »Fremdartiger Küchengeruch vertreibt die Deutschen«, »Wenn gestochen wird, ist häufig ein Türke dabei«, »Sechs von zehn Ausländerkindern verpassen den Schulabschluss«, »Für jeden Türken 200 000 Mark Einbürgerungskosten?« und »Hundert Mark pro Bett«. Letzteres bezieht sich auf die Vermieter abbruchreifer Häuser, die ihre Dreizimmerwohnungen mit 18 Betten belegen und für jedes Bett 100 Mark verlangen. Teilweise verzehnfachen diese »Althausgewinnler« mit der Vermietung an Gastarbeiter ihre früheren Erträge.

In dem Beitrag ist auch eine Karikatur aus dem *Stern* abgedruckt. Man sieht einen dicken Mann mit Monokel und einen dünnen Mann mit Klemmbrett. Sie stehen in einem heruntergekommenen Zimmer mit drei aufeinandergestapelten Betten. Der dicke Mann sagt zu dem dünnen:

> »Hier integrieren wir drei Italiener, acht Spanier oder zwölf Türken.«

Es ist ein ziemlich guter Witz, wenn man in diesen Betten nicht schlafen muss, sondern an ihnen verdienen kann.

Auf dem Titelbild der Ausgabe sind Menschen zu sehen, die möglicherweise zur selben Familie gehören. Zwei Männer, eine Frau, fünf Kinder. Sie schauen aus einem Fenster. Nichts weiter. Das reicht schon aus, um bedrohlich zu wirken. Unter dem Fenster steht »Gettos in Deutschland –

Eine Millionen Türken«. Falls irgendwem noch nicht klar sein sollte, dass diese Leute eine Gefahr darstellen.

Man muss dem Autor mittelhoch anrechnen, dass er den Gastarbeitern nicht alle Schuld an ihren Verhältnissen aufbürdet. Er stellt fest, dass die deutsche Gesellschaft wenig tut, um diese Menschen in ihre Mitte aufzunehmen.

> »Daß die Furcht vor der Ausweisung die Flucht in die Illegalität nachgerade hervorruft, daß ausländische Arbeitnehmer so gut wie keine beruflichen Aufstiegschancen haben, daß sie unter häufig desolaten Bedingungen hausen müssen, daß ihre Kinder dem heimatlichen Milieu entrissen, im neuen aber keineswegs heimisch werden – solche beklemmenden Aspekte bundesdeutscher Ausländer-Existenz gelten längst als Muster gesellschaftlicher Unterprivilegierung.«[30]

Und dennoch: Das Problem sind nicht die Innenpolitiker, die die Gastarbeiter und ihre Kinder mit dem »Rotationsprinzip« in die Illegalität treiben, oder die Arbeitgeber, die die ausländischen Arbeiter doppelt so hart arbeiten lassen wie ihre deutschen Kollegen, oder die Vermieter, die noch für die schlimmste Schimmelbude Wucherpreise verlangen, oder die Schulleiter, die die Kinder der Gastarbeiter in »Ausländerklassen« stecken und ihnen anschließend die Gymnasialempfehlung verweigern. Nein. Das Problem sind die Türken. Die Problemtürken. Die verantwortlich sind für das Türkenproblem.

Seit beinahe 70 Jahren geht das nun so.

Verzweifelte, hungrige Menschen verlassen ihre Heimat, lassen Familie und Kinder zurück. Begeben sich in die

Fremde, auf der Suche nach Arbeit und Perspektive. Nach einer Möglichkeit, ihre Familie zu ernähren. Kommen nach Deutschland, nach Österreich, in die Schweiz, wo sie Tätigkeiten verrichten, die die Einheimischen nicht erledigen wollen, weil die Arbeiten hart, dreckig und gefährlich sind. Als »Fremde« betreiben sie Raubbau am eigenen Körper, werden als Dank für ihre Mühen ausgebeutet und um ihren Lohn geprellt. Inmitten einer Gesellschaft, die sie verachtet, kriminalisiert und pathologisiert. Die in ausführlichen Kriminalstatistiken hervorhebt, wie gefährlich diese Leute sind. Die Zeitungen sind voll mit Berichten über sie. Der Hass ist mit den Händen zu greifen. Politiker, Polizisten und »Experten« erklären den verängstigten Deutschen, dass nun etwas passieren müsse. Dass es eine »ehrliche Debatte« bräuchte. Dass es keine »Tabus« geben dürfe. Dass endlich wieder »Recht und Ordnung« herrschen sollten.

Gastarbeiterproblem. Integrationsproblem. Türkenproblem.

Der Historiker Hans-Ulrich Wehler darf im Jahr 2002, am ersten Jahrestag der Anschläge des 11. September 2001, als Erklärung darreichen, dass es sich bei dem Islam »um einen militanten Monotheismus« handelt, »der seine Herkunft aus der Welt kriegerischer arabischer Nomadenstämme nicht verleugnen kann«. Dass die »muslimische Diaspora« in Deutschland »im Prinzip nicht integrierbar« sei. Dass Deutschland »kein Ausländerproblem, sondern ein Türkenproblem« habe. Auf die Frage, ob er dafür plädiere, dass die deutsche Einwanderungspolitik rassistische Kriterien anlegen und nur noch blonde weiße Europäer ins Land lassen solle, antwortet er wenig ausweichend:

> »Man soll sich nicht freiwillig Sprengstoff ins Land holen. Ich habe hier zwei glänzende türkische Studenten. Aber man muss das strikt trennen: persönliche Erfahrungen und die Notwendigkeit einer strikten Steuerung.«[31]

In der *Zeit* darf er einen Artikel veröffentlichen, der mit »Das Türkenproblem« überschrieben ist.[32] Für den Deutschlandfunk produziert er 2007 einen Beitrag mit dem Titel »Türkenprobleme ohne Ende«.[33] Der Mann ist Träger des Bundesverdienstkreuzes und mehrerer Ehrendoktortitel. Er gilt als einer der bedeutendsten Geschichtswissenschaftler dieses Landes.

Der ehemalige stellvertretende Chefredakteur der *Bild am Sonntag* und Politiker der AfD Nicolaus Fest schreibt 2017 in seinem Blog, man müsse den Satz von Max Frisch, »dem zufolge wir Gastarbeiter riefen, aber Menschen bekamen, vielleicht korrigieren: Wir riefen Gastarbeiter, bekamen aber Gesindel«. Es ist ein Text über »Gruppen von arabischen, türkischen und afrikanischen Jugendlichen«, die er als »primitiv und bösartig« bezeichnet.[34]

Im Jahr 2023 berichtet die österreichische Zeitung *Die Presse* über ein Hintergrundgespräch mit dem österreichischen Bundeskanzler Karl Nehammer. Eines wolle man nicht, soll der Kanzler gesagt haben:

> »Die Fehler der 1960er und 1970er Jahre wiederholen, als sogenannte Gastarbeiter geholt wurden, diese dann aber wider Erwarten hier blieben, Integrationsproblem inklusive.«[35]

Gastarbeiterproblem. Integrationsproblem. Türkenproblem. Ein kleines Herrenvolk sieht sich in Gefahr.

Auch die Türken sind Markenbotschafter. Nur repräsentieren sie gänzlich andere Marken als die Italiener.

Nirgendwo wird das so deutlich wie in der Fernsehserie, die ausgerechnet *Türkisch für Anfänger* heißt. Es ist ein Format, das man durchaus als »leichte Unterhaltung« bezeichnen kann, ohne gleich eine Klage wegen Rufschädigung zu riskieren. Die meiste Zeit über geht es um Verwechslungen und Missverständnisse, um Liebe, Lust und Leidenschaft. Es erinnert ein bisschen an die Foto-Love-Storys in der *Bravo*. Nur eben als Fernsehserie. Ständig verliebt sich irgendwer in irgendwen, kaum jemand kommt mit seiner großen Liebe zusammen, weil immer kurz vor knapp herauskommt, dass irgendwer mit irgendwem anderes geschlafen hat. Der Ex-Mann versucht, die Hochzeit seiner Ex-Frau aufzuhalten. Die Tochter macht ihren Freund mit einem anderen Jungen eifersüchtig. Solche Sachen. Ein deutscher Klassiker.

Der besondere Spin dieser Serie: Sie spielt mitten in einer deutsch-türkischen Patchworkfamilie. Mit deutschen und türkischen Familienangehörigen. Die Serie versucht, mit gängigen Vorurteilen zu brechen, was ihr allerdings nicht sonderlich gut gelingt. Der türkische Sohn ist ein kleinkrimineller Frauenheld, die türkische Tochter eine kopftuchtragende, strenggläubige Muslimin. Die Rollen werden von deutschen und türkischen Schauspielerinnen und Schauspielern gespielt. Wobei das auch nicht so ganz stimmt.

Die türkischen Kinder haben mit der Türkei nichts am Hut. Der Schauspieler Elyas M'Barek, der den Sohn Cem

Öztürk darstellt, hat einen tunesischen Vater und eine österreichische Mutter. Die Schauspielerin Pegah Ferydoni, die die Tochter Yağmur Öztürk spielt, hat iranische Wurzeln.

In einem Interview mit der *Münchener Abendzeitung* antwortet M'Barek auf den Kommentar, dass er als »Vorzeige-Türke« gelte:

> »Ich kann kein Türkisch. Mittlerweile habe ich auch Rollen als Nicht-Türke gespielt. Vielleicht folgt eine als Bayer.«[36]

Der *Spiegel* wird in einem Portrait über ihn deutlicher. Nicht nur, was die Herkunft M'Bareks betrifft, sondern auch, welche Attribute mit ihm, dem »Vorzeige-Türken«, verbunden sind.

> »Seit der 26-Jährige vor acht Jahren seine erste Rolle bekam, spielt er: den Ausländer. Den kleinkriminellen Verbrecher, den schlecht deutsch sprechenden Proll, den illegal eingewanderten Türken, im ›Tatort‹, ›Großstadtrevier‹, ›Kriminaldauerdienst‹ – Figuren, die Autoren gerne mit Darstellern besetzen, deren Nachnamen nicht Schmidt sondern zum Beispiel M'Barek lauten.«[37]

Ein Nichttürke, der als Vorzeigetürke gilt, weil er ständig Problemtürken spielt.

Wie tief diese Vorurteile gegenüber Türken in der Gesellschaft verwurzelt sind, sieht man an einem Lehrbuch, mit dem angehende Polizeibeamte ausgebildet werden. Es ist aus dem Jahr 2011 und trägt den wenig missverständlichen Titel *Türken und Araber verstehen und vernehmen*. Es ist im

Verlag für Polizeiwissenschaft erschienen. In der Reihe »Polizeipsychologische Praxis«. Es ist so seriös und offiziell, wie ein Lehrbuch nur sein kann. Das Buch wird vom Verlag folgendermaßen beworben:

»Bei der Vernehmung von Beschuldigten und Zeugen aus dem türkisch-arabischen Kulturkreis treffen meist zwei (Kommunikations-) Kulturen aufeinander: Dem an einer schnellen und protokollfähigen Klärung des Sachverhaltes orientierten, klar und präzise fragenden deutschen Polizeibeamten sitzt eine Person gegenüber, die lebhaft gestikulierend, weit ausholend und ausweichend reagiert, vielleicht zur ›Verstärkung‹ Familienmitglieder mitgebracht hat und sein Gegenüber möglicherweise sogar scheinbar respektlos mit ›Du‹ anspricht.«[38]

Der am Sachverhalt orientierte, klar und präzise fragende *deutsche* Polizeibeamte und der lebhaft gestikulierende, weit ausholende, ausweichende Araber-Türke. In einem Lehrbuch. Für angehende Polizeibeamte. Ich frage mich, wie man nach der Lektüre eines solchen Textes keine rassistischen Vorurteile entwickeln soll.

Wie sich das wohl für die betroffenen Menschen anfühlt?

»Komisch ist das trotzdem, vor allem, wenn man wie Elyas M'Barek in München geboren wurde, katholisch ist und zu Hause noch nie ein Wort arabisch gesprochen hat, trotz der tunesisch-österreichischen Herkunft seiner Eltern. ›Das können sich die meisten Leute gar nicht vorstellen‹, sagt er, ›manchmal habe ich das Gefühl, erklären zu müssen: Keine Angst, ich tu' dir nichts, ich kann auch hochdeutsch, ich hab' sogar Abi-

> tur.‹ Er sagt das nicht verbittert, sondern bloß ein bisschen verwundert: Wieso können die Leute nicht einfach begreifen, dass nicht jeder Münchner aussehen muss, als sei er frisch aus dem Bierzelt gefallen?«[39]

Er sagt das nicht verbittert, sondern bloß ein bisschen verwundert.

Wir haben vergessen zurückzukehren heißt ein Film des Filmemachers Fatih Akin über seinen Vater Mustafa Enver Akin, der 1965 seine Heimat verließ und nach Deutschland kam. Auch er klingt nicht verbittert, sondern bloß ein bisschen verwundert. Verwundert, wie aus den ursprünglich angedachten zwei Jahren in der deutschen Diaspora 35 werden konnten.

Gleis 11 ist ein Film von Çağdaş Eren Yüksel über seine Großelterngeneration, die als »Pioniere der ersten Stunde« in München am Gleis 11 ankamen, blieben und durchhielten. Trotz aller Anfeindungen und Widrigkeiten. Auch Yüksel ist nicht verbittert. Er ist voller Ver- und Bewunderung angesichts der übermenschlichen Leistungen, die die Arbeitskräfte-Menschen erbracht haben.

Es sind die Kinder und Kindeskinder der Gastarbeiter, die ihren Eltern und Großeltern nun jenes Denkmal errichten, das der deutsche Staat ihnen seit 65 Jahren verwehrt. Ein Denkmal, das daraus besteht, dass die Menschen, die dieses Land mit aufgebaut und den Wohlstand erwirtschaftet haben, als Menschen dargestellt werden. Als Eltern, Kinder, Geschwister. Als Nachbarn und Freunde. Dass man sie sprechen lässt, wie Alexander Seiler es getan hat. Dass man ihre Geschichten erzählt. Dass man zeigt, unter welchen unfassbaren und unglaublichen Bedingungen sie leben und arbeiten mussten.

Von den 14 Millionen Italienern, Spaniern, Griechen, Portugiesen, Türken, Marokkanern, Tunesiern und Jugoslawen kehren nach dem Anwerbestopp im Jahr 1973 elf Millionen wieder in ihre Heimatländer zurück. Nur ein Bruchteil also bleibt in Deutschland. In manchen Ländern ist zudem eine Rückkehr schwierig, in anderen nahezu unmöglich.

In Spanien herrscht bis 1975 der Diktator Francisco Franco. In Griechenland regiert bis 1974 die Militärdiktatur der »Obristen«. In der Türkei sind die 1960er und 1970er Jahre von politischer Instabilität geprägt, bis sich auch dort im Jahr 1980 das Militär an die Macht putscht. Nicht immer sind die Gastarbeiter von den politischen Entwicklungen in ihrer Heimat betroffen, doch insbesondere die Türken überlegen sich zweimal, ob sie mit ihren Kindern in ein Land zurückkehren können, in dem die Militärjunta Regimegegner verschleppt, foltert und tötet.

Einige von ihnen bleiben also. In Deutschland. In Almanya. Aber nicht für immer. Zwei Jahre, vielleicht drei. Spätestens bis sich die Situation in der Heimat beruhigt hat. Irgendwann sind es zehn, dann zwanzig Jahre. Und plötzlich findet das Leben in der Vergangenheit statt. In den Erinnerungen. Manche vergessen zurückzukehren. Sie bleiben nicht lange. Nur kurz. Eine kurze Ewigkeit.

Sündenbock

Es war gewissermaßen die Stunde Null.

Die gesamte Welt hatte sich zusammengetan, um diese kraftstrotzenden, schier unbezwingbaren Deutschen aufzuhalten. Doch nun war das Undenkbare geschehen. Jegliche Hoffnung war dahin. Eine bittere Niederlage für Deutschland. Der Wiederaufbau würde Jahre dauern. Die deutsche Fußballnationalmannschaft war ausgeschieden. Aus dem Weltmeisterschaftsturnier 2018. In der Vorrunde.

Der Weltmeister des Jahres 2014 wurde gleich in der darauffolgenden WM deklassiert, geschlagen und gedemütigt. Anstelle der Deutschen gewannen die Franzosen die Fußballweltmeisterschaft. In Russland. Ausgerechnet.

Es dauerte nicht lange, bis in der öffentlichen Debatte die Frage der Schuld breiten Raum einnahm. War es der Trainer? Der Mannschaftsarzt? Der Balljunge?

Tatsächlich war die Suche nach dem Schuldigen keine langwierige Angelegenheit. Es war nicht so, wie man es im schwarz-weißen Film noir Dutzende Male gesehen hat, wo eine hübsche Klientin das Büro des heruntergekommenen Detektivs aufsucht und dieser anschließend in zwei kraftraubenden filmischen Stunden den Bösewicht aufspürt. Es war auch keine komplizierte Diagnose, die ein Facharzt von Weltrang in 45 Serienminuten herausschälen musste. Es war im schlimmsten Sinne einfach. Und eindeutig.

Der Schuldige, den sich Millionen ehrenamtliche Bundestrainer und Hunderte hauptamtliche Sportreporter auserkoren hatten, war ausgerechnet einer der besseren, wenn nicht sogar der beste Spieler der deutschen Nationalmannschaft. Er gewann Zweikämpfe, hatte zahlreiche Ballkontakte und schlug phantastische Pässe auf seine Mitspieler. Das Zitat »Wichtig is auf'm Platz!« konnte in diesem Fall nun wahrlich keine Anwendung finden.

Das alles war Mesut Özil vollkommen klar. Der Mann, der acht Jahre zuvor halb nackt und voll verschwitzt der Bundeskanzlerin die Hand geschüttelt hatte, der im Jahr 2014 für sein überragendes Fußballspiel gefeiert und für den Weltmeistertitel verehrt wurde, war nun der alleinige Sündenbock. Für die verlorene Fußball-WM, für den Zustand der deutschen Nationalmannschaft, für das Ansehen Deutschlands in der Welt.

Das Jahr 2018 ist nicht so weit entfernt, als dass man sich nicht an das gesellschaftliche Umfeld erinnern könnte, in dem die Diskussion um Mesut Özil stattfand. Es ging damals ganz unverblümt um die Frage, ob Deutsche wie er einen Platz im deutschen Fußball haben. Ob sie ausgerechnet in der deutschen Nationalmannschaft spielen müssen. Und ob sie für Deutschland auflaufen können, um dieses Land als ihre Heimat zu repräsentieren.

Mesut Özil, der Enkel türkischer Gastarbeiter, war zu einer Symbolfigur für alle Nationalspieler mit Migrationshintergrund geworden.

Bereits vor der WM wurde bemängelt, dass die Nationalmannschaft in »Die Mannschaft« umbenannt wurde, dass das neue schwarz-weiße Trikot der Nationalmannschaft die Farben Deutschlands nicht mehr enthielt, dass einige der Spieler mit Migrationshintergrund die Nationalhymne nicht mitsangen und dass Recep Tayyip Erdoğan das deutsche Fußballspiel vollständig kontrollieren würde.

Ja, richtig. Erdoğan. Der türkische Präsident, Autokrat und Diktator Erdoğan.

Bei einem Besuch Erdoğans in London Anfang 2018 lud dieser alle türkischstämmigen Spieler in England zu einem Treffen ein. İlkay Gündoğan, damals bei Manchester City unter Vertrag, und Mesut Özil, damals bei Arsenal London, kamen dieser Bitte nach und ließen sich mit dem türkischen Präsidenten ablichten. Özil überreichte ihm sein Trikot mit der Nummer 11, Gündoğan sein Trikot mit der Nummer 8, auf dem die Worte »Sayın Cumhurbaşkanım'a saygılarımla« geschrieben standen. Das kann man nun mit »Hochachtungsvoll für meinen geschätzten Präsidenten« übersetzen, sollte dabei aber berücksichtigen, dass das Possessivpronomen »mein« nicht unbedingt Zugehörigkeit, sondern vielmehr respektvolle Anrede darstellt.

Diese linguistischen Feinheiten und Gesten der Höflichkeit wurden schnell nebensächlich. Die parteiübergreifende Verurteilung des Treffens, der Ärger über die Wahlkampfhilfe für einen despotischen Herrscher sowie die Instrumentalisierung des Fußballs im Vorfeld einer Weltmeisterschaft entluden sich in einer Debatte, die recht schnell auf Zerstörungsmodus geschaltet wurde.

Der SPD-Lokalpolitiker Bernd Holzhauer schreibt nach

der Nominierung von Özil und Gündoğan für den WM-Kader auf seinem Facebook-Account:

> »Das vorläufige deutsche Aufgebot zur WM – 25 Deutsche und zwei Ziegenficker«[40]

Die damalige Generalsekretärin der SPD in Hessen, eine gewisse Nancy Faeser, muss für die Worte ihres Politikers im Namen des gesamten Landesverbandes um Entschuldigung bitten. Holzhauer stellt später klar, dass er nicht ausländerfeindlich sei. Er sei halt verärgert gewesen über das gemeinsame Bild mit Erdoğan.

Werner Steer, der ehemalige Geschäftsführer des Deutschen Theaters in München, steht beispielhaft für die Geschwindigkeit, mit der die Debatte entgleist. Er schreibt kurz hintereinander:

> »So einer wie Özil, der nicht nur einem Verbrecher huldigt, sondern auch noch die Nationalhymne nicht mitsingt, weil er die Werte nicht teilt.«
> »Ilkay Gündogan. Hau ab nach Anatolien.«
> »Mesut Özil. Spiel doch bei deinem türkischen Hitler.«
> »Mesut Özil. Hallo du Idiot, du hast in der deutschen Nationalmannschaft nichts zu suchen. Verpiss dich nach Anatolien.«[41]

Von der *Süddeutschen Zeitung* angesprochen, antwortet er erst, es handele sich um seine private Meinung, und was Fußball angehe, neige er nun mal zu »drastischer Sprache«[42]. Später schreibt er, dass er sich in seiner Wortwahl vergriffen habe, und löscht die Tweets. Die Äußerungen bleiben für den Theaterchef ohne jegliche Konsequenzen.

Verpiss dich nach Anatolien. Ziegenficker.

Erwachsene Männer, Sozialdemokraten, Theaterleute aus der gesellschaftlichen Mitte. Wie kurz muss die Lunte sein, dass man solche Aussagen ins Internet schreibt? Über einen Menschen, den man nicht kennt. Auf eine Art, für die man auch als Erwachsener noch am mütterlichen Ohrfeigenbaum rüttelt.

Selbst Spitzenpolitiker äußern sich im selben Duktus, nur in einem anderen Ton. Es geht beinahe ausschließlich um Özils Identität, um seine Zugehörigkeit, um seinen falschen, fehlenden, schief gewickelten Nationalstolz.

Der Fraktionschef der FDP in Baden-Württemberg Hans-Ulrich Rülke fordert öffentlich, man solle Mesut Özil zum Mitsingen der Nationalhymne zwingen. Eine Forderung, die FDP-Chef Christian Lindner bereits ein Jahr zuvor erhoben hatte. Später fügt Rülke eine verräterische Selbstoffenbarung hinzu:

> »Nicht jeder, der Özil kritisiert, ist ein Rassist.«[43]

Die CDU-Politikerin und damalige Bundesernährungsministerin Julia Klöckner führt den Gedanken Rülkes weiter aus und schreibt einen Tweet, der als frühe Evolutionsstufe des Querdenkens gelten kann.

> »Ist es wirklich Rassismus, wenn man die Unterstützung eines Diktators beklagt, der die Presse- und Meinungsfreiheit einschränkt? Oder ist es nicht Rassismus, reflexhaft die Kritik

an der Diktatorunterstützung als deutschen Rassismus abzutun?«[44]

Aus Klöckners Partei äußern sich Bundeskanzlerin Angela Merkel, Bundestagspräsident Wolfgang Schäuble, Kanzleramtschef Helge Braun, Generalsekretär Paul Ziemiak, die Integrationsbeauftragte der Bundesregierung Annette Widmann-Mauz, Bundesbildungsministerin Anja Karliczek sowie zahlreiche Parteigranden, Haudegen und Klartextsprecher.

DFB-Präsident Reinhard Grindel ist verstimmt, DFB-Direktor Oliver Bierhoff versucht, die Wogen zu glätten, Bundestrainer Jogi Löw kündigt an, die Sache intern zu klären. Als auch noch Bundespräsident Frank-Walter Steinmeier die beiden Fußballer zu einem Gespräch einlädt, um »entstandene Missverständnisse« aus dem Weg zu räumen, hat man den Eindruck, dass sich nun auch genauso gut der Papst, Alf und Captain James Kirk zu Wort melden können, bevor die Özil-Gündoğan-Affäre die intergalaktischen Beziehungen nachhaltig beschädigt.

Man muss beinahe froh sein, dass die AfD offen ausspricht und transparent einordnet, was viele in Deutschland denken: Özil und Gündoğan seien höchstens »Formell-Deutsche«[45] und ein »Paradebeispiel für gescheiterte Integration«[46], weil sie sich die deutschen Werte nicht zu eigen gemacht hätten.

Besonders lautstark engagiert sich dabei der AfD-Bundestagsabgeordnete Sebastian Münzenmaier. Auf Twitter schreibt er:

»An die beiden passdeutschen Fußballspieler #Özil & #Gündogan: Lieber Mesut, lieber Ilkay, Ihr müsst Euch entscheiden – der Präsident der Deutschen heißt Steinmeier und sitzt in Berlin! Wenn #Erdogan Euer Präsident ist, wieso spielt Ihr dann für unser Land Fußball? #AfD«[47]

Es ist ein Text, der nahezu wortgleich auf der Webseite der AfD-Bundestagsfraktion veröffentlicht wird. Münzenmaier nimmt zudem ein Video auf, damit es auch die Lesefaulen innerhalb der AfD erreicht, und lädt es auf YouTube hoch. Was Münzenmaier verschweigt: Als leidenschaftlicher Anhänger des 1. FC Kaiserslautern war er an einem Überfall der örtlichen Hooligan-Szene beteiligt und wurde dafür im Oktober 2017, wenige Monate vor seiner öffentlichkeitswirksamen Verteidigung von Bundespräsident und Nationalmannschaft, vom Amtsgericht Mainz wegen gefährlicher Körperverletzung und versuchten Raubes zu einer Haftstrafe von sechs Monaten auf Bewährung verurteilt. Im Berufungsverfahren ein Jahr später hebt das Landgericht Mainz das Urteil auf und verurteilt ihn wegen Beihilfe zu gefährlicher Körperverletzung zu einer Geldstrafe in Höhe von 16 200 Euro.

Wäre Münzenmaier Türke, wäre er wohl das, was man ein »Paradebeispiel für gescheiterte Integration« nennt.

Auch Alice Weidel sieht Özil als ein »typisches Beispiel für die gescheiterte Integration von viel zu vielen Einwanderern aus dem türkisch-muslimischen Kulturkreis«. Er habe gezeigt, dass er sich »nicht mit Deutschland identifizieren kann und will«. Die »Integrationsträumerei« funktioniere »nicht einmal bei Fußball-Millionären«[48].

In eine ähnliche Kerbe schlägt der ehemalige Chef von *Bild TV* Claus Strunz im *Sat.1-Frühstücksfernsehen*:

> »Mesut Özil gehört nicht zu Deutschland. Jedenfalls nicht zu dem Deutschland, für das die deutsche Nationalmannschaft steht.«[49]

Der ehemalige Fußballweltmeister Lothar Matthäus sagt über seinen Nachfolger in der Nationalmannschaft einen Satz, der es auf die Titelseite der *Bild* schafft:

> »Ich habe bei Özil auf dem Platz oft das Gefühl, dass er sich im DFB-Trikot nicht wohl fühlt, nicht frei ist, ja fast: als ob er gar nicht mitspielen möchte.«[50]

Der Chefredakteur des Fußballmagazins *11 Freunde* Philipp Köster hat auf dem Nachrichtenportal *Übermedien* über Mesut Özil und den medialen Umgang mit ihm geschrieben. Der lesenswerte Beitrag heißt »Integrationsmaskottchen zum Buhmann degradiert«.[51]

Er stellt dar, wie zahlreiche Berichte über das Fußball-Aus mit Mesut Özil bebildert werden. Ein Instagram-Post der *Bild* mit dem Text »Peinlicher Auftritt! Für uns ist die WM gelaufen!« beispielsweise zeigt Mesut Özil.[52] Die *Frankfurter Allgemeine Zeitung* titelt »WM-Aus nach Vorrunde – Der deutsche Untergang« und zeigt Mesut Özil.[53] Bei der *Welt* veröffentlicht man »Statistiken« darüber, »wie schwach Deutschland wirklich war«, und zeigt Mesut Özil.[54] Das Nachrichtenportal *Sport 1* schreibt »Historisches Debakel! Deutschland scheitert in WM-Vorrunde« und zeigt Mesut

Özil.[55] *ProSieben* geht noch einen Schritt weiter. Auf Twitter heißt es:

> »Kleine Inspiration: jetzt wäre ein guter Zeitpunkt für Mesut Özil und den ein oder anderen, aus der Nationalmannschaft zurückzutreten.«[56]

Es ist ein Tweet vom offiziellen Twitter-Account eines Fernsehsenders, dem zwei Millionen Menschen folgen. Mesut Özil wird als Einziger namentlich genannt. Später wird der Tweet mit dem Hinweis gelöscht, dass eine »private Meinung überhandgenommen« habe. Laut *Manager Magazin* war es die »private Meinung« des stellvertretenden Senderchefs Christoph Körfer.[57]

Es sind viele kleine Mosaiksteine, die man mit nur wenig Mühe zusammensetzen muss, damit sie das ganze Bild ergeben. In der Mitte dieses Bildes steht ein Satz, der wichtig ist, weil er vieles, wenn nicht sogar alles erklärt:

Mesut Özil ist Türke.

Und weil Mesut Özil Türke ist, kann er kein Deutscher sein. Und weil er kein Deutscher ist, hat er in der deutschen Nationalmannschaft nichts zu suchen. Und weil Jogi Löw ihn, den Türken, in die Nationalmannschaft berufen und aufgestellt hat, haben wir diese WM verloren. Und weil Mesut Özil, der Türke, kein Deutscher ist, hat er sich mit dem türkischen Präsidenten Erdoğan ablichten lassen. Womit wir wieder bei Paragraph 1, Absatz 1 wären: Mesut Özil ist Türke.

Mehr noch: Mesut Özil ist das personalisierte Türkenproblem im deutschen Fußball.

Ich habe damals halbwegs genau mitgezählt. Von 23 Fußballnationalspielern hatten im WM-Kader 2018 acht einen Migrationshintergrund:

Marc-André ter Stegen (Niederlande)
Mario Gómez (Spanien)
Leon Goretzka (Polen)
Sami Khedira (Tunesien)
Antonio Rüdiger (Sierra Leone)
Jérôme Boateng (Ghana)
İlkay Gündoğan (Türkei)
Mesut Özil (Türkei)

Nun gibt es Migrationshintergrund und *Migrationshintergrund*. Man braucht nicht allzu viel Phantasie, um sich vorzustellen, dass ter Stegen, Gómez und Goretzka nicht gemeint waren, als der AfD-Parteivorsitzende Gauland im Jahr 2016 davon sprach, dass »die Nationalmannschaft schon lange nicht mehr deutsch«[58] sei. Oder als der NPD-Vorsitzende Udo Voigt 2006 ein Pamphlet drucken ließ, in dem geschrieben stand: »Weiß, nicht nur eine Trikotfarbe – für eine echte NATIONAL-Mannschaft«[59].

Menschen mit niederländischer, spanischer oder polnischer Familiengeschichte werden bei solchen Ausgrenzungsphantasien in vielen Fällen ausgeklammert. Das wird in besonderem Maße deutlich, wenn man Mesut Özil und İlkay Gündoğan mit Lukas Podolski und Miroslav Klose vergleicht.

In einem langen und intimen Artikel des *Hamburger Abendblatts* werden Podolski und Klose porträtiert. Darin ist zu lesen, dass die beiden Fußballer privat, auf dem Platz wie auch innerhalb der Familie nur Polnisch miteinander sprechen. Oder dass sie bei Spielen gegen die polnische Nationalmannschaft auf jeglichen Torjubel verzichten, aus Respekt vor ihrer (polnischen) Heimat. Oder sich beizeiten darüber beschweren, dass sie so wenig Zeit zu Hause (in Polen) verbringen und die Familienfeiern »leider zuletzt immer in Deutschland« stattfinden.

> »Ihre Wurzeln haben beide Fußballer nie geleugnet, im Gegenteil. (…) Polen ist die eine Welt des Duos, eine eher emotionale, Deutschland die zweite Heimat.«[60]

Wie bitte? Deutschland ist die *zweite* Heimat?

Der nächste Absatz beginnt beinahe nebensächlich mit den »hohen Sympathiewerten« der beiden »Vorzeige-Deutschen«.

Man stelle sich vor, Özil oder Gündoğan würden so über die Türkei sprechen wie Podolski und Klose über Polen.

Es gibt die sozialwissenschaftliche Theorie, dass Bevölkerungsgruppen aufgrund einzelner gesellschaftlicher Entwicklungen quer durch alle Schichten und Milieus aufsteigen, wenn die Weichen richtig gestellt sind. Der Sozialwissenschaftler Ulrich Beck hat dafür den Begriff »Fahrstuhleffekt« erfunden. Dieser Fahrstuhleffekt ließ sich bei deutschen Arbeitern beobachten, als die italienischen Gastarbeiter nach Deutschland kamen und die Tätigkeiten der Deutschen übernahmen, wodurch diese wiederum zu Vorarbeitern, Polieren und Angestellten aufstiegen. Als die türkischen

Gastarbeiter einwanderten, waren es die Italiener, die im Fahrstuhl eine Etage nach oben fuhren und die deutschen Arbeiter auf Etage zwei beförderten. Die Türken blieben unten. Die anderen stiegen auf.

Der Fahrstuhleffekt ist keineswegs auf Wirtschaft und Industrie beschränkt, auch wenn er dort häufig zuerst einsetzt.

Anfang des 20. Jahrhunderts, lange vor den ersten Gastarbeitern, wanderten polnische Arbeiter ins Ruhrgebiet ein und arbeiteten dort unter Tage. Die Erfolgsgeschichte des Bergbaus ist ohne diese »Ruhrpolen«, die gemeinsam mit ihren deutschen Arbeitskollegen die Kohle aus der Erde holten, kaum denkbar. Die Wischniewskis, Wondraczeks und Wiezorecks arbeiteten nicht nur hart, sondern spielten auch leidenschaftlich Fußball. Sie traten in deutsche Vereine ein, verbesserten sich spielerisch und wurden nach wenigen Jahren so stark, dass der FC Schalke 04 im Jahr 1934 deutscher Fußballmeister wurde. Der Verein wiederholte seinen Erfolg in den Jahren 1935, 1937, 1939, 1940 und 1942. Maßgeblich beteiligt an den Meistertiteln waren Spieler wie Emil Czerwinski, Herbert Burdenski, Otto Tibulsky, Ernst Kalwitzki, Fritz Szepan und Ernst Kuzorra.

Polnische Zeitungen feierten diese Erfolge beinahe so, als wäre die polnische Nationalmannschaft jedes Mal Weltmeister geworden. Dort war die Rede davon, dass fast alle Spieler Schalkes die »Söhne eingewanderter polnischer Bergleute« wären. Der FC Schalke 04, der als »Polackenverein« verschrien war und immer mehr in das Blickfeld der Nationalsozialisten geriet, distanzierte sich von dieser Instrumentalisierung mit einer öffentlichen Auflistung aller Spieler, ihrer

Eltern und ihrer Geburtsorte. Die meisten Spieler seien in Gelsenkirchen geboren. Ausnahmslos alle wären in Deutschland zur Welt gekommen. Niemand käme aus einer Bergarbeiterfamilie, und die Sache mit der polnischen Heimat sei nur mittelrichtig, schließlich wären die meisten Familien aus Masuren, also dem ehemals preußisch-protestantischen Teil im Norden Polens, eingewandert.

Das alles ist heutzutage kaum mehr vorstellbar. Mittlerweile gelten die Wischniewskis, Wondraczeks und Wiezorecks als Deutsche. Ohne Migrationshintergrund. Auch wenn Polen und polnischstämmige Deutsche noch immer unzweifelhaft Rassismus erfahren, lässt sich der Fahrstuhleffekt kaum leugnen. Während sich deutsche Fußballclubs vor 100 Jahren gegen den schlechten Ruf der »Polacken« wehren mussten, gelten die polnischstämmigen Nationalspieler Podolski und Klose, die Polen als ihre Heimat bezeichnen, heute als »Vorzeige-Deutsche«. Die Polen sind mit dem sozialen Fahrstuhl aufgestiegen. Die Türken befinden sich noch immer unten. Ganz unten.

Wie sehr dieser Fahrstuhleffekt die Bewertung von politischen Handlungen beeinflusst, sieht man an zwei Beispielen.

Als Lukas Podolski im Jahr 2015 bei der türkischen Fußballmannschaft Galatasaray Istanbul anfängt, veröffentlicht »Poldi« ein Bild, auf dem er salutierend vor einer türkischen Flagge zu sehen ist. Überschrieben ist das Bild auf Türkisch mit:

> »Mein Herz ist mit euch, die für die Fahne gefallenen türkischen Soldaten. Ich wünsche allen Türken mein Beileid … #heimat #volk #türkei«[61]

Der Aufschrei ist ausgeblieben.

Psychologie-Professor Lothar Matthäus, der in der *Bild* attestieren darf, dass sich Mesut Özil im DFB-Trikot »nicht wohl fühlt«, berichtet drei Wochen später in der *Welt* von einer Audienz bei Wladimir Putin.[62] Es gibt ein Bild von dem Treffen, das als offizielle Veranstaltung der FIFA ausgerichtet wurde. Zu sehen sind Wladimir Putin, FIFA-Chef Gianni Infantino, Lothar Matthäus und weitere ehemalige Spitzensportler, die die FIFA als Markenbotschafter mitgebracht hat. Sie überreichen Putin ein Trikot. Mit der Nummer 11. Ausgerechnet.

In dem *Welt*-Artikel ist auch ein Video eingebunden. Lothar Matthäus sitzt an einem großen ovalen Tisch und gibt eine Lobeshymne auf Russland, die russische Fußballmannschaft und Putin zum Besten. Wladimir Putin schaut enorm zufrieden drein.[63]

Ja. Putin. Der russische Präsident, Autokrat und Diktator Putin.

15 Jahre nachdem Putin die tschetschenische Stadt Grosny in Schutt und Asche gelegt hat. Acht Jahre nachdem Putin die georgische Stadt Tiflis in Schutt und Asche gelegt hat. Vier Jahre nachdem Putin die ukrainische Halbinsel Krim völkerrechtswidrig annektiert hat, sitzt der ergebene Lothar Matthäus im Kreml und erzählt Putin, was ihn mit Russland verbindet:

> »Ich bin halber Russe. Meine Frau stammt aus dem Norden, aber sie ist in Moskau aufgewachsen. (…) Ich fühle mich hier zu Hause, nicht nur wegen meiner Frau. Ich komme immer mit einem Lächeln hierher.«

Es sind Worte, die an ein Lied von früher erinnern: »Moskau, Moskau. Wirf die Gläser an die Wand. Russland ist ein schönes Land. Ho, ho, ho, ho, ho, hey.«

Der Aufschrei ist ausgeblieben.

Im Anschluss an die Fußballweltmeisterschaft 2018 in Russland wird Lothar Matthäus zum Botschafter der Fußballweltmeisterschaft 2022 in Katar berufen.

Bewährung

Ich erinnere mich noch sehr gut an diese Zeit.

Die Kritik an Özils Verhalten war berechtigt und angebracht. Immerhin hat Özil den Autokraten Erdoğan durch ein gemeinsames Foto mit einem Wahlkampfgeschenk ausgestattet und ihn später auch noch zu seiner Hochzeit eingeladen. Im Gegensatz zu Gündoğan unternahm er nicht einmal den Versuch, das despotische Regime in der Türkei auf Distanz zu halten. Der überwältigenden Mehrheit der Menschen mit Zuwanderungsgeschichte und/oder gesundem Menschenverstand[64] war klar, dass ein solches Verhalten Konsequenzen haben muss, dass Özil seiner Vorbildfunktion nicht gerecht geworden ist, dass er vielen jungen Menschen, insbesondere solchen mit türkischer Familiengeschichte, eine symbolische Tür aufgestoßen hat, die aus dem demokratischen Deutschland heraus und in eine autoritäre Türkei hineinführt.

Als Özil im Juli 2023 mit einer Tätowierung der rechtsextremen türkischen Grauen Wölfe auf der Brust zu sehen ist, ist es das vorläufige Ende einer nationalistischen Radikalisierung.

Jenseits der persönlichen Entwicklung von Mesut Özil hat die Debatte um ihn auch einige bedeutende Erkenntnisse über das Zusammenleben zwischen Ausländern und Inländern, Einwanderern und Einheimischen, zwischen »Ihr« und »Wir« zutage gefördert. Das Wichtigste zuerst:

Mesut Özil ist kein Deutscher.

Er ist deutscher Staatsbürger. Er wurde in Gelsenkirchen geboren. Im Alter von 19 Jahren entschied er sich für Deutschland und gegen die Türkei und damit für eine Karriere in der deutschen anstelle der türkischen Nationalmannschaft. Das hatte Folgen. Als er bei der EM-Qualifikation im deutschen Trikot gegen die Türkei spielt, wird er bei jedem Ballkontakt von den türkischen Fans ausgepfiffen und als »Verräter« beschimpft. Özil lässt sich nichts anmerken und schießt das 2:0 für Deutschland. Und dennoch.

Mesut Özil ist kein Deutscher.

Dass er in Deutschland geboren und aufgewachsen ist, dass er in der deutschen Nationalmannschaft spielt, dass er sich bewusst für die deutsche Nationalmannschaft entschieden hat, dass er dafür von zahlreichen Türken beschimpft, beleidigt und verachtet wird, alles das reicht nicht. Es reicht einfach nicht. Mesut Özil ist höchstens Deutschtürke. Allerhöchstens. Und er leidet darunter. Als die *Frankfurter Allgemeine Zeitung* ihn im Jahr 2012 nach seiner Nationalität, seiner Heimat und seiner Zugehörigkeit fragt, befindet er sich in Spanien, wo er seit seinem Wechsel zu Real Madrid lebt:

> »Ich habe in meinem Leben mehr Zeit in Spanien als in der Türkei verbracht – bin ich dann ein deutsch-türkischer Spanier oder ein spanischer Deutsch-Türke? Warum denken wir immer so in Grenzen?«[65]

Bereits 2009 bezeichnet der NPD-Spitzenkandidat Klaus Beier Özil als »Ausweis-Deutschen«[66]. Auf Twitter veröffentlicht ein anonymer Nutzer: »Özil ist garantiert kein Deutscher! Ein Stück Papier ändert nicht die Abstammung.«[67] Die Angriffe auf Özil nehmen derart zu, dass sich 2012 Bundesinnenminister Hans-Peter Friedrich einschaltet und die Beleidigungen als »widerwärtig« bezeichnet. Laut Friedrich sind allerdings nicht die rassistischen Deutschen das Problem, die ihren Mitbürger aufgrund seiner Herkunft ausgrenzen, sondern »das Internet« und die »Verwahrlosung der Umgangsformen«[68]. Die *Junge Freiheit*, eine »rechtskonservative« Zeitung, die regelmäßig von CDU-Politikern mit Interviews versorgt wird, veröffentlicht einen Beitrag, der das Problem der Deutschen mit Özil ganz gut auf den Punkt bringt:

> »›Özil ist garantiert kein Deutscher! Ein Stück Papier ändert nicht die Abstammung.‹ Nanu? Objektiv falsch ist die Aussage ja wohl nicht, wenn man denn nicht übersieht, daß der Begriff ›Deutscher‹ eben nicht nur die Staatsangehörigkeit, sondern auch die Volkszugehörigkeit beschreiben kann. Den Zweifel an seiner eigenen Bereitschaft, nicht nur das deutsche Trikot zu tragen, das ihm ganz andere internationale Auftritte ermöglicht als das türkische, sondern sich auch im Herzen als Deutscher zu fühlen und mit diesem Land zu identifizieren, nährt ein Özil zudem ja auch selbst, wenn er jedesmal beim Ertönen der Nationalhymne angewidert den Mund zukneift, wie einige andere Migrationshintergründler in der Mannschaft übrigens auch.«[69]

Der Artikel spricht vielen Einheimischen aus der Seele. Aber auch den Einwanderern und ihren Kindern. Es ist die Kodifizierung einer Vorahnung, die bereits die ersten türkischen Gastarbeiter bei ihrer Ankunft in Deutschland gespürt haben.

Du kannst machen, was du willst. Du kannst dich verhalten, wie du willst. Es reicht nicht. Es wird niemals reichen. Dieses Land wird niemals deine Heimat werden. Du kannst in dritter (!) Generation Enkel (!) eines Gastarbeiters sein. Du kannst dich aktiv für Deutschland entscheiden, einen »Bambi« für Integration und gleich zweimal das »Silberne Lorbeerblatt« für deine sportlichen Leistungen vom Bundespräsidenten erhalten. Du kannst dein Leben leben, ohne dir etwas zuschulden kommen zu lassen. Du kannst Vorbild für Millionen Kinder auf der ganzen Welt sein. Es reicht alles nicht. Es wird niemals reichen.

Du bleibst immer Deutscher auf Bewährung.

Sascha Lobo hat all das bei seiner re:publica-Rede im Jahr 2018 in einen sehr schönen Satz gepackt:

> »Man kann alles neu lernen. Außer immer dabei gewesen zu sein.«[70]

Es ist wie mit einer Familie, in die man hineingeboren wird, in der aber Eltern, Großeltern und Geschwister an keinem einzigen gottverdammten Tag Zweifel daran lassen, dass man beim kleinsten Fehltritt unverzüglich zur Adoption freigegeben wird.

Wie würde es Ihnen, liebe Leserin, lieber Leser, in einer solchen Familie ergehen? Würden Sie sich einer solchen

Familie verbunden fühlen? Würden Sie Stolz auf eine solche Familie verspüren? Würden Sie das Familienfoto als Hintergrundbild auf Ihrem Mobiltelefon einrichten?

Man muss nicht mehr Mitleid mit Mesut Özil haben als angebracht wäre, aber es ist spürbar, dass er, wie viele Gastarbeiterkinder, hin und her gerissen ist zwischen alter und neuer Heimat. Zwischen familiärer Geschichte und sportlicher Zukunft. Zwischen dem Hass der türkischen Fans und dem Hass der deutschen Gesellschaft. Dass er dieser Zerrissenheit auch körperlichen Ausdruck verleiht, indem er die Nationalhymne nicht mitsingt – ist das so schwer zu verstehen?

»Wer Deutschland nicht liebt, soll Deutschland verlassen«, sagen ausgerechnet diejenigen, die diesen Staat und seine Institutionen verachten, die den Bundespräsidenten als »Volksverräter« beschimpfen, die sich auf »Merkel muss weg«-Demonstrationen versammeln, die versuchen, den Reichstag zu stürmen, und die Pläne schmieden, um den Bundesgesundheitsminister zu entführen und zu ermorden, weil ihnen seine Coronapolitik nicht gefällt.

Nie käme man auf die Idee, diese Menschen gedanklich auszubürgern, ihnen vorzuwerfen, dass sie keine richtigen Deutschen wären. Vor allem käme niemand auf die Idee, ihre Kultur, ihre Religion, ihre Herkunft oder ihren Geburtsort als Begründung für ihr Fehlverhalten anzuführen.

Bei Mesut Özil passiert genau das. All das.

Nicht nur wird seine Familiengeschichte herangezogen, um ihn persönlich und sportlich zu diskreditieren. Nein, die Einwanderungsgeschichte seiner Eltern und Großeltern, seine Religion und seine Familie reichen als alleiniger Beleg für seine vermeintlich fehlende Liebe zu Deutschland und seine mangelnde Loyalität zur Nationalmannschaft. Das Treffen mit Erdoğan ist nur Vorwand für den tiefer liegenden blanken Hass auf die Fremden, die es wagen, ihren Putzkittel gegen das blütenweiße Trikot der Nationalmannschaft auszutauschen.

Fast noch schlimmer aber ist die himmelschreiende Doppelmoral.

Mesut Özil beherrscht wochenlang die Titelblätter. Sein Fehlverhalten wird zur Staatsaffäre. Seine Identität wird eingerissen, er steht keineswegs mehr für sich selbst, sondern symbolisiert als menschgewordener Integrationsbambi das Scheitern der Türken in Deutschland.

Das Türkenproblem. Es hat mittlerweile die dritte Generation erreicht.

Das erklärt möglicherweise die zuweilen unfassbare Härte, mit der über ihn gerichtet wird. Sein gemeinsames Foto mit Erdoğan ist berechtigter Anlass zur Kritik. Harter Kritik. Aber das, was auf sein Treffen mit dem türkischen Präsidenten folgt, ist schlichtweg maßlos. Dass sich Bundespräsident, Bundeskanzlerin und Bundestagspräsident einschalten, ist vollkommen absurd und der Fallhöhe des Problems in keiner Weise angemessen. Zumal zur selben Zeit deutlich schwerwiegendere politische und wirtschaftliche Verflechtungen zwischen Deutschen und ausländischen Autokraten offenbar werden.

Im März 2018, ein halbes Jahr vor dem Özil-Erdoğan-Zwischenfall, bricht eine AfD-Reisegruppe, bestehend aus Landtags- und Bundestagsabgeordneten, nach Syrien auf, um sich mit Vertretern des syrischen Regimes zu treffen. Es gibt ein Bild, das die deutschen Politiker mit dem syrischen Parlamentspräsidenten Hammouda Sabbagh zeigt. Zwischen der syrischen Delegation auf der linken und der AfD-Delegation auf der rechten Seite thront ein Portrait des Diktators Baschar al-Assad.[71] Nach ihrer Rückkehr schwärmen die AfD-Politiker auf einer einberufenen Pressekonferenz vom syrischen Regime. Es ist dieselbe AfD, die Özil und Gündoğan darüber aufklärt, warum man sich nicht mit Autokraten trifft.

Ebenfalls im Jahr 2018 sieht man den Vorstandsvorsitzenden von Siemens Joe Kaeser, den Vorstandsvorsitzenden von Adidas Kasper Rorsted, den Vorstandsvorsitzenden von Bayer Werner Baumann, den Vorstandsvorsitzenden von ThyssenKrupp Heinrich Hiesinger und den Vorstandsvorsitzenden von SAP Bill McDermott auf dem Weltwirtschaftsforum in Davos neben dem US-amerikanischen Präsidenten Donald Trump sitzen. Trump ist sichtlich erfreut darüber, dass sich die europäischen Wirtschaftsjungs an seiner Kaffeetafel versammelt haben. Als einer nach dem anderen anfängt, Lobeshymnen auf seine Präsidentschaft, seine Steuerreform und seinen militärischen Scharfsinn anzustimmen, steigt seine Laune ins Unermessliche. Im Anschluss, so erzählt man sich, sollen einige der Manager gar Trump-Autogramme auf ihre Speisekarte erbeten haben.[72]

Außerdem macht im Jahr 2018 ein Bild die Runde, das Außenminister Sigmar Gabriel dabei zeigt, wie er seinem türkischen Amtskollegen Mevlüt Çavuşoğlu in seinem Wintergarten in Goslar Tee einschenkt. Die beiden scheinen sich prächtig zu verstehen. Das Auswärtige Amt hat das Treffen mit mehreren Bildern dokumentiert.[73] Man sieht die beiden, wie sie bei Kaffee, Tee und Keksen in Korbsesseln sitzen und plaudern. Man sieht sie, wie sie an Gabriels Wohnhaus entlangschlendern. Und man sieht sie auf einem Bild so eng beieinanderstehen, dass sich beinahe ihre Bäuche berühren. Sie sehen so vertraut miteinander aus, dass es an Susi und Strolch erinnert. Nur ohne die Spaghetti.

Und natürlich ist da noch Lothar Matthäus, der sich hämisch über Mesut Özil äußert, nur um drei Wochen später Wladimir Putin ein FIFA-Trikot zu überreichen. Es ist eine Doppelmoral von derartiger Absurdität, dass sie nur mit den zahlreichen Kopfbällen erklärbar ist, denen der arme Fußballerkopf im Laufe einer langen Karriere ausgesetzt war.

Überhaupt Wladimir Putin. Es scheint einen erheblichen Anteil in der deutschen Bevölkerung zu geben, der dem russischen Präsidenten blind in einen Krieg folgen würde. Sahra Wagenknecht und Alice Schwarzer versammeln 2023 in Berlin Tausende Menschen, die nichts anderes fordern, als dass sich die Staatengemeinschaft einer raubenden, brandschatzenden, mordenden und vergewaltigenden russischen Armee ergeben solle. Der ehemalige Bundeskanzler und SPD-Urgestein Gerhard Schröder ist derart Russland-nah, dass er als offizieller Staatsfeind der Ukraine gilt. Die SPD-Ministerpräsidentin von Mecklenburg-Vorpommern Manuela Schwesig hat womöglich Gesetze gebrochen, um russischen Staatsfirmen unter Umgehung von internationalen Sanktionen Zugang zur deutschen Energie-Infrastruktur zu ermöglichen. Und wenn man den sächsischen CDU-Ministerpräsidenten Michael Kretschmer über Russland und Putin reden hört, könnte man meinen, dass er sich auf eine anstehende Aufgabe als russischer Botschafter vorbereitet. Auch davon gibt es ein Bild. Man sieht Michael Kretschmer auf einem antiken Sofa sitzen und telefonieren. Er befindet sich in der Residenz des deutschen Botschafters in Moskau. Kretschmer wollte unbedingt den russischen Präsidenten treffen, der aber ließ ihn abblitzen. Also sitzt er nun da wie ein Schuljunge und führt ein Ortsgespräch mit Wladimir Putin. Es ist dermaßen bizarr, dass man es nicht einmal mehr ironisch überspitzen kann.

Ständig und fortwährend stellen sich prominente Deutsche als willkommene Werbefläche für Autokraten, Despoten und Diktatoren zur Verfügung. Nichts daran ist gut, alles daran ist schlimm.

Aber keines der genannten Beispiele hat zu einem derartigen Sturm der Entrüstung geführt wie das Treffen von Mesut Özil mit Recep Tayyip Erdoğan. Keiner der genannten Politiker, Wirtschaftskapitäne und Sportler musste Angriffe auf sich und seine Familie erdulden wie Özil. Niemand wurde derart konzertiert durch Medien, Politik und Sportverband angegriffen, niedergerungen und fertiggemacht wie der Türke. Der Problemtürke.

Wohlwollen

Es gibt auch leise Stimmen. Stimmen, die differenzieren, die versuchen zu verstehen und das Vorgefallene innerhalb eines gemeinsamen »Wir« zu lösen. Sie sind eindeutig in der Minderheit. Aber sie sind dennoch zu hören.

Die CDU-Politikerin und ehemalige Staatssekretärin für Integration in NRW Serap Güler ist so eine Stimme. In einem Interview mit der *Tagesschau* spricht sie stellvertretend für viele Menschen mit Zuwanderungsgeschichte. Sie kritisiert Özil und Gündoğan, verweist aber auch auf den blanken Rassismus, der sich in der gesamten Debatte offenbart. Sie thematisiert die doppelten Maßstäbe und warnt davor, dass wir dabei sind, eine ganze Generation an jungen Deutschen mit türkischen Wurzeln zu verlieren. Es sind Worte, die wie Pfeile ins Schwarze treffen:

> »Aus integrationspolitischer Sicht ist die Debatte fatal, weil bei vielen jungen Menschen mit Migrationsgeschichte das Gefühl bestätigt wird: Du kannst dich anstrengen, wie du willst, kannst es sogar bis zur Nationalmannschaft schaffen, und dann machst du mal einen Fehler und wirst gleich niedergemacht. Die Deutschtürken bekommen den Eindruck, dass mit zweierlei Maß gemessen wird.«

Und:

> »Das Foto, das Lothar Matthäus mit Wladimir Putin gemacht hat. Da hat keiner eine Erklärung gefordert, wieso er sich mit einem Despoten fotografieren lassen kann. Es gab zwar etwas Kritik, aber die war bald abgeklungen. Das sind Unterschiede, die die Deutschtürken hier sehr bewusst wahrnehmen. (…) Viele junge Menschen, gerade türkischer Abstammung, haben das Gefühl, dass es vor allem um ein Türkeibashing geht.«[74]

Auch der heutige Vorsitzende der Grünen Omid Nouripour äußert sich und macht darauf aufmerksam, dass das Bundesland Bayern immer schon gute Geschäfte mit Autokratien wie Katar gemacht habe. Katarina Barley, Cem Özdemir, Sawsan Chebli und andere äußern sich emphatisch, betroffen und enttäuscht von der Debatte, zeigen Verständnis für die sachliche Kritik an Özil und Gündoğan, sind aber keineswegs zurückhaltend, was den nachhaltigen Schaden betrifft, den diese Affäre und der gesamtdeutsche Umgang mit ihr unter den Kindern und Kindeskindern der Gastarbeiter angerichtet hat.

Es ist ein Schaden, der sich präzise bemessen lässt. Das Zentrum für Türkeistudien in NRW stellt kurz nach der Özil-Katastrophe in einer Befragung im Jahr 2018 unter 1000 türkischstämmigen Personen fest, dass sich die Kinder und Enkelkinder der ehemaligen Gastarbeiter immer mehr von Deutschland ab- und der Türkei zuwenden. Dass Türken und Deutsche türkischer Herkunft der türkischen Regierung eher zutrauen, ihre Interessen zu vertreten, als der deutschen. Dass sich Menschen mit türkischen Wurzeln auch in anderen Bundesländern nicht mehr so sehr in Deutschland beheimatet fühlen wie noch in den Jahren zuvor.[75]

Die Menschen, die seit mehreren Jahrzehnten in Deutschland leben, die hier arbeiten und Teil dieser Gesellschaft geworden sind, fühlen sich Deutschland durchaus nah, stellen aber in aller Überdeutlichkeit fest, dass sie »anders« geblieben sind.

Alles das lässt sich wissenschaftlich feststellen, lässt sich empirisch erforschen. Wobei man sich auch fragen kann, welche bahnbrechenden Erkenntnisse diese Studien eigentlich liefern sollen. Man muss kein Wissenschaftler sein, um die Wirkung von »Verpiss dich nach Anatolien!« und »Ziegenficker« auf die türkischstämmige Bevölkerung in Deutschland zu erahnen.

Wie würde sich wohl Hüseyin Yılmaz fühlen? Der fiktive Charakter aus dem Film *Almanya*? Der Mann, der sein Leben lang hart geschuftet und die meiste Zeit in Deutschland verbracht hat? In heruntergekommenen Wohnungen, auf Baustellen, auf der Autobahn zwischen Heimat und Heimat. Mit nichts anderem im Sinn, als seiner Familie ein gutes Leben zu bereiten. Dessen Kinder besser Deutsch als Türkisch sprechen, dessen Enkel nichts Türkisches mehr an sich haben.

Der ganz reale Mesut Özil erklärt im Jahr 2012, dass er mehr Zeit in Spanien verbracht habe als in der Türkei. Eine Aussage, so deutsch, dass man daraus Kartoffelpuffer stampfen könnte.

Was macht es wohl mit den knapp drei Millionen Menschen türkischer Herkunft, wenn sie über sechs Jahrzehnte lang nur als Problem wahrgenommen werden? Wenn der *Spiegel* sie in den 1970er Jahren als Invasoren darstellt? Wenn in der *Zeit* und im Deutschlandfunk Artikel erscheinen, die das Wort »Türkenproblem« im Titel tragen? Wenn jeden Tag im Bahnhof eine neue wenig schmeichelhafte *Bild*-Schlagzeile über Türken zu sehen ist?

Was macht es mit einem, wenn die Nachbarin sagt: »Mein Kind soll ja zweisprachig aufwachsen, aber doch bitte nicht Deutsch und Türkisch!«

Was macht es mit einem, wenn andere Einwanderer im Fahrstuhl nach oben fahren, während man selbst vom Erdgeschoss in den Keller befördert wird? Wenn die einzigen beiden türkischstämmigen Spieler in der deutschen Nationalmannschaft als Sündenböcke für eine verlorene WM herhalten müssen, in einem Team, das aus 33 Personen besteht?

Drei Millionen Menschen, von denen die aller-aller-allermeisten unbescholtene, im besten Sinne mittelmäßige Bürger in der gesellschaftlichen Mitte dieses Landes sind. Menschen wie alle anderen Menschen auch. Kinder, die ihren Eltern den Schlaf rauben, Eltern, die ihren Kindern peinlich sind, Großeltern, die mit dem Alter immer schratiger werden. Brüder, die ihr Leben nicht auf die Kette bekommen, Schwestern, die Stress mit dem Nachbarn haben. Es sind Menschen mit Würde und Achtung. Menschen mit Problemen. Und ja, auch religiösen und kulturellen Herausforderungen. Und hoppla, auch Straftäter und Arschlöcher sind unter ihnen. Aber muss wirklich jeder (!) Fernsehbeitrag, der Türken als Menschen zeigt, einen Hinweis auf Ehrenmord, Integrationsdefizit und Kopftuch enthalten?

Man muss niemanden in diesem Land mit Samthandschuhen anfassen. Wirklich nicht. Was aber sehr wohl möglich sein sollte: jedem Menschen in diesem Land auf Augenhöhe begegnen. Erst recht, wenn man es ernst meint mit »Fair Play!«-Banner, »Respekt«-Aufnäher, »Say No! To Racism«-Logo, »Diversity«-Kampagne, »Wir sind weltoffen«-Webseite und einem endlosen Referat über Toleranz und Vielfalt.

Es klingt alles so furchtbar selbstverständlich.

Dass man Menschen als Menschen und Individuen als Individuen behandeln sollte. Dass das Autokraten-Selfie des einen nicht schlimmer sein darf als das Autokraten-Selfie des anderen. Zeilen, die sich lesen wie der Warnhinweis, dass man seine Katze nicht in der Mikrowelle trocknen soll. Und man denkt sich: Wer macht denn bitte so was? Aber allem Anschein nach sind diese Aufkleber dringend notwendig.

Während Deutschland darüber debattiert, ob dieses Land eine Heimat für Deutsche mit türkischer Familiengeschichte sein kann, stößt Recep Tayyip Erdoğan in das entstehende Vakuum und umgarnt die Menschen, die in diesem Land keinen Fuß auf den Boden bekommen. Es gibt einen Grund, warum sich so viele Menschen innerlich abwenden und in Richtung Türkei schauen.

»Hacı-Halil Uslucan, der wissenschaftliche Leiter des Zentrums für Türkeistudien an der Universität Duisburg-Essen, sieht zwei Hauptursachen: ›Zum einen hatten wir die letzten fünf, sechs Jahre eine sehr gehässige Integrationsdebatte, fokussiert auch auf Türkischstämmige und Muslime. Auf der anderen Seite sehen wir ein starkes Bemühen der türkischen Regierung, sich genau um diese Gruppe zu kümmern, etwa durch das 2010 eingerichtete Ministerium für Auslandstürken – mit der klaren Botschaft: ›Wir kümmern uns um euch, die Deutschen nicht‹.«[76]

Wir kümmern uns um euch, die Deutschen nicht.

Im Jahr 2010 stellt das Dortmunder Futureorg-Institut fest:

> »An deutschen Unis plant jeder dritte Studierende mit türkischen Wurzeln seine Karriere in der Türkei – nicht etwa in Deutschland. Vor allem die jungen, gut ausgebildeten Deutschtürken, die mindestens zwei Sprachen sprechen und in zwei Kulturen zuhause sind, kehren Deutschland den Rücken. Was ihnen in Deutschland zum Nachteil wird, ist in der Türkei ihr Kapital!«[77]

Es ist ein rechter Traum, der 2010 endlich wahr wird. Mehr türkischstämmige Menschen wandern aus Deutschland in die Türkei ein als andersherum.[78] Insbesondere die gut ausgebildeten Türken und Deutschtürken möchten sich in Deutschland nicht mehr beschimpfen lassen. Sie kehren einem Land den Rücken, das Interkulturalität und Mehrsprachigkeit als Nachteil (!) versteht und sich damit – Stichwort Fachkräftemangel – das eigene Grab schaufelt. Und natürlich ist nichts von alledem überraschend. Der Grund, den die Befragten des Futureorg-Instituts am häufigsten angeben, wenn es um eine mögliche Auswanderung geht, ist das »fehlende Heimatgefühl« in Deutschland.

»Wer Deutschland nicht liebt, soll Deutschland verlassen.« Bitteschön. Gern geschehen.

Es ist ausgerechnet Erdoğan, der den Trend wieder umkehrt. Seine autoritäre Regierung, sein Despotentum, die vielen undemokratischen Rückschritte verunsichern die Menschen, die eine Zeitlang dachten, sie würden in Istanbul jene Anerkennung finden, die ihnen in Deutschland versagt bleibt.

Irgendwann äußert sich Mesut Özil.

Er äußert sich spät. Sehr spät. Er äußert sich ausführlich. Nicht alles, was er schreibt, ist nachvollziehbar. Die Versuche, sein Verhältnis zum türkischen Präsidenten mit der Herkunft seiner Familie zu erklären, sind für ein öffentliches Vorbild wie ihn völlig unpassend und unangemessen. Seine Äußerungen zum DFB und zur Nationalmannschaft zeugen von einem Streit, der möglicherweise auf Missverständnissen und persönlichen Animositäten beruht. Auf beiden Seiten.

Aber er sagt auch etwas Grundsätzliches. Etwas, was eine jahrzehntelange Abwertungserfahrung zum Vorschein bringt. Etwas, was Unverständnis, Schmerz und Trotz ausstrahlt. Etwas, womit sich sehr viele Menschen in diesem Land identifizieren können.

> »Ich bin Deutscher, wenn wir gewinnen, aber ich bin ein Einwanderer, wenn wir verlieren. Denn obwohl ich in Deutschland Steuern zahle, Einrichtungen für deutsche Schulen spende und 2014 mit Deutschland die Fußballweltmeisterschaft gewonnen habe, werde ich immer noch nicht in der Gesellschaft akzeptiert. Ich werde als ›anders‹ behandelt! Ich wurde 2010 mit dem

Bambi als Beispiel für gelungene Integration in die deutsche Gesellschaft ausgezeichnet, 2014 erhielt ich das ›Silberne Lorbeerblatt‹« von der Bundesrepublik Deutschland, und 2015 war ich ›Deutscher Fußball-Botschafter‹. Aber ich bin offensichtlich kein Deutscher …? Gibt es Kriterien für das Deutschsein, die ich nicht erfülle? Mein Freund Lukas Podolski und Miroslav Klose werden nie als deutsch-polnisch bezeichnet, warum bin ich dann deutsch-türkisch? Ist es, weil es die Türkei ist? Ist es, weil ich Muslim bin? Ich glaube, hier liegt ein wichtiger Punkt. Indem man jemanden als Deutsch-Türke bezeichnet, unterscheidet man bereits Menschen, deren Familie aus mehr als einem Land stammt. Ich bin in Deutschland geboren und aufgewachsen, warum akzeptiert man dann nicht, dass ich Deutsch bin?«[79]

Mesut Özil ist kein Deutscher. Mesut Özil ist Türke. Aber eigentlich ist er auch das nicht. Er ist Deutschtürke. Und so wie Özil das schreibt, klingt das so, als wäre das eine ansteckende Krankheit.

Keine geringere als Alice Weidel bringt es auf den Punkt. Also fast.

Die »Integrationsträumerei« funktioniert tatsächlich »nicht einmal bei Fußball-Millionären«. Was aber weder an den Fußball-Millionären noch an der »Migrationslobby« liegt, sondern an Menschen, die Bernd, Werner, Ulrich, Julia und Alice heißen. Sie sind der Grund, warum sich »Einwanderer aus dem türkisch-muslimischen Kulturkreis nicht mit Deutschland identifizieren« können. Ja, »können«. Es ist nicht so, dass diese nicht wollen, sondern dass andere sie nicht lassen.

Es gibt einen Text, der mir im Zuge der Debatte um Özil und Gündoğan besonders im Gedächtnis geblieben ist. Es ist ein Beitrag von kompromissloser Gutherzigkeit und echtem Wohlwollen. In dem keine Wut mitschwingt. Sondern eine Enttäuschung, die sich breitmacht, wenn »einer von uns« Mist gebaut hat. Es ist ein Bekenntnis, auch in schlechten Zeiten an Menschen festzuhalten und niemanden verloren zu geben. Der Beitrag stammt vom FDP-Politiker und ehemaligen stellvertretenden Ministerpräsidenten in NRW Joachim Stamp, der während der schwarz-gelben Regierungskoalition auch Integrationsminister war.

Während des Freundschaftsspiels Deutschland gegen Saudi-Arabien im Anschluss an die Weltmeisterschaft 2018 trägt Stamp das Nationalmannschaftstrikot von İlkay Gündoğan. Er trägt es ganz bewusst. Auf Facebook erklärt er, dass er enttäuscht und verärgert war über das Foto und dass er in seiner Funktion als Integrationsminister öffentliche Kritik geübt habe. Aber er sagt noch etwas anderes.

> »Offenbar gelten gegenüber den ›neuen Deutschen‹, bei den Kindern aus Einwandererfamilien andere Maßstäbe, was Fehlerkultur betrifft. Geht es wirklich um Kritik an einem Fehler oder lehnt nicht in Wahrheit ein Teil der ›Fans‹ den Spieler aufgrund seiner Herkunft ab und hat jetzt ein Ventil gefunden? Es gibt in Teilen unserer Gesellschaft immer noch ein grundsätzliches Ressentiment gegenüber einer Einwanderergeneration, deren Eltern hier in härtesten Jobs, unter Tage und am Fließband malocht haben und zum Aufbau unseres gemeinsamen Wohlstands beigetragen haben. Damals war Deutschland froh, notwendige Arbeitskräfte zu gewinnen. Aber viel zu lange

> wurde die Lebenslüge aufrecht erhalten, Deutschland sei kein Einwanderungsland. Jahrzehnte hat sich niemand um Integration geschert. Darum ist es jetzt wohlfeil, die fehlende Sprachkompetenz der ersten Generation zu kritisieren. Umso bitterer ist es für viele in der dritten Generation, die hier geboren und aufgewachsen sind, die Sprache ihrer Großeltern kaum, dafür aber Deutsch sprechen und von Teilen ihrer Mitbürger im Alltag oft das Gefühl vermittelt bekommen, sie seien keine ›richtigen Deutschen‹. Das gilt nicht unbedingt für die Mehrheit in unserer Gesellschaft, aber eine fehlende Akzeptanz ist doch so tief verwurzelt, dass sie viele verletzt. Solche Verletzungen beschweren die Identifikation mit der deutschen Heimat wie mir viele junge Menschen aus Einwanderfamilien berichten. (…) Es ist egal, wo unsere Vorfahren geboren wurden. Es ist unser gemeinsames Land. Machen wir gemeinsam das Beste daraus. Nicht nur, aber auch beim Fußball. Und warum ich heute ein Gündogan Trikot trage ist ganz einfach erklärt: Ilkay ist einer von uns, ein sympathischer Typ und ein grandioser Kicker. Und darum bin ich froh, dass er für die deutsche Nationalmannschaft spielt.«[80]

Es sind Worte, die ins Schwarze treffen. Eigentlich sprengen sie die gesamte Dartscheibe.

Mir ist der Beitrag von Joachim Stamp auch deshalb in Erinnerung geblieben, weil Stamp mit wenigen Worten die Grenzziehung zwischen »Ihr« und »Wir« verändert. Weil er Partei ergreift und sich eindeutig positioniert. Weil er in einem anderen Team spielt als die meisten seiner politischen Mitstreiter. Weil er Hoffnung und Zuversicht stiftet. Weil er »Es ist unser gemeinsames Land« schreibt. Eine

Selbstverständlichkeit, die manche der antitürkischen Ankläger nicht gerne hören. Eine Selbstverständlichkeit, mit der man eine gefühlte Mehrheit in diesem Land gegen sich aufbringt. Eine Selbstverständlichkeit, die man besser verschweigt, wenn man keine Wahlen verlieren will. Stamp aber ist in dieser Sache kompromisslos. Er schreibt in absoluter Klarheit, was es bedeutet, wenn dieses Land unser gemeinsames Land ist.

»İlkay ist einer von uns.«

Mehr braucht es nicht. Keine Sonderbehandlung, kein falsches Verständnis, kein Laisser-faire, kein Larifari. Nur die Gewissheit, dass man Mensch sein und Fehler machen darf. Dass man Gerechtigkeit und Gleichbehandlung erfährt. Und dass man nicht beim ersten Fehltritt zur Adoption freigegeben wird. Das ist schon alles.

Liebe

Es gibt eine Erklärung, die unter Deutschen äußerst beliebt ist. Sie lautet folgendermaßen: Wenn sich die Ausländer einfach mehr bemühten, wenn sie sich besser integrierten, wenn sie mal für einen kurzen Moment ihre Kultur beiseiteließen und sich den deutschen Traditionen öffnen würden, dann, ja dann gäbe es auch weniger Vorbehalte, gäbe es weniger Ausgrenzung, würde ihnen weniger Hass entgegenschlagen. Dann würden die Leute viel mehr Verständnis aufbringen. Die Leute, die eigentlich nur verunsichert sind. Wegen der »Fremden«.

Es gäbe ganze Landstriche, da hätte man noch nie einen Ausländer gesehen. Woher sollten die Leute denn wissen, wie die so sind? Die Leute seien an so was doch gar nicht gewöhnt. Und dann gleich so viele. Das gefährde doch den sozialen Frieden!

Wir haben ja nichts dagegen, wenn nur einige wenige kämen. Am liebsten natürlich Frauen und Kinder, aber so viele junge Männer? Man weiß doch, wie die sind. Die Deutschen sind eigentlich anders. Eigentlich sind die Deutschen nicht so.

Die kleinen Deutschen sehen sich in Gefahr.

Dabei engagiert sich Hildegard seit Jahren im Eine-Welt-

Laden, und Wolfgang hat schon früh Seit an Seit mit einem Italiener gearbeitet. Die Deutschen haben halt Angst. Angst vor den »Fremden«. Angst vor der Überfremdung. Angst vor dem Islam. Man hört doch so vieles. Es wäre schon viel gewonnen, wenn die Ausländer wenigstens für einen kurzen Moment auf die Deutschen zukommen würden. Wenn man sie näher kennenlernen könnte. Aber sie sind ja andauernd nur unter sich.

Es ist eine Erklärung, die unter Deutschen äußerst beliebt ist.

Vor allem ist es eine Erklärung, die beinahe die gesamte Last der Verantwortung auf die »Anderen« abschiebt. In dieser Erklärung ist es die alleinige Aufgabe der »Fremden«, sich um Integration zu bemühen. Es ist eine Erklärung, die weder soziale Ausgrenzung noch strukturelle Diskriminierung kennt. Und die nicht zuletzt sehr viel Verständnis dafür hat, wenn die Deutschen irgendwann kein Verständnis mehr haben.

Das Problem, so heißt es häufig, ist die Kultur. Deren Kultur. Hätten die einfach eine andere Kultur, hätten wir alle keine Probleme. Manche würden sogar so weit gehen zu sagen: Hätten wir keinen Kulturkampf, gäbe es auch keinen Rassismus.

Es gibt Menschen, die das ein bisschen anders sehen. Erwin Kostedde zum Beispiel. Oder Jimmy Hartwig. Oder Steffi Jones. Sie alle sind Teil einer Dokumentation, die den Namen *Schwarze Adler* trägt. Der Titel bezieht sich auf das Symbol der deutschen Nationalmannschaft. Den schwarzen Adler auf weißem Hintergrund. Auf der linken Brust der Deutschen.

Erwin Kostedde ist einer von denen, auf deren Brust der schwarze Adler zu sehen war. Kostedde ist nicht irgendwer. Er war der erste Schwarze in der deutschen Nationalelf. Der Sohn einer weißen deutschen Mutter und eines schwarzen US-amerikanischen Besatzungssoldaten wird 1946 in Münster geboren. Irgendwann verschlägt es ihn ins hessische Offenbach. Dort wird er der Bundesliga-Rekordtorschütze der Offenbacher Kickers und spielt sich in die Herzen der Fans, die ihr Fanmagazin kurzerhand *Erwin* nennen.

Auch Jimmy Hartwig trägt den schwarzen Adler auf der Brust. Auch er ist Sohn einer deutschen Mutter und eines schwarzen GI. Hartwig wird 1954 in Offenbach geboren und landet nach seinem Debüt in seiner Offenbacher Heimat beim TSV 1860 München. Sein fußballerisches Zuhause wird aber erst der Hamburger Sportverein, mit dem er dreimal deutscher Meister wird. Nach seiner Karriere als Profifußballer wechselt er die Seiten, wird Trainer und gehört mittlerweile zum diplomatischen Korps des DFB und vertritt diesen bei den Themen »Fair Play«, »Respekt« und »Vielfalt«.

Steffi Jones ist die erste schwarze Frau in der Fußballnationalmannschaft. Auch sie ist das Kind einer weißen deutschen Mutter und eines schwarzen US-amerikanischen Soldaten. Sie kommt in Frankfurt zur Welt, spielt für verschiedene Frankfurter Clubs und schließlich für den SC 07 Bad Neuenahr. Sie wird vielfache deutsche Meisterin und gewinnt in ihrer 14 Jahre währenden Karriere in der Nationalmannschaft dreimal die Europameisterschaft und einmal die Weltmeisterschaft. Nach ihrer Karriere als Spielerin wird sie Bundestrainerin des DFB-Teams und FIFA-Botschafterin für den Frauenfußball.

Neben Kostedde, Hartwig und Jones sind auch Rigobert Gruber, Gerald Asamoah, Patrick Owomoyela, Claudemir »Cacau« Jerônimo Barreto, Jordan Torunarigha, Jean-Manuel Mbom, Shary Reeves, Anthony Baffoe, Otto Addo, Guy Acolatse und Beverly Ranger zu sehen. Allesamt schwarze Fußballspieler und Fußballspielerinnen, die für eine gewisse Zeit in ihrem Leben im deutschen Profifußball beheimatet waren. Die meisten von ihnen haben für die deutsche Nationalmannschaft gespielt, manche, wie Baffoe und Addo, entscheiden sich, obwohl sie in Deutschland geboren wurden, für einen Einsatz in der Nationalmannschaft von Ghana.

Natürlich ist »Schwarze Adler« ein Wortspiel.

Die schwarzen Adler sind Ausländer und Inländer, Alte und Junge, manche sprechen Deutsch, andere sprechen Englisch, einer spricht Französisch. Alle sprechen liebevoll voneinander.

Referenzpunkt ist immer wieder Erwin Kostedde. Der Erwin. Der erste Schwarze im deutschen Trikot.

Erwin ist Deutscher. Aber so was von. Sein älterer Halbbruder war bei der Hitler-Jugend und hängt nach dem Krieg mit seinen Hitler-Jugend-Freunden ab. Er schämt sich für Erwin und erzählt, Erwin wäre gar nicht sein Bruder. Man hätte ihn adoptiert, und man könne ihn, den Schwarzen, jederzeit wieder loswerden. Kostedde erzählt, wie wildfremde Menschen bei seinem Anblick den Hitlergruß machen und ihm erzählen, dass es so was wie ihn unterm Führer nie gegeben hätte.

»Wie das ist, mit so einer Hautfarbe durch Deutschland zu laufen, das können Sie sich gar nicht vorstellen. Von Kind auf, seit ich denken kann, sind das immer Probleme gewesen, und ich bin überzeugt davon, dass meine anderen Kameraden, die dunkelhäutig sind, nicht so leicht darüber hinweggehen, wie manche tun. Ich bin schon ein harter Hund gewesen – aber das lässt einen nicht los.«

Jimmy Hartwig erzählt von seinem Großvater, der verhindert, dass seine Mutter mit seinem schwarzen Vater zusammenbleibt. Sie wird, wie die meisten Mütter schwarzer Kinder, als »N…-Hure« beschimpft.

Shary Reeves, geboren 1969 in Köln, berichtet, wie sie sich mit ihrer besten Freundin heimlich treffen muss, weil die Eltern des weißen Mädchens nicht wollen, dass sie miteinander spielen.

Otto Addo, geboren 1975 in Hamburg, wird als 13-Jähriger mit einem Auto verfolgt, als er mit dem Fahrrad nach Hause fährt. Er muss sich zwischenzeitlich verstecken, damit er überhaupt unbeschadet nach Hause kommt.

Gleich mehrere berichten davon, wie sie sich als Kinder mit Kernseife blutig waschen, in der Hoffnung, dass ihre schwarze Haut heller wird.

Es ist ein ständiger Kampf gegen das Anderssein. Bei gleichzeitiger Sehnsucht, irgendwann einmal dazuzugehören. Teil einer Gemeinschaft zu werden. Wo man aufeinander aufpasst. Sich aufeinander verlassen kann. Es ist auch die einigende Kraft des Sports, die diese Leute zum Fußball getrieben hat.

Jimmy Hartwig erzählt, wie eines Tages die Mittelschichtseltern seiner Mannschaftskollegen seinen Jugendtrainer Herrn Schreiner fragen:

»›Herr Schreiner, warum spielt denn die schwarze Hackfresse in der Mannschaft? Können Sie mir das mal sagen?‹ Woraufhin Kurt Schreiner entgegnet: ›Natürlich. Weil er gut ist und weil er ein besserer Spieler ist als Ihr Sohn!‹ Und du hörst das. Und bist auf einmal wer. Da steht jemand zu dir und verteidigt dich. Das hatte ich ja noch nie gehabt!«

Wenn es eine Institution gibt, die man als Spiegelbild unserer Gesellschaft bezeichnen kann, dann ist es wohl der Fußball. Er birgt alle Höhen und Tiefen, alle Licht- und Schattenseiten in sich, die wir als Gesellschaft in uns vereinen. Folgerichtig machen alle Protagonisten des Films auch ihre Erfahrungen mit der dunklen Seite dieses Sports. Alle. Ausnahmslos. Erwin Kostedde, der im Jahr 1946 geboren wurde, genauso wie Jean-Manuel Mbom, der im Jahr 2000 zur Welt kam.

Anthony Baffoe berichtet, wie er bei jedem Spiel die immer gleichen Sprechchöre hört.

»Husch, husch, husch, N… in den Busch.«
»N… raus.«
Affengeräusche.
Bananenwürfe.

Baffoe erzählt von dem DFB-Pokalspiel 1989, bei dem er pausenlos rassistisch beleidigt wird. Irgendwann ist er den Tränen nahe. Er fährt nach dem Spiel nach Hause und hinterfragt sich selbst. Fragt sich, warum ihm das nur immer wieder passiert. Was das für ihn bedeutet.

Souleymane Sané schießt im Achtelfinale des DFB-Pokals 1990 das 2:1-Siegtor gegen den Hamburger SV. Die HSV-Fans bewerfen ihn mit Bananen, machen Affengeräusche und rufen »N… raus«. Sané kontert im anschließenden Interview: »Nix N… raus. HSV ist raus!«

Es ist schlichtweg nicht zu ertragen. Jede Woche. Jedes Spiel. Die Sprechchöre, die Würfe, die Affengeräusche. Im Jahr 1990 veröffentlichen Baffoe, Sané und Anthony Yeboah einen offenen Brief:

> »Was wir in Stadien an Beleidigungen zu hören bekommen, trifft ins Herz. Wir schämen uns für alle, die gegen uns schreien. Sie säen ein Klima der Gewalt.«

Im Jahr 1997 spielt Energie Cottbus gegen Hannover 96 – im Stadion der Freundschaft. Ausgerechnet. Gerald Asamoah und Otto Addo bekommen den Hass frontal ab. Eltern, die kleine Kinder an ihren Händen halten, beleidigen die beiden Spieler bereits beim Einlaufen in das Stadion. Die fünfjährigen, sechsjährigen Kinder stimmen in die Beleidigungen ihrer Eltern ein. Addo fragt sich: »Mit was für einer Gesinnung werden die wohl groß?« Es ist offener Hass, der zutage tritt und sich durch die Münder der Eltern in die Herzen der Kinder bahnt.

Die NPD-Kampagne »Weiß, nicht nur eine Trikotfarbe – für eine echte NATIONAL-Mannschaft« aus dem Sommermärchenjahr 2006 ist auf den 1979 in Hamburg geborenen Patrick Owomoyela gemünzt. Der DFB und Owomoyela gehen rechtlich gegen den Flyer vor, auf dem ein Spieler mit Owomoyelas Trikotnummer 25 zu sehen ist. Es folgt ein viele Jahre währender Rechtsstreit. Erst verurteilt das Amtsgericht Berlin-Tiergarten den ehemaligen NPD-Vorsitzenden Udo Voigt, den ehemaligen NPD-Pressesprecher Beier und den ehemaligen NPD-Justiziar Schwerdt wegen Beleidigung und Volksverhetzung zu Bewährungsstrafen. Das Landgericht Berlin hebt die Urteile auf, da sich nicht mit letzter Sicherheit belegen lässt, dass mit der Kampagne tatsächlich Owomoyela gemeint ist. Die NPD-Leute erklären, dass das Trikot auch eine 26 zeigen könnte und dass sich das »weiß« der Nationalmannschaft, auf die Reinheit des Sports bezieht. Am Ende stehen die vier Anwälte und der Staatsanwalt mit einer Lupe vor dem Richtertisch und diskutieren so lange über das Pamphlet bis einer der Verteidiger seinem Prozessgegner einen »Knick in der Optik« bescheinigt.[81] Das Oberlandesgericht erkennt Fehler in der Beweisführung und verweist den Fall zurück an das Landgericht, das schlussendlich alle drei NPD-Funktionäre zu Bewährungs- und Geldstrafen verurteilt. Wegen Beleidigung und Volksverhetzung.

Als Gerald Asamoah 2010 mit Schalke gegen Rostock spielt, wird er bei jedem Ballkontakt rassistisch beleidigt. Affenlaute. »N… raus!«-Rufe. Er fühlt sich »leer, allein, in einem Stadion, wo du das Gefühl hast, alle sind gegen dich. (…) Es war eine Riesenenttäuschung. Einfach, weil du dachtest, wir wären weiter.« Asamoah droht mit seinem Rücktritt aus der Nationalmannschaft, wenn der deutsche Fußball nicht ehrlich und ernsthaft dagegen vorgeht.

Kurz bevor der Film endet, erzählt Asamoah, wie sein

Sohn während eines Jugendfußballspiels von anderen Eltern als »Scheiß N…« beleidigt wird. Es ist die Antwort auf die Frage von Addo, mit welcher Gesinnung die Kinder von damals groß geworden sind.

Der gesamte Film, die einzelnen nüchternen Erzählungen sind nur sehr schwer zu ertragen. Die Worte von Erwin Kostedde fühlen sich an wie ein Schlag in die Magengrube.

> »Ich hab euch nichts getan. Ich habe nur eine andere Hautfarbe. Ja, okay. Mein Vater ist Schwarzer. Den kenn ich gar nicht. Damit musste ich mich auch immer auseinandersetzen. Wer war dein Vater? Ich habe mich oft wie ein Gegenstand gefühlt. Ein Gegenstand, den man beschreiben kann. So ein Gefühl hatte ich. Konnte mich oft nicht wehren. Das ist nie an mir vorübergegangen. Was auch Moderatoren und Journalisten für Fragen gestellt haben. Manchmal war das wirklich unter der Gürtellinie. Als wenn ich kein Mensch wäre.«

Auf der einen Seite erfahren die Spieler und Spielerinnen in diesem Land in trauriger Regelmäßigkeit Hass, Hetze, Beleidigung, Ausgrenzung, unverhohlenen Rassismus und offene Entmenschlichung. Auf der anderen Seite wird ihnen vorgeworfen, dieses Land und seinen Fußball nicht genug zu lieben, weil sie nicht mit sichtbarer Inbrunst die Nationalhymne singen. Shary Reeves ist deutlich, was geht. Und was nicht geht.

> »Man wächst in diesem Land auf und gehört nicht dazu. Man soll aber dazugehören, weil alle da draußen wollen, dass man

die Hymne mitsingt. Das geht nicht. Das steht im Widerspruch zu den eigenen Emotionen. Das funktioniert einfach nicht. Ich muss in einem Land leben können und dürfen, wo die Menschen mich so annehmen, wie ich bin. Wo ich verstanden werde, wo ich mich wohlfühle. Es kann nicht sein, dass es nur zu deren Bedingungen passiert. Und dass in dem Moment die Bedingung lautet: ›Du hast aber mitzusingen, N…‹«

Mit einer Autorität, die nur dem Bundestrainer der Fußballnationalmannschaft gegeben ist, äußert sich Jogi Löw zu der Forderung, man solle die migrantischen Spieler zum Singen der Nationalhymne zwingen.

> »Der Vorwurf, der immer wieder im Raum steht, Spieler mit Migrationshintergrund singen die Hymne nicht und verstehen dann vielleicht im ein oder anderen Spiel nicht zu kämpfen. Was ich fatal finde, dass man ihnen dann noch ein bisschen unterschwellig den Vorwurf macht, dass sie dann auch vielleicht gar keine guten Deutschen sind. Und das finde ich schlecht. Unsere Spieler mit Migrationshintergrund haben für die Außendarstellung, für Deutschland, für die Integration enorm viel getan. Auch wenn sie die Hymne nicht mitsingen, bereiten sie sich anders vor, aber identifizieren sich mit unserem Trikot und natürlich auch mit der Nationalmannschaft und mit Deutschland.«

Und mit Deutschland.

Löw sagt das letzte Wort auf eine Art und Weise, die klarstellt, dass das Gespräch hiermit beendet ist. Es ist eine für Löw-Verhältnisse extrem deutliche Ansage, die von Anfang bis Ende keinen Widerspruch duldet und alles Unterschwellige offenlegt. Es ist ein Machtwort, das sich schonungslos an die zahllosen Rechtsradikalen und Rassisten richtet, die in diesem Land ihr Unwesen treiben.

Auftritt Alexander Gauland. Der ehemalige Bundesvorsitzende der AfD sagt 2016 über den schwarzen Fußballnationalspieler Jérôme Boateng: »Die Leute finden ihn als Fußballspieler gut. Aber sie wollen einen Boateng nicht als Nachbarn haben.«[82] Er begründet das damit, dass AfD-Anhänger die Sorge hätten, »dass eine uns fremde Religion sehr viel prägender ist als unsere abendländische Tradition«. Boateng stellt daraufhin klar, dass er gläubiger Christ ist, der sich auf seinen linken Unterarm die Gottesmutter Maria und auf den rechten Oberarm ein Kreuz tätowiert hat.

Als Jimmy Hartwig darauf angesprochen wird, springt der fast aus dem Sessel.

> »Das ist ein Nationalspieler von uns, du Pfeife! In dem Land, in dem du Geld verdienst als Abgeordneter. Das ist unser! Deutscher! Nationalspieler! Und den beleidigst du? Es kann in diesem Land doch nicht sein, dass jemand, der eine andere Hautfarbe hat oder jüdisch ist, einfach beleidigt wird.«

Er sagt das mit vielen Ausrufezeichen in der Stimme und einer Zornesfalte auf der Stirn.

Unser! Deutscher! Nationalspieler!

Gerald Asamoah verabschiedet sich 2015 »nach seiner letzten Schicht von der Schalker Vereinsfamilie«. Er heizt die Fans auf, singt »Freiheit« von Marius Müller Westernhagen, er schwenkt die Schalker Flagge und sagt unter anderem diese Worte:

> »Danke für alles, was ihr aus mir gemacht habt. Ohne euch wäre ich nicht der Asa, der ich heute bin. Ihr habt gezeigt, dass egal, was für eine Hautfarbe man hat, egal, wo man herkommt, dass man hier einen Verein hat, wo die Liebe zählt. Ihr habt nie mit eurem Finger auf mich gezeigt. Sondern immer gesagt: ›Asa ist einer von uns! Es ist egal, was ist. Asa, du bist einer von uns!‹«

Bei diesen Worten fängt Gerald Asamoah an zu schlucken, seine Hände, die das Mikrofon halten, zittern. Seine Augen füllen sich mit Tränen.

In der nächsten Einstellung spricht Shary Reeves in die Kamera. Mitten im Satz bricht ihre Stimme.

> »Was viele Menschen verstehen sollten, was mir wichtig ist, es macht einen sehr, sehr müde. Also es ist wirklich … Ich liebe dieses Land … Aber manchmal denke ich …«

Ihre Gesichtszüge entgleisen. Sie muss weinen.

Ich hoffe, Sie verzeihen, wenn ich Sie, verehrte Leserin, verehrter Leser, jetzt einmal direkt frage: Was genau sollen diese Menschen eigentlich tun? Die Menschen mit dunklen Haaren, dunklen Augen und dunkler Haut.

Integrieren?

Wissen Sie eigentlich, was dieses Wort bedeutet? Wie soll sich ein Mensch wie Erwin Kostedde, der in Deutschland geboren ist, der in Deutschland aufgewachsen ist, dessen Bruder in der … festhalten … Hitler-Jugend (!) war, integrieren? Und welche Kultur soll es sein, die ihm im Weg steht? Die Kultur seiner deutschen Mutter oder die Kultur seines US-amerikanischen Vaters? Dieselbe Frage könnte man hinsichtlich Jimmy Hartwig und Steffi Jones genauso stellen. Was haben diese Menschen getan, dass sie ihr Leben lang fortwährend aus der Mitte dieser Gesellschaft ausgespuckt werden?

Ich frage Sie noch einmal, ganz direkt: Was haben diese Menschen getan, dass sie alles das verdient hätten? Was genau sollen diese Menschen tun, damit sie nicht mehr mit Affenlauten beleidigt, mit Bananen beworfen, beschimpft, erniedrigt, entmenschlicht und ausgegrenzt werden?

Oder müssen wir alle uns vielleicht eingestehen, dass es in diesem Land eine überbordende Menschenfeindlichkeit gibt, an der die »Anderen«, die »Fremden« schlichtweg keine Schuld haben?

Torsten Körner, der Regisseur des Films, sagt etwas, was die Schieflage zwischen denen, die Rassismus erfahren müssen, und jenen, die Rassismus ignorieren können, verdeutlicht.

> »Wenn man diese teils extrem rassistischen Stücke sieht, fragt man sich schon, in welchem Land wir groß geworden sind.«[83]

Während ich diese Zeilen schreibe, fliegt mir ein Video des Fußballspielers Benjamin Henrichs durch mein Mobiltelefon. Am 6. April 2023 lädt er ein Video auf seinem TikTok-Profil hoch. Er zeigt, was ihm Fußballfans in sein digitales Postfach senden, nachdem er mit seinem Verein RB Leipzig im Viertelfinale des DFB-Pokals Borussia Dortmund 2:0 besiegt hat:

»Ich werde dich und deine Familie finden«
»Hrs fick deine mom«
Affensymbole
»fick deine fette mutter scheiß n…«
»Hurensohn hoffe du verletzt dich für immer«
»du hurensohn ich fixke deine mama«
»dummer hurensohn«
»Du fetter jude ich fick deine toten. Ich hoffe du und deine Familie wird vergast«[84]

Am 22. Juni 2023 erzielt die deutsche U21 Nationalmannschaft in der EM-Qualifikationsrunde ein 1:1 gegen Israel. Die beiden deutschen Spieler Youssoufa Moukoko und Jessic Ngankam haben Pech. Sie verschießen beide einen Elfmeter. Im Anschluss an das Spiel werden sie auf das Übelste rassistisch beleidigt. Moukoko wendet sich über sein Instagram-Profil an die Öffentlichkeit und spricht über die Herabwürdigungen, die kein Ende nehmen wollen.

> »Wenn wir gewinnen, sind wir alle Deutsche, wenn wir verlieren, sind wir die Schwarzen. Dann kommen Affen-Kommentare.«

Der DFB kündigt an, strafrechtlich dagegen vorzugehen. Wenige Tage zuvor häuften sich bereits die rassistischen Beiträge, als der schwarze Abwehrspieler Yann-Aurel Bisseck zum Mannschaftskapitän ernannt wird.[85]

Deutschland 2023.

Seit Jahrzehnten kämpfen Menschen in diesem Land dafür, dass sie wenigstens als Menschen anerkannt werden. Obwohl sie Ausländer sind. Obwohl sie dunkle Augen und dunkle Haut haben. Auf diesen Kampf reagiert die Mehrheitsgesellschaft regelmäßig mit der oben niedergeschriebenen Verlautbarung. Dass sich die Ausländer einfach mehr bemühen, besser integrieren, für einen kurzen Moment ihre Kultur beiseitelassen und sich den deutschen Traditionen öffnen müssten. Dann, ja dann gäbe es auch weniger Vorbehalte, gäbe es weniger Ausgrenzung, würde ihnen weniger Hass entgegenschlagen. Dann würden die Leute viel mehr Verständnis aufbringen.

Ich weiß genau, in welchem Land ich groß geworden bin. Und ich habe Zweifel an dieser Theorie.

Vielleicht geht es bei alledem auch einfach nicht um Integration. Sondern um das, was Shary Reeves unter Tränen ausspricht, bevor ihr die Stimme versagt.

»Ich liebe dieses Land …«

Die Kinder der italienischen, türkischen und polnischen Gastarbeiter, der vietnamesischen, mosambikanischen und ungarischen Vertragsarbeiter, der US-amerikanischen Besatzungssoldaten und der Bürgerkriegsflüchtlinge aus aller Herren Länder fühlen sich seit vielen Jahren und mehreren Generationen mit diesem Land verbunden. In nicht wenigen Fällen würde man bei näherem Hinsehen sogar feststellen, dass die neuen Deutschen diesem Land gegenüber dieselbe Liebe empfinden wie die alten.

Ja. Richtig gelesen. Liebe.

Ich glaube, die alten Deutschen haben keine Ahnung, wie viele Menschen mit Einwanderungsgeschichte dieses Land von ganzem Herzen lieben. Weil sie dieses Land als ihre

Heimat verstehen. Weil sie das, was Joachim Stamp richtig artikuliert hat, längst für sich geklärt haben.

> »Es ist unser gemeinsames Land.«

Unser Land. Unser gemeinsames Land.

Nur, wie fühlt man sich wohl, wenn man unerschöpflich liebt, diese Liebe aber nicht erwidert wird? Wenn man seiner Liebe Ausdruck verleiht, dieser Ausdruck aber immer wieder zurückgewiesen wird?

Vielleicht geht es bei dem Gastarbeiterproblem, dem Ausländerproblem, dem Integrationsproblem und dem Türkenproblem um nichts anderes als um Liebe. Um fehlende Liebe. Um nicht erwiderte Liebe. Um Liebeskummer.

Und genauso wie Menschen an Liebeskummer verzweifeln, so verzweifelt ein Teil der deutschen Bevölkerung seit Anbeginn der Zeit an dieser Gesellschaft. Die Wut, die Trauer, der Verlust und das Versagen – nahezu allesamt Symptome von Herzschmerz und fehlender Zugehörigkeit.

In einem Zeitungsinterview vervollständigt Shary Reeves ihre Worte.

> »Ich liebe dieses Land … Aber manchmal denke ich … dass es nicht sein kann, dass man nach so langer Zeit immer noch dafür kämpfen muss oder sich erarbeiten muss, ein Teil dieser Gesellschaft und dieses Systems zu sein.«[86]

Ein Kampf um Anerkennung und Sehnsucht nach Liebe. In der Mitte der Gesellschaft.

In der Mitte einer *deutschen* Gesellschaft.

WER WIR SIND

»Out of my window it echoes my heart
I've been checking for change since the start
Collide into me, I could do with a fight
Collide into me, cause it feels right«

Editors – »Honesty«

Bilder

Am 23. April 2019 veröffentlicht Boris Palmer auf seinem Facebook-Profil eine Frage.

> »Ich finde es nicht nachvollziehbar, nach welchen Kriterien die ›Deutsche Bahn‹ die Personen auf dieser Eingangsseite ausgewählt hat. Welche Gesellschaft soll das abbilden?«[1]

Angehängt an die Frage ist ein Bildausschnitt von der Webseite der Deutschen Bahn. Oben sieht man das DB-Logo, weiter unten die Eingabemaske der Reiseauskunft, wo man Abfahrts- und Ankunftsort eingibt. Zwischen Logo und Eingabemaske ist eine Grafikstrecke eingebunden. Es sind fünf unterschiedliche Bilder von Menschen zu sehen. Alle sitzen in einem Zug und gehen ihren Geschäften nach. Ein Mann isst ein belegtes Brot. Ein anderer Mann schaut nachdenklich und zerkaut dabei den Bügel seiner Brille. Eine Frau hat Kopfhörer im Ohr und schaut auf einen Computer. Eine Mutter küsst ihr kleines Kind. Ein Mann hält eine Kaffeetasse in der Hand und schaut aus dem Fenster.

Brot. Brille. Kopfhörer. Kind. Kaffeetasse. Man muss sich schon anstrengen, um daraus einen Skandal zu entwickeln.

Es gibt nur wenig, wofür die Deutsche Bahn nicht regelmäßig Prügel bezieht. Sie kommt häufig zu spät. Die Sitzplatzreservierungen sind meist für die Katz, weil die Bahn entgegen ihrer ursprünglichen Planung falsche oder gar keine Abteile zur Verfügung stellt. Die in unverständlichem Kauderwelsch vorgetragenen Ansagen von Lokführer und Bahnhofspersonal sind oft derart kurios, dass es mehrere Bücher, Zeitungskolumnen und einen eigenen Twitter-Kanal darüber gibt.

Man kann sich vortrefflich über die Deutsche Bahn aufregen. Über die Züge, die Schienen, das Personal, die Bahnhöfe. Über alles. Wirklich. Ich bekomme jedes Mal Albträume, wenn ich an die Getränkeautomaten am Bahnsteig denke, die über eine geheime Einheitsdüse Kaffee, Kakao und Tomatensuppe in einen appetitlich aussehenden braunen Plastikbecher einfüllen.

Dass Boris Palmer, der Oberbürgermeister von Tübingen, all diese Gelegenheiten auslässt und sich ausgerechnet an den Werbefiguren auf der Bahn-Webseite abarbeitet, verwundert.

Die sechs Gesichter, die Palmer sauer aufstoßen, sind teilweise prominent, teilweise nicht. Der Mann mit dem Brot ist Sternekoch Nelson Müller, die Frau mit den Kopfhörern ist Fernsehmoderatorin Nazan Eckes, der Mann mit der Kaffeetasse ist Formel-1-Rennfahrer Nico Rosberg. Sie stehen laut Bahn für die Qualität der Bordgastronomie, die unterhaltsame Fahrt und die Geschwindigkeit der Züge. Es ist eine Werbekampagne, deren Wahrheitsgehalt vergleichbar ist mit der Aussage, das Jodeldiplom sei ein vollwertiger Universitätsabschluss.

Ach so. Fünf der sechs dargestellten Menschen sind nicht weiß.

Das fällt auf den ersten Blick gar nicht auf. Wer sich auf die Webseite der Deutschen Bahn begibt und eine Reise buchen will, hat ja meist ganz andere Probleme.

Boris Palmer hat keine anderen Probleme. Boris Palmer hat genau ein Problem. Am 24. April 2019 erklärt er in bemerkenswerter Offenheit, was ihn ärgert.

> »Sechs Bilder von Personen, die einen Migrationshintergrund haben, sind so wenig ein Abbild unserer Gesellschaft wie sechs Bilder von alten weißen Männern. So wie eine Frau oder ein Mensch dunkler Hautfarbe den Eindruck gewinnen kann, er gehöre nicht zu unserer Gesellschaft, wenn nur alte weiße Männer für die Bahn werben, so kann man auch als Angehöriger der Mehrheit der Deutschen ohne Migrationshintergrund – offiziell 60 % – den Eindruck bekommen, dass man selbst bei der Auswahl der Bilder nicht mehr angesprochen werden soll. Anders gesagt: Wenn zwei oder drei von sechs Personen ganz bewusst Menschen sind, deren Anblick einen Migrationshintergrund vermuten lässt, dann handelt es sich um Diversity. Wenn aber gar kein Mensch ohne Migrationshintergrund mehr vorkommt, sollte man zumindest mal in Ruhe darüber diskutieren, ob das angemessen und beabsichtigt ist.«[2]

Dieser zweite Beitrag, den Boris Palmer ebenfalls auf Facebook veröffentlicht, trägt den Titel »Rassismus andersherum«.

In der US-amerikanischen Serie *Family Guy* gibt es eine Szene, in der sich Peter Griffin, der weiße Protagonist der

Serie, mit seinem Auto einem Grenzübergang nähert. Ein Grenzbeamter tritt an das Auto heran und hält Peter eine Farbtabelle mit sechs Farben ans Gesicht. In der oberen Hälfte der Karte sind die Farben Weiß, Hellbeige und Dunkelbeige zu sehen. Neben ihnen steht »OKAY«. Sie sind mit einer roten Linie von den unteren drei Farben getrennt. Neben den Farben Hellbraun, Dunkelbraun und Schwarz steht »NOT OKAY«. Peter darf weiterfahren. Der Witz besteht darin, dass glasklar ist, welche Gesellschaft das abbilden soll.

Wenige Stunden nach seinem zweiten Facebook-Beitrag antwortet Boris Palmer in einer dritten Veröffentlichung Nelson Müller, der sich tief bestürzt zeigt und von Palmer persönlich diskriminiert fühlt. Palmer versucht, sich zu erklären.

> »Meine Frage, welche Gesellschaft die Deutsche Bahn abbilden will, wenn Menschen ohne Migrationshintergrund auf ihrer Startseite einfach nicht mehr vorkommen, hat genau denselben Hintergrund, wie Ihr Statement: Ich fühle mich dazugehörig und wenn Bilder den Eindruck erwecken, dass ich nicht mehr Teil der Gesellschaft bin oder sein soll, dann möchte ich die Gründe kennen und darüber sprechen. Die Antwort auf Ihre Frage, wie die Menschen aussehen sollen, die für die Bahn Werbung machen, sieht also so aus: ›So wie ich und du‹. Im Rahmen einer Kampagne für Respekt und Vielfalt würde ich auch verstehen und unterstützen, ausschließlich Menschen mit Migrationshintergrund abzubilden. Ohne jede Erläuterung und jeden Kontext irritiert mich eine solche Auswahl auf der Startseite der Bahn und ich möchte sachlich darüber sprechen, was die damit verfolgten Ziele sind.«[3]

Palmer agiert so, als sei das Wort »Verschlimmbesserung« eigens für ihn erfunden worden. Er erwidert, entgegnet und antwortet. Und macht dabei das Furchtbare jedes Mal ein kleines bisschen furchtbarer. Er verhält sich, um in der Sprache der Eisenbahn zu bleiben, wie ein Zug, dem man in Zeitlupe dabei zusieht, wie er entgleist. Es bleibt kaum ein anderer Schluss übrig als der, dass sich ein weißer deutscher Oberbürgermeister von der Deutschen Bahn rassistisch diskriminiert fühlt, weil auf deren Webseite zu wenige weiße Menschen zu sehen sind.

Vielleicht begreift man Palmers heiligen Zorn ein bisschen besser, wenn man die Theorie der »Umvolkung« kennt. Es ist die Idee, dass »geheime Mächte«[4] Ausländer nach Deutschland lotsen, um das einheimische Volk nach und nach zu ersetzen. Dabei geraten die ursprünglichen Deutschen immer mehr in die Minderheit, bis eines Tages die »Fremden« das Kommando übernehmen. Man könnte auch sagen: Gestern nahmen uns die Ausländer die Arbeitsplätze weg, heute sind es die Sitzplätze in der Deutschen Bahn. Morgen müssen unsere Frauen Kopftuch tragen, und übermorgen heißt es »Scharia statt Maria«.[5]

Es ist eine Theorie, die besonders unter Rechtsextremen verbreitet ist.

Boris Palmer ist nicht rechtsextrem. Er ist vielmehr ein Paradebeispiel dafür, wie anschlussfähig rechtsextreme Ideologien in der Mitte der Gesellschaft sind. Es ist unaufrichtig, den offenen Rassismus in diesem Land ausschließlich den »N…« rufenden, Bananen werfenden, Affengeräusche produzierenden Hooligans im Fußballstadion in die Schuhe zu schieben, wenn bereits die Präsenz einer schwarzen Mutter, eines schwarzen Sternekochs und einer türkischstämmigen Moderatorin ausreicht, um die niedersten Instinkte einer bürgerlichen Gesellschaft anzusprechen.

> »Rassismus ist ein Gift. Der Hass ist ein Gift.«

Die ehemalige Bundeskanzlerin Angela Merkel sagte diese Worte in Gedenken an den Anschlag von Hanau. Es ist eine gute Analogie. Das Gift strömt aus der Mitte der Gesellschaft heraus und sickert in alle Ritzen und Ecken dieses Landes. Es vergiftet das Zusammenleben und verhindert, dass die »Anderen« jemals zu den »Unseren« werden.

Über den Mörder von Hanau sagte Angela Merkel:

> »Er kannte sie nicht, er hasste sie nur. Wegen ihres Aussehens, der Herkunft ihrer Familien, weil sie Einwanderer oder die Kinder von Einwanderern waren.«[6]

Hass ist häufig ein unangemessen großes Wort. Aber was ist der passende Begriff, wenn deine bloße Anwesenheit als Fehler und deine bloße Existenz als Gefahr gedeutet werden?

Unverhohlen sprechen Amts- und Mandatsträger aus, dass Menschen in unserem Land die falsche Hautfarbe haben, dass sie zu migrantisch oder ausländisch aussehen und sich an Orten aufhalten, an denen sie nicht erwünscht sind. Boris Palmer ist damit bei weitem nicht allein.

Am 18. September 2020 erzählt die Landespolizeipräsidentin von Baden-Württemberg Stefanie Hinz im SWR:

> »Teilweise erklären mir auch Kolleginnen und Kollegen, dass sie sich schon gar nicht mehr trauen, Menschen, die beispielsweise ausländisch aussehen, zu kontrollieren.«[7]

Wie sehen denn Menschen aus, die ausländisch aussehen?

Am 25. September 2017, drei Jahre zuvor, beklagt der ehemalige Vorsitzende der AfD, Jörg Meuthen, im Anschluss an die Bundestagswahl eine ähnliche Beobachtung.

> »Ich sehe zum Teil in den Innenstädten, in denen ich mich bewege, nur noch vereinzelt Deutsche.«

Was antwortet man auf eine solche Aussage? Angela Merkel begegnet Meuthen mit gebührender Ratlosigkeit.

> »Dann weiß ich nicht, was Sie sehen. Denn ich kann auf der Straße Menschen mit Migrationshintergrund, die deutsche Staatsbürger sind und solche, die die deutsche Staatsbürgerschaft nicht haben, nicht unterscheiden.«[8]

Am 24. April 2023 berichtet die Bundeswehr auf Twitter, dass sie, wegen der Unruhen im Sudan, 400 Menschen aus dem Land ausgeflogen habe. Ein anonymer Internetnutzer beschwert sich daraufhin, dass man auf den Bildern kaum Deutsche erkennen könne. Die Bundeswehr antwortet mit einer Frage.

> »Hallo Peter777987251, woran willst Du denn auf Bildern die deutsche Staatsangehörigkeit eines Menschen erkennen? An Sandalen und weißen Tennissocken?«[9]

Die Frage ist berechtigt. Woran erkennt man Deutsche?

Man muss den folgenden Satz laut aussprechen, um dessen Absurdität angemessen zu würdigen: Der Oberbürgermeister von Tübingen stört sich daran, dass Müller, Eckes und Rosberg die deutsche Gesellschaft abbilden.

Die Autorin Susanne Herrmann bringt es in der Fachzeitung *Werben & Verkaufen* auf den Punkt.

> »Die Bahn-Testimonials übrigens sind ungeachtet ihrer Hautfarbe gewöhnliche, wenn auch prominentere deutsche Staatsbürger. Was komplett egal wäre – in diesem Fall aber zeigt, dass Palmers optische Einordnung von Menschen nach ihrer Haut- und Haarfarbe einfach nur rassistischen Mustern folgt. Fernseh- und Sternekoch Nelson Müller (im Bild ganz links zu sehen), Moderatorin Nazan Eckes (Mitte) und Rennfahrer Nico Rosberg (ganz rechts) – der einzige, den Boris Palmer offenbar als Testimonial ohne Migrationshintergrund identifizieren konnte, ist der Sohn eines Finnen und einer Deutschen und hat beide Staatsbürgerschaften.«[10]

Es überrascht kaum, dass Alexander Gauland, der Ehrenvorsitzende der AfD, Boris Palmer in dieser Sache beisteht. Auf der Webseite der AfD erscheint eine Danksagung.

> »Ich bin ihm (Boris Palmer) dankbar, dass er diese wichtige Debatte angestoßen hat. Umso erschreckender sind die wütenden und vielfach hasserfüllten Reaktionen, die Boris Palmer über sich ergehen lassen musste. Sie zeigen wieder einmal, wie es um die Toleranz und die Diskussionskultur vieler Zeitgenos-

sen bestellt ist, die bei jeder anderen Gelegenheit ihrerseits Toleranz einfordern.«[11]

Auch die *Bild* äußert sich. Nahezu deckungsgleich mit den Pressemeldungen der AfD. Am 23. April 2019 schreibt Nikolaus Blome, der ehemalige Politikchef und stellvertretende Chefredakteur der Zeitung, einen Text über die Vorgänge um Boris Palmer. Der Text hat für *Bild*-Leser leicht verdauliche 126 Wörter und besteht wenig überraschend aus den Eindrücken Blomes, dass Palmer eine »Krawallnudel« sei, aber kein Rassist. Vielmehr sei die Kampagne ein Witz. Die gesamte Debatte »leider lächerlich«. Die Verantwortlichen der Deutschen Bahn sollten sich fragen, »warum sie für die Kampagne überwiegend Deutsche mit sichtbarem Migrationshintergrund ausgewählt haben«.

Am nächsten Tag erscheint in der *Bild* ein weiterer Text. Protagonisten sind nicht Palmer und seine Freunde von der AfD, sondern seine Kritiker.

> »Der Palmer-Bahn-Eklat. Warum reagieren darauf so viele mit Hass?«[12]

Im Beitrag fragt der namenlose Autor, »warum bei Twitter immer alle durchdrehen«. Palmer habe schließlich recht, Deutschland bestehe mehrheitlich aus Menschen ohne Migrationshintergrund. Palmer habe nur freundlich gefragt. Mit Rassismus habe all das nichts zu tun.

Ich mag mich irren, aber meiner bescheidenen Erfahrung nach hat Deutschland noch nie so ausgesehen wie in einer Werbekampagne. Im Gegenteil, ist es nicht das Wesen der Werbung, die Wirklichkeit schöner, besser und begehrlicher darzustellen, als sie tatsächlich ist? Seit wann soll ausgerechnet Werbung die Gesellschaft abbilden? Und ist es vielleicht das, worum es am Ende geht? Dass Menschen wie Boris Palmer das Gefühl haben, in diesem Land nicht mehr begehrt zu werden? Wäre in einem solchen Fall die Anmeldung bei einer Partnervermittlung nicht zielführender als ein öffentlicher Nervenzusammenbruch auf Facebook und die anschließende Tournee durch deutsche Talkshows?

Dabei hätte sich Boris Palmer den ganzen Ärger sparen können. Hätte er wenigstens fünf Minuten seiner kostbaren Zeit investiert, um sich mit der Werbekampagne der Bahn auseinanderzusetzen, hätte er festgestellt, dass die weißen Menschen in dem Format die Mehrheit darstellen.

Die Kampagne aus dem Jahr 2019 trägt den wenig aufregenden Titel »Diese Zeit gehört Dir«. In dem Video, das zu ihrem Start veröffentlicht wurde, sind alle möglichen Menschen in unterschiedlichen Funktionen zu sehen. Bahnreisende, Schaffner, Geschäftsleute, Familien, Erwachsene, Kinder. Die Mehrheit von ihnen ist weiß. Das Video ist mit einem Lied der Musikerin Hanna Batka hinterlegt. Batka ist weiß. Die Bilder, an denen sich Palmer so stößt, wurden vom Fotografen Arne Lesmann aufgenommen. Lesmann ist weiß. Auf seiner Webseite zeigt Lesmann Bilder, die er für die unterschiedlichen Formate der Kampagne geschossen hat. Die Mehrheit der Menschen auf diesen Bildern ist weiß. In *Werben & Verkaufen* stellt Susanne Herrmann fest, dass auf *derselben* Webseite, deren Bildausschnitt Palmer auf Facebook veröffentlicht hat, unterhalb der Eingabemaske der Reiseauskunft elf weitere Menschen zu sehen sind. Allesamt sind – halten Sie sich fest! – weiß.

Eine der fünf nichtweißen Personen, die laut Boris Palmer diese Gesellschaft nicht abbilden, ist ein kleines Kind. Es sitzt auf dem Schoß seiner Mutter und wird von ihr abgeknutscht. Das Kind lacht. Es ist ein herzerweichend schönes Bild. Die Bahn hat es mit »Außen schnell. Innen verschmust.« überschrieben und bewirbt damit die »Familienbereiche im ICE«.

In was für einer Gesellschaft wird dieses Kind aufwachsen?

Es ist die vielleicht einzig relevante Frage, die sich in diesem Zusammenhang lohnt. Es ist eine Frage, die viele weitere Fragen in sich birgt. Wird sich dieses Kind in seiner ganzen Persönlichkeit entfalten können? Wird es Freunde finden? Wird es in sich ruhen? Wird es glücklich sein? Wird es dieses Land besser machen? Wird es seine Stärken in diese Welt einbringen? Wird es sich als Teil dieser Gesellschaft empfinden? Oder wird es als erwachsene Frau im Alter von 50 Jahren an einem Dokumentationsfilm mitwirken und mit Tränen in den Augen dieselben Worte sagen wie Shary Reeves?

> »Ich liebe dieses Land … Aber manchmal denke ich … dass es nicht sein kann, dass man nach so langer Zeit immer noch dafür kämpfen muss oder sich erarbeiten muss, ein Teil dieser Gesellschaft und dieses Systems zu sein.«

Beigerot

Teil dieser Gesellschaft. Teil dieses Systems.

Ich bin deutscher Staatsbürger, Kind deutscher Staatsbürger, Bruder einer deutschen Staatsbürgerin. Ich habe in Deutschland Kindergarten, Schule und Universität besucht. Ich habe für ThyssenKrupp, Bertelsmann und Porsche gearbeitet. Ich esse gerne Bratwurst und Bratkartoffeln und verstehe die Faszination von Thermomix und Tupperware.

Ich lebe seit 39 Jahren in diesem Land. Beinahe ebenso lang frage ich mich, ob ich jemals deutsch genug sein werde.

Einem Freund, mit dem ich zum Frühstück verabredet bin, erzähle ich von meinem Buch. Er ist Sohn eines ghanaischen Vaters und einer deutschen Mutter. Geboren in Köln. Ich frage ihn, ob er sich als Deutscher bezeichnen würde. Er überlegt eine Weile, nimmt einen Schluck aus seiner Kaffeetasse und sagt dann Folgendes:

> »Zuallererst bin ich Kölner.«

Er macht eine längere Pause.

> »Dann bin ich Ghanaer. Dann bin ich Europäer. Und irgendwann … Irgendwann bin ich wohl auch Deutscher.«

Der letzte Satz klingt wie ein Geständnis. Wir überlegen anschließend, was wichtiger ist: Grundgesetz oder Rheinisches Grundgesetz[13]. Es ist gar nicht so einfach.

Wir diskutieren. Über Deutschland. Und über die Deutschen. Sind Rheinländer deutsch? Oder sind Rheinländer zuallererst Rheinländer und nebenbei zufälligerweise *auch* deutsch? Gilt das für alle Regionen in Deutschland? Ostdeutsche beschweren sich häufig darüber, dass man zwischen »deutsch« und »ostdeutsch« unterscheide. Letzteres gilt auch 30 Jahre nach der Einheit als Abweichung von einer westdeutschen Normalität. Krimis werden in manchen Buchhandlungen in »Ausland«, »Deutschland« und »Eifel« unterteilt. Die CDU in Sachsen bezeichnet sich selbst bei offiziellen Anlässen als »Sächsische Union«. Das »Deutsche Rote Kreuz« ist in ganz Deutschland tätig, nur nicht in Bayern. Dort heißt es »Bayerisches Rotes Kreuz«.

In einer Umfrage im Jahr 2017 kommt heraus, dass jeder dritte Bayer eine Abtrennung Bayerns von Deutschland wünscht. Ein Jahr zuvor haben bayerische Bürger versucht, eine Volksabstimmung über einen Austritt Bayerns aus der Bundesrepublik auf den Weg zu bringen, woraufhin sich das Bundesverfassungsgericht einschaltete. »Für Sezessionsbestrebungen einzelner Länder ist unter dem Grundgesetz kein Raum. Sie verstoßen gegen die verfassungsmäßige Ordnung«, heißt es kurz und knapp. Auch in Bayern scheint man mit einer deutschen Identität zu hadern.[14]

Was ist das eigentlich, deutsch? Und wie ist er denn so, der Deutsche?

Zieht man die zahlenmäßig größte Bevölkerungsgruppe heran, ist der typische Deutsche 54 Jahre alt. Und männlich.

Während in allen Altersgruppen über 60 Jahren die Frauen dominieren, herrscht in allen Altersgruppen unterhalb von 60 Jahren ein Männerüberschuss. Da in Nordrhein-Westfalen, Bayern, Baden-Württemberg, Niedersachsen und Hessen 68 Prozent der Bundesbürger leben, ist der typische Deutsche auch typischerweise westdeutsch.

In Deutschland leben mehr Menschen in einer Partnerschaft als allein. 21 Prozent der Menschen in diesem Land leben in einer gemischtgeschlechtlichen Ehe und 53 Prozent zur Miete. Im Durchschnitt auf 92 Quadratmetern. Sollte in einer der zahlreichen Verästelungen einer deutschen Familie ein Kind geboren werden, heißt es im Falle eines Mädchens Emilia, im Falle eines Jungen Noah, so zumindest lauteten die beliebtesten Vornamen im Jahr 2022. Es ist eine Namensgebung, die erahnen lässt, dass die befürchtete Umvolkung noch kein akutes Problem darstellt. Apropos Umvolkung: Der Anteil der Menschen mit Migrationshintergrund in Deutschland beträgt 26,5 Prozent. *Nur* 26,5 Prozent, würden manche sagen. Anderen sind selbst die neun Prozent in Ostdeutschland zu viel. Unser Durchschnittsmensch muss jedenfalls ohne Zuwanderungsgeschichte auskommen.

Dafür hat er, genauso wie 47 Prozent seiner Mitmenschen, eine Berufsausbildung absolviert und verfügt über ein bundesdurchschnittliches Haushaltsnettoeinkommen von 3661 Euro. Männer bekommen mehr Geld als Frauen, Westdeutsche mehr als Ostdeutsche. Frauen in Ostdeutschland verdienen hingegen mehr als Männer in Ostdeutschland. Ein genauer Blick lohnt sich.[15]

Der typische Deutsche ist konfessionslos. Die größte Religionsgemeinschaft in Deutschland, die römisch-katholische Kirche, umfasst 21,6 Millionen Mitglieder, die evangelische Konkurrenz 19,7 Millionen. Damit gehören zum ersten Mal seit Beginn der Aufzeichnung weniger als die Hälfte der Menschen in Deutschland einer der beiden Kirchen an. Zu Anfang des 20. Jahrhunderts waren es beinahe 100 Prozent. Mehr als fünf Millionen Menschen in Deutschland sind muslimisch.[16] Die jüdischen Gemeinden in Deutschland zählen knapp 100 000 Mitglieder.[17]

Wer all diese Informationen zusammenzählt und einen Mittelwert bildet, stellt fest: Der typische Deutsche ist ein männlicher westdeutscher Babyboomer mit Berufsausbildung und ohne Migrationshintergrund. Der mit seiner Frau zur Miete wohnt und trotz seiner christlichen Wurzeln nicht viel mit der Kirche am Hut hat. Mit anderen Worten: Der typische Deutsche ist ein alter weißer Mann.

Die Frage »Was ist deutsch?« kommt harmlos daher, entscheidet aber im Wesentlichen darüber, wer in diesem Land gemeint ist. Wer dazugehört. Wer in einer Werbekampagne der Deutschen Bahn mitmachen darf, ohne wütende Facebook-Kommentare zu provozieren. Wer von Politik, Medien und Wirtschaft angesprochen wird, wenn die Breite der Bevölkerung gemeint ist. Wer als Mitte der Gesellschaft gilt. Wer die Mehrheit repräsentiert. Auch wenn die Hälfte weiblich, ein Viertel migrantisch und mehr als die Hälfte jünger als 50 Jahre alt ist.

Die typisch deutsche Normalität, sie ist die Normalität des alten weißen Mannes.

Diese Zuschreibung hat in jüngster Zeit Karriere gemacht. Sie ist im Grunde genommen kaum mehr als eine demographische Kategorisierung. Eine Beschreibung von Alter,

Ethnie und Geschlecht. Dennoch fühlen sich die wenigsten Menschen geschmeichelt, wenn man sie so bezeichnet. Wertfrei ist hier nämlich nichts. Einerseits erfahren die alten weißen Männer in zahllosen Büchern, Leitartikeln, Feuilletonbeiträgen und Klartext-Kolumnen Aufmerksamkeit, Huldigung und Verteidigung – ein Blick in den Buchmarkt verdeutlicht die gesellschaftliche Obsession mit der vermeintlich bedrohten Spezies:

Am 7. März 2019 erscheint das Buch *Alte weiße Männer: Ein Schlichtungsversuch.*

Am 2. September 2019 erscheint das Buch *Feindbild weiße Männer: Der rassistische Sexismus der identitätspolitischen Linken.*

Am 2. Februar 2021 erscheint das Buch *Das Land der weißen Männer.*

Am 30. September 2021 erscheint das Buch *Ein nahezu perfekter Täter: Die Konstruktion des weißen Sündenbocks.*

Am 24. Oktober 2021 erscheint das Buch *Der alte weiße Mann.*

Am 17. Mai 2022 erscheint das Buch *Junge weiße Männer: Was ich als Mann zur neuen Männlichkeit zu sagen habe.*

Am 16. August 2022 erscheint das Buch *Der letzte weiße Mann.*

Am 17. Februar 2023 erscheint das Buch *Der alte weiße Mann. Sündenbock der Nation.*

Am 20. Februar 2023 erscheint das Buch *Das Märchen vom alten, weißen Mann.*

Am 1. März 2023 erscheint das Buch *Alte weise Männer: Hommage an eine bedrohte Spezies.*

Am 16. August 2023 erscheint das Buch *Von Quotenfrauen und alten weißen Männern: Schluss mit Vorurteilen in der Arbeitswelt!*.

Andererseits stehen den literarischen Liebeserklärungen zahlreiche Texte entgegen, in denen dieselben alten weißen Männer als ewig gestrig, uneinsichtig, bieder und spießig dargestellt werden.

Ich stelle eine gewisse Ambivalenz in mir fest. Insbesondere mit Blick auf die Helden meiner Kindheit, die allesamt alte weiße Männer waren. Peter Lustig mit seiner Sendung *Löwenzahn* zum Beispiel. Oder Armin und Christoph von der *Sendung mit der Maus*. Die Rockbands meiner Jugend bestanden ausschließlich aus jungen und »jung gebliebenen« weißen Männern. Meine Vorgesetzten im Zivildienst waren alte weiße Männer. Die Professoren meines Theologiestudiums waren alte weiße Männer. Die Mehrheit meiner Kollegen und Vorgesetzten während meiner Zeit als Personalmanager waren junge, mittelalte und alte weiße Männer. Zudem heterosexuell, westdeutsch, mit christlichen Wurzeln. Sie alle waren mir wohlgesonnen, ich habe viel von ihnen gelernt, mit den meisten bin ich auch heute noch verbunden.

Wenn allerdings die Sphären der Macht, die Spitzenämter in Politik, Medien und Wirtschaft sowie die einflussreichen Führungspositionen in diesem Land den weiblichen, migrantischen, jüdischen, ostdeutschen, behinderten oder homosexuellen Teil der Bevölkerung nicht abbilden, sollte das nicht mindestens ein Störgefühl erzeugen?

Während dieses Buch entsteht, besetzen ältere weiße

westdeutsche Männer vier der fünf höchsten Ämter dieses Staates. Frank-Walter Steinmeier ist Bundespräsident, Olaf Scholz ist Bundeskanzler, Peter Tschentscher ist Bundesratspräsident und Stephan Harbarth ist Präsident des Bundesverfassungsgerichts. Zumindest der Vorsitz des Bundestagspräsidiums befindet sich in der Hand von Bärbel Bas, einer Frau.

Ein Blick in den Deutschen Aktienindex, der die 40 größten deutschen Unternehmen repräsentiert, offenbart Ähnliches. 39 von 40 Unternehmen werden von Männern geführt,[18] 32 von Deutschen. Die Ausländer kommen aus Frankreich,[19] Norwegen,[20] Österreich,[21] Schweden,[22] Spanien und der Schweiz.[23] Bis auf den indischstämmigen Deutschen Michael Sen[24] sind alle Vorstandsvorsitzenden weiß. Vier von ihnen heißen »Christian«,[25] drei heißen »Oliver«,[26] wobei man Oliver Blume eigentlich doppelt zählen muss, weil er mit Porsche und VW gleich zwei DAX-Unternehmen führt.

Eine einzige Frau steht vier Christians gegenüber. Drei Franzosen null Ostdeutschen. Der Christian-Anteil beträgt zehn Prozent, der Franzosenanteil 7,5 Prozent, der Frauenanteil 2,5 Prozent, der Ostdeutschenanteil null Prozent. 38 der 40 größten Unternehmen in diesem Land werden von alten weißen Männern geführt.

Welche Gesellschaft soll das eigentlich abbilden?

Ich muss wieder an den Gag aus der Cartoon-Serie *Family Guy* denken. Mit der Farbkarte, auf der die hellen Farben in »OKAY« und die dunklen Farben in »NOT OKAY« unterteilt sind.

Das Unternehmen RAL gibt in Deutschland solche Farbkarten heraus. Wer einmal in die Verlegenheit gekommen ist, eine Wandfarbe aussuchen zu müssen, kennt diese RAL-Farbfächer. Das bringt mich auf eine Idee. Ich klicke mich zum Farbmuster auf der offiziellen RAL-Webseite durch und halte meine Hand dagegen. Es ist RAL 8011 (nußbraun). Ich rufe die Kollegin aus dem Nachbarbüro zu mir. Sie versteht nicht so recht, warum sie ihre Hand auf meinen Monitor legen soll. Ich erkläre es ihr, und wir einigen uns auf RAL 1015 (hellelfenbein). Nun streifen wir gemeinsam durch die Etage und zerren die halbe Bürogemeinschaft vor meinen Rechner. Die weißen Kollegen bewegen sich alle im 1000er-RAL-Bereich. 1013 (perlweiß). 1014 (elfenbein). Die nichtweißen Kollegen befinden sich im 8000er-RAL-Register. 8004 (kupferbraun). 8025 (blaßbraun). Es ist beeindruckend einfach, die Farbkarte aus *Family Guy* nachzuspielen.

Unsere kleine, unterhaltsame Büro-Eugenik ist nicht weit von dem Gebrauch der anthropologischen Hautfarbentafeln entfernt, mit denen zu Kolonialzeiten indigene Völker und schwarze Menschen kategorisiert wurden. Solche Farbtafeln fanden auch Eingang in das »Rasse- und Siedlungshauptamt der SS«, um vermeintlich »minderwertige Rassen« zu selektieren und zu vernichten. Vor allem aber, um festzulegen, wie Deutsche im Sinne der Nationalsozialisten auszusehen haben. Noch lange nach dem Holocaust wurden in deutschen Schulbüchern und Atlanten Menschen aufgrund ihrer unterschiedlichen Haut-, Haar- und Augenfarbe in »Rassen« eingeteilt.[27] Auch mithilfe von Hautfarbentafeln.[28] Diese Zeiten sind glücklicherweise vorbei. Von Menschenrassen spricht man in der Wissenschaft schon lange nicht mehr. Die rechtliche Stellung der Bürger in diesem Land ist nicht mehr an ihre Hautfarbe gebunden. Und dennoch … Es scheint, was das Aussehen von Deutschen betrifft, einen Standard zu geben. Einen Standard, der nicht nur auf statistische Mehrheiten zurückzuführen ist, sondern auch auf Vorstellungen darüber, wie Bundeskanzler, Vorstandsvorsitzende und Bahnreisende in diesem Land auszusehen haben. Beinahe so, als ob es dazu eine eigene RAL-Farbe gäbe.

Die gibt es. Es ist RAL 3012 (beigerot). Ein helles Beige, das in Pink übergeht. Ein bisschen dunkler als die durchschnittliche Hautfarbe der Weißen. Damit Puppen und andere Spielzeuge nicht blass wirken. Stift-, Farb- und Lackhersteller nutzen RAL 3012, wenn sie Hautfarbe darstellen wollen. Es ist das inoffizielle Hautfarben-RAL.

Der Stifthersteller Stabilo verkauft einen Stift mit dem Namen *Light Flesh*, dessen Farbe sehr nah an RAL 3012 heranreicht.[29] Der Stifthersteller Faber-Castell verkauft auf seiner Webseite einen Buntstift in der Farbe *132 beigerot*, zu dem man gelangt, wenn man auf Google nach »Faber Castell« und »Hautfarbe« sucht. Der Farbpastenhersteller Paul Mändli verkauft ein Produkt mit dem Namen *EFFECT colour paste – skin color* und bewirbt es mit einem Hinweis auf RAL 3012.[30] Die Modellbaufirma Revell verkauft das Produkt *Aqua Color Hautfarbe, matt*. Es ist ein helles Beige, das weitestgehend RAL 3012 entspricht.[31] Auf der Webseite des Lackherstellers Brillux findet sich ein Text über Farben in Architektur und Natur. Der Absatz über ein türkisches Bad in Budapest gibt einen Hinweis darauf, was man beim bekanntesten deutschen Wandfarbenhersteller unter Hautfarbe versteht.

> »In dieser archaischen Atmosphäre wirken die rosige Hautfarbe der Badenden und die geplätteten weißen Baumwolltücher wie eine stille Zwiesprache.«[32]

Beigerot. Light Flesh. Skin Color. Rosige Hautfarbe.

Damit kann ich leider nicht dienen. Das wäre auch nicht weiter schlimm, wenn nicht Oberbürgermeister, Polizeipräsidentinnen und Parteivorsitzende meine Zugehörigkeit zu dieser Gesellschaft ausschließlich an der Farbe meiner Haut festmachen würden. Wenn nicht deutsche Fußballfans ihre eigenen Nationalspieler mit Bananen bewerfen und als »N…« beschimpfen würden, weil ihnen die Menschen auf dem Spielfeld zu dunkelhäutig sind. Wenn »deutsch« nicht gleichbedeutend wäre mit dem RAL-Zahlenraum 1000 und dem Hautfarben-RAL 3012.

Eine normierte Hautfarbe. Mit eigenem RAL-Wert. Auch das ist typisch deutsch.

Wie soll eine schwarze Familie in einem solchen Umfeld Teil dieser Gesellschaft werden? Wenn die Eltern auf allen Kanälen damit konfrontiert werden, dass die Werbekampagne eines Staatsunternehmens im Feuer steht, weil die Werbegesichter so aussehen wie sie selbst? Wenn sich die Kinder ihre Hände mit Kernseife blutig waschen, weil sie in der Schule wegen der Farbe ihrer Haut ausgegrenzt werden?

Wenn du nicht an deinem Bekenntnis zu Deutschland, sondern an deiner Hautfarbe gemessen wirst, wie sollen deine Bemühungen, dich in diese Gesellschaft zu integrieren, aussehen? Wo sollst du hin mit deiner Liebe, die du für dieses Land empfindest? Deinem Gemeinsinn, deinem Engagement, deinem Heimatgefühl, das einseitig ist und unerwidert bleibt? Wohin mit deiner Verzweiflung, deiner Wut, deinem Liebeskummer?

Wie kann es sein, dass man nach so langer Zeit immer noch dafür kämpfen muss, ein Teil dieser Gesellschaft zu sein?

Wir sprechen ständig und unaufhörlich darüber, wer nicht dazugehört, weil er oder sie nicht deutsch genug ist. Und wer nicht deutsch ist, weil er oder sie nicht deutsch aussieht. Vielleicht sollte man zur Abwechslung einmal den Spieß umdrehen und darüber sprechen, was die Deutschen zu Deutschen macht. Jenseits ihres RAL-Wertes.

Die Frage »Was ist deutsch?« entscheidet darüber, wer in diesem Land gemeint ist und wer nicht. Wer dazugehören darf und wer nicht. Wer weder typisch noch durchschnittlich ist, hat es schwer, ein Teil dieser Gesellschaft zu werden, geschweige denn, in die Mitte dieser Gesellschaft vorzudringen.

Wer dorthin gelangen will, muss erst die deutsche Normalität überwinden.

Wohnzimmer

Familie Müller muss leider ausziehen.

Von heute auf morgen verlieren Mutter Claudia (Jahrgang 1967), Vater Thomas (Jahrgang 1964) und Sohn Jan (Jahrgang 1995) ihre Wohnstätte, in der sie 17 Jahre lang als dreiköpfige Familie gelebt haben. Nun ist der Immobilienmarkt nicht sonderlich wohlwollend, wenn man dringend eine neue Bleibe sucht. Zum Glück aber sind die Müllers nur eine Erfindung der Werbeagentur Jung von Matt. Dass sie also tatsächlich obdachlos würden, steht nicht zu befürchten.

Im Jahr 2004 erfand Jung von Matt die fiktive Familie Müller und mit ihnen das »Deutsche Wohnzimmer«. Wann immer sich eine Werbefachfrau in eine typisch deutsche Familie hineinversetzen wollte, betrat sie diesen Raum, setzte sich auf die Couch, fläzte sich in die Sofakissen, stellte ihre Kaffeetasse auf dem Glastisch ab und schaute nachdenklich auf die buchefarbene Wohnzimmerschrankwand. Familie Müller lebte nicht extravagant, im Gegenteil. Die Müllers und ihr Wohnzimmer sollten den deutschen Durchschnitt darstellen.

Jung von Matt hat viel Expertise in dieses Wohnprojekt fließen lassen und dafür Daten des Statistischen Bundesamtes und Ergebnisse der Marktforschung ausgewertet. Heraus kam, dass im deutschen Wohnzimmer Zimmerefeu, Ficus benjamina und Orchideen gebraucht werden sowie Krimskrams, Kinderbilder und Raufasertapete.

Das deutsche Wohnzimmer wurde zweimal vollständig umgestaltet. Neue Sofagarnitur, neuer Fernseher, DVD-Player statt Videorekorder, solche Sachen. 2009 hielt eine kleine »Computer-Ecke« Einzug, 2016 wurde diese gesamte Ecke durch einen Laptop ersetzt, der seitdem auf einer roten Decke am Ende des Ecksofas Platz nehmen darf. Irgendwann verschwand der Quelle-Katalog, weil die Leute nur noch online einkaufen.

Im deutschen Wohnzimmer wohnt eine deutsche Familie. Claudia, Thomas und Jan. Allesamt tragen Namen, die in ihren Jahrgängen am häufigsten vergeben wurden. Dazu der Familienname Müller. Der erklärt sich gewissermaßen von selbst. Die Eltern sind Babyboomer, das Einzelkind ist Ende 20. Im Bücherregal befinden sich Romane und Sachbücher: Dan Browns *Sakrileg*, Stieg Larssons *Millennium*-Trilogie und *Deutschland schafft sich ab* von Thilo Sarrazin.

Das deutsche Wohnzimmer ist alles, nur kein Sehnsuchtsort. Die Mischung aus Vertrautheit und Beklemmung, die sich beim Anblick der Müller'schen Residenz einstellt, lässt sich kaum beschreiben. Man fühlt sich wie ein Fisch, der das Wasser erklären soll. Gerade deshalb ist es so … perfekt.

Die Branchenzeitschrift *Werben & Verkaufen* betitelte einmal einen ihrer Artikel mit den Worten »Banalität des Drögen: Das Wohnzimmer von Jung von Matt«[33]. Die Bundeszentrale für politische Bildung hat in ihrer Zeitschrift *Aus Politik und Zeitgeschichte* »Deutschlands häufigstes Wohnzimmer«[34] porträtiert, und auf www.deutschland.de verweist das Auswärtige Amt alle seine Besucher auf dieses »typisch deutsche Wohnzimmer«[35]. Kaum etwas verdeutlicht die kulturelle Mitte dieses Landes so gut wie dieser Büroabschnitt in einer Hamburger Werbeagentur, der dem Anspruch, das »deutsche« Wohnzimmer zu sein, beängstigend nahe kommt.

Nun aber ist Schluss. Im Jahr 2021 verkündete Jung von Matt, das deutsche Wohnzimmer habe ausgedient. Die Menschen kämen kaum mehr im Wohnzimmer zusammen, um die Abende gemeinsam zu verbringen. Stattdessen säßen die einzelnen Mitglieder der Familie immer häufiger getrennt voneinander vor ihrem eigenen Bildschirm. Ein »WoZi 4.0« werde es daher nicht geben, dafür aber ein »DaZi«, ein Datenzimmer, in dem Jung von Matt die virtuelle Umwelt der Familie nachbauen wolle. Familie Müller muss also ausziehen. Ins Internet. Nun ja.

Über 35 Jahre lang ließ die Gesellschaft für Konsum, Markt und Absatzforschung in der kleinen pfälzischen Gemeinde Haßloch die Deutschen erforschen. Die Zusammensetzung aus Frauen, Männern, Kindern, Arbeitern, Rentnerinnen und Familien galt in Haßloch lange Zeit als beeindruckend durchschnittlich. Alle vier Jahre, kurz vor einer Bundestagswahl, überfielen nationale und internationale Kamerateams das 20 000 Einwohner umfassende Dorf, um das Leben in Deutschland zu porträtieren. Zudem ließen Werbefachleute allerlei Prototypen für Produkte wie Schokoriegel oder Deoroller, aber auch Werbeanzeigen exklusiv für Haßloch produzieren. Was in Haßloch Anklang fand, wurde später deutschlandweit verbreitet, was in Haßloch durchfiel, wurde geräuschlos entsorgt.

Haßloch war nicht nur eine wunderbar durchschnittliche, typisch deutsche Gemeinde. Der kleine Ort war seit Beginn an das »Kabelpilotprojekt« in Ludwigshafen angeschlossen, mit dem der Start des Privatfernsehens eingeläutet wurde. Dies verschaffte den Medienmacherinnen und Marktforschern die Möglichkeit, in das Fernsehprogramm einzugreifen und Fernsehsendungen mit eigenen Werbeblöcken zu überblenden. Sogar Zeitschriften wie *Hörzu* und *Bunte* wurden als Spezialausgaben nur für Haßloch gedruckt, um die Wirkung der gedruckten Werbung auf die Haßlocher zu erforschen.

Doch auch hier endete nach 35 Jahren eine Ära. Mittlerweile übernimmt eine künstliche Intelligenz das Deutschsein und errechnet anhand zahlreicher Eingaben dessen Durchschnitt. Dazu kommen die Möglichkeiten der Onlinebefragung sowie deutschlandweit verbreitete Bonussysteme wie Payback, die Einkäufe in Echtzeit an Kreditkartenunternehmen und Marktforschungsorganisationen übermitteln.

Die Gesellschaft für Konsum, Markt und Absatzforschung heißt heute Growth from Knowledge. Ein englischer Name für eine deutsche Marktforschungsagentur, unverständlich und nichtssagend, dafür aber modern. Möglicherweise ein Ausblick auf das, was noch kommt. Doch nicht nur der Name wurde in die Zukunft katapultiert. Die althergebrachten Maßnahmen der Werbewirtschaft wirken im Vergleich zu »DaZi«, künstlicher Intelligenz und einer Echtzeiterhebung per Smartphone plötzlich altbacken.

Vielleicht passen sie damit aber auch wunderbar zum durchschnittlichen Deutschen, der selbst 30 Jahre nach dem Einzug des Internets in die Computer-Ecke seines Wohnzimmers mit diesem »Neuland« hadert.

Wenn es in dieser Gesellschaft eine Normalität gibt, dann ist sie irgendwo hier. Im Wohnzimmer der Familie Müller. Zwischen *Hörzu* und *Bunte* in Haßloch. In Form einer »werberelevanten Zielgruppe«, die Schokoriegel und Deoroller in Einkaufswagen verstaut und dabei argwöhnisch von Werbefachleuten und Marktforschern beäugt wird.

Normalverbraucher

Die Normalität in diesem Land hat viele Namen. Einer von ihnen lautet »Otto Normalverbraucher«. Er ist das, was den Menschen als Erstes in den Sinn kommt, wenn sie sich mit geschlossenen Augen einen Deutschen vorstellen.

Ein »Otto«, der »verbraucht«. »Normal«.

Otto Normalverbraucher tauchte zum ersten Mal 1948 auf, als Figur in dem Film *Berliner Ballade*. Die Satire über den Irrsinn und die Verhältnisse der deutschen Nachkriegsgesellschaft beschreibt einen strauchelnden, aber integren Kriegsheimkehrer, der sich mit seiner alten Heimat und seinem neuen Leben schwertut. Ottos Nachname ist ein Verweis auf die einstige Zuteilung von Lebensmittelmarken, auf denen meist »Nur für Normalverbraucher« aufgedruckt war. Wer keine Schwerstarbeiten verrichtete, kriegsversehrt war oder Kinder austrug, musste mit einem »Normalverbrauch« von 1500 Kilokalorien pro Tag auskommen.

Die Figur des Otto Normalverbraucher hat sich weit über den Spielfilm und die Nachkriegszeit hinaus etabliert. Von der Mitte der 1940er bis in die frühen 1970er Jahre stand Otto Normalverbraucher für die Wandlung des durchschnittlichen Deutschen vom kriegsversehrten Hungerleider zum wohlgenährten Wirtschaftswunder. Kaum jemand verkörperte diese Entwicklung besser als der Schauspieler Gert Fröbe, der 1948 in *Berliner Ballade* den spindeldürren Otto Normalverbraucher darstellte und 1965 den übergewichtigen Bösewicht Goldfinger im gleichnamigen James-Bond-Film.

Mehrfach sollte Otto Normalverbraucher ersetzt werden. Seit den 1970er Jahren gab es immer wieder erfolglose Versuche, den in die Jahre gekommenen Otto durch »Markus Möglich« zu ersetzen. Markus sollte die neuesten Erkenntnisse sozialwissenschaftlicher Milieustudien aufnehmen und alle nur erdenklichen Lebenspfade einschlagen und somit die möglichkeitsgeplagten, rast-, ruhe- und ratlosen Deutschen repräsentieren. Markus ist grandios gescheitert. Ihn kennt man genauso wenig wie die sozialwissenschaftlichen Skizzen »Öko-Paul«, »Irina Vega« und »Captain Euro«.

»Lieschen Müller« hingegen fand, ähnlich wie ihr Pendant Otto, durch einen Spielfilm weite Verbreitung. In dem Film *Der Traum von Lieschen Müller* aus dem Jahr 1961 träumt sich die gleichnamige Bankangestellte in eine komplizierte Geschichte mit einer erfundenen Erbschaft und einem fingierten Beziehungsgeflecht, in dessen Verlauf sie als »Liz Miller« in die Oberschichte der USA aufsteigt.

Auch »Hinz und Kunz« sind erwähnenswert. Sie sind Kurzformen der Namen Heinrich und Konrad, die bereits von den Brüdern Grimm im frühen 19. Jahrhundert als Ausdruck für »Jedermann« verfasst und in ihrem Wörterbuch mit Quellen belegt wurden, die bis ins 13. Jahrhundert zurückreichen. Die zahlreichen Herrscher des 11. bis 13. Jahrhunderts inspirierten die Bürger ihres Volkes, ihre

Kinder ebenfalls Heinrich und Konrad zu nennen, was zu einer inflationären Verbreitung der Namen führte, so dass gar »alle möglichen Leute« irgendwann »Hinz und Kunz« hießen. Heute werden »Hinz und Kunz« in einem ähnlichen Zusammenhang verwendet wie »Krethi und Plethi«. Diese heißen eigentlich »Kreter und Pleter« und werden im 2. Buch Samuel, Kapitel 8, Vers 18 der Bibel als ausländische Söldner innerhalb der Leibwache König Davids beschrieben. Die *Allgemeine Encyclopädie der Wissenschaften und Künste* in ihrer Ausgabe aus dem Jahr 1886 beschreibt das Wortpaar als ein Synonym für einen »zusammengelaufenen Pöbel«.

Der »deutsche Michel« wiederum geht auf ein Lied aus dem Jahr 1642 zurück, das sich »wider alle Sprachverderber, Cortisanen, Concipisten und Concellisten« wendet, »welche die alte deutsche Muttersprach mit allerlei fremden, lateinischen, welschen, spanischen und französischen Wörtern so vielfältig vermischen, verkehren und zerstören, dass sie ihr selbst nicht mehr gleichsieht und kaum mehr erkannt wird«. Es ist eine frühe Form des verschriftlichten Ärgers über die zahlreichen Fremdwörter im deutschen Sprachgebrauch. Das Gedicht wirkt seltsam vertraut, wenn man heutige Kolumnen, etwa über die Verwendung des Gendersternchens, danebenlegt.

Die am stärksten institutionalisierte Form der Durchschnittsdeutschen ist allerdings, mit weitem Abstand, das Ehepaar Max und Erika Mustermann. Die Mustermanns sind nicht nur Durchschnittspersonen, sondern gar Vorbilder und Leuchttürme im Dickicht der deutschen Bürokratie. In der »Verordnung zur Bestimmung der Muster der

Personalausweise der Bundesrepublik Deutschland« taucht Erika Mustermann mit all ihren Personaldaten und einem Abdruck ihres Personalausweises samt Portraitbild erstmalig im Jahr 1983 auf. Als Teil der freiheitlich-bürokratischen Grundordnung ist Erika Mustermann deutlich berühmter als ihr Ehemann. Dafür erhielt Max Mustermann bei der hessischen Ministerpräsidentenwahl im Jahr 2014 überraschend eine Stimme. Bei der Wahl gerieten einige Stimmzettel des vorangegangenen Probelaufs versehentlich in die offizielle Abstimmung. Mindestens einem der beteiligten Landtagsabgeordneten fiel diese Panne allerdings nicht auf, so dass er tatsächlich für Max Mustermann stimmte. Der spätere hessische Ministerpräsident Volker Bouffier trug diese Zustimmung für seinen überraschenden Konkurrenten mit Fassung.

Auch das gehört zur Normalität in diesem Land dazu.

Geschichte

Das Lied, das August Heinrich Hoffmann von Fallersleben als »Lied der Deutschen« dichtete, entstand 1841 auf Helgoland. Helgoland war zu dieser Zeit zwar beliebtes Ausflugsziel und »Sehnsuchtsort« der Deutschen, aber als britische Kronkolonie Teil des Vereinigten Königreichs. Das Lied der Deutschen entstand also nicht in Deutschland.

Deutschland war zu dieser Zeit eine Ansammlung von Fürstentümern, Königreichen und freien Städten, die sich zum »Deutschen Bund« zusammengeschlossen hatten. Das Königreich Preußen und das Kaiserreich Österreich dominierten den Bund im Nordosten und Süden, bis der schwelende Konflikt zwischen den beiden Staaten in einen offenen Krieg mündete und der Deutsche Bund im Jahr 1866 zerbrach. Im Westen drohten die Franzosen deutsche Gebiete bis zur Rheingrenze zurückzuerobern. Auch hier eskalierte die Lage bis zum Rande eines Krieges. Zahlreiche Dichter auf beiden Seiten verfassten Schmähgesänge wie »Sie sollen ihn nicht haben, den freien deutschen Rhein«. In diese Zeit fällt auch die Entstehung des »Liedes der Deutschen«. Von Fallersleben galt zwar nicht als frankophob, sein Lied aber wurde vielfach verwendet, um eine Abwehr französischer Gebietsansprüche zu bekunden.

In Preußen, Hannover und Österreich wurde das Lied verboten, weil den Herrschenden die Idee von der deutschen Einheit nicht gefiel. Der preußische Kultusminister setzte gar durch, dass von Fallersleben als »staatsgefährdend« eingestuft und des Landes verwiesen wurde.

Die Rheinkrise zwischen Frankreich und Deutschland wurde schlussendlich vonseiten der Franzosen entschärft, alles blieb, wie es war. Nur die Deutschen entdeckten plötzlich ihr nationales Bewusstsein. Und damit machte das Lied der Deutschen Karriere. In der Weimarer Republik ordnete Reichspräsident Friedrich Ebert 1922 an, der »Sang von Einigkeit und Recht und Freiheit« solle fortan »der festliche Ausdruck unserer vaterländischen Gefühle sein«.[36] Die Nationalsozialisten wiederum sangen nur die erste Strophe des Liedes und ließen daraufhin das »Horst-Wessel-Lied« ertönen. Als der Alliierte Kontrollrat nach Ende des Krieges das Propaganda-Arsenal der Nazis durchstöberte und Verbote aussprach, traf es auch das Lied der Deutschen.

In der Bundesrepublik stritten Bundeskanzler Konrad Adenauer und Bundespräsident Theodor Heuss per Briefwechsel über dieses Lied als Nationalhymne der jungen Bundesrepublik. Heuss, der zwischenzeitlich eine eigene Hymne in Auftrag gegeben hatte, gab schließlich nach. Die dritte Strophe wurde zur uns heute bekannten Nationalhymne. Der US-amerikanische Hochkommissar John McCloy war leidenschaftslos. Ihm sei nicht wichtig, »was die Völker singen, sondern wie sie handeln«[37]. Im Zuge der deutschen Einheit wiederholten Bundeskanzler Helmut Kohl und Bundespräsident Richard von Weizsäcker den Briefwechsel, nicht aber den Streit um das Lied.

Das Lied der Deutschen, das nicht in Deutschland entstanden ist, dessen Melodie von dem Österreicher Joseph Haydn komponiert wurde, das zwischenzeitlich als Abwehrlied gegen die Franzosen verwendet wurde, das noch während seiner ersten Veröffentlichung in weiten Teilen Deutschlands der Zensur zum Opfer fiel, dessen Verfasser als »staatsgefährdend« eingestuft wurde, das anschließend zur Nationalhymne erklärt wurde, dem die darauf folgenden Nationalsozialisten das noch immer verbotene Horst-Wessel-Lied beisetzten, das die Alliierten zwischenzeitlich vollständig untersagten, über das Adenauer und Heuss stritten, dessen ersten beiden Strophen heute verschmäht werden, ist heute, in seiner dritten Strophe, unsere Nationalhymne.

Zur Beantwortung der Frage, was eigentlich deutsch ist, taugt dieser Abschnitt immerhin zu einem Zwischenfazit: Es ist kompliziert.

Deutschland, das zeigt ein Blick in die Geschichte, war immer schon schwer zu greifen und noch schwerer zu begreifen. Instabil, unzugänglich und ungewiss. Im biblischen Sinne gar »unstet und flüchtig«.

Das Heilige Römische Reich Deutscher Nation war eine multiethnische, schwerfällige Monarchie, in der Deutsch, Französisch, Italienisch, Flämisch, Tschechisch und Polnisch gesprochen wurde. Nationalstaat und Nationalgefühl waren trotz gemeinsamer Institutionen wie Reichstag und Reichskammergericht nicht einmal denkbar. Mit dem Ende des Alten Reiches im Jahr 1806 und im Zuge des neu gegründeten Deutschen Bundes im Jahr 1815 entwickelte sich erst ein kollektives deutschsprachiges Bewusstsein und später eine nationale deutsche Identität. Der ständige Konflikt zwischen Preußen und dem Kaisertum Österreich erstickte dabei jedes Bestreben nach einem gesamtdeutschen Nationalstaat. Erst die Gründung des Deutschen Reiches unter Ausschluss Österreichs im Jahr 1871 verlieh der nationalen Sehnsucht endlich einen würdevollen Rahmen.

Was aber war das Deutsche in alledem? Vielleicht die deutsche Sprache? Mit der Bibelübersetzung Martin Luthers und Philipp Melanchthons setzte im Jahr 1522 eine Sprachstandardisierung ein, die drei Jahrhunderte später in das *Deutsche Wörterbuch* der Brüder Grimm im Jahr 1852 mündete. 28 Jahre später veröffentlichte Konrad Duden im Jahr 1880 das *Orthographische Wörterbuch der deutschen Sprache*. Mit Dudens Arbeit wurde eine allgemeingültige Rechtschreibung im gesamten Deutschen Reich verbindlich.

Auch die vielbeschworenen Dichter und Denker, die Kunst, Kultur und Wissenschaft prägten, werden häufig als »typisch deutsche« Geistesgeschichte aufgeführt. Interessanterweise standen aber gerade die großen deutschen Intellektuellen der ausufernden Heimatliebe äußerst kritisch gegenüber. Immanuel Kant beispielsweise sah Nationalstolz und Nationalhass seinen Maximen der Vernunft entgegenstehen, »um deswillen dieser Nationalwahn auszurotten ist, an dessen Stelle Patriotism und Cosmopolitism treten muss«[38]. Friedrich Schiller war bekennender Kosmopolit und trug die Ehrenbürgerschaft des französischen Erbfeindes öffentlich und mit Stolz. Goethe ließ sich mit Blick auf die Mark Brandenburg zu dem zweifelhaften Kompliment »Je schlechter das Land, desto besser die Patrioten«[39] hinreißen. An anderer Stelle meinte der deutscheste aller Dichter, dass »Patriotismus die Geschichte verderbe«[40]. Goethe war es auch, der sich wie kein anderer für eine »Weltliteratur anstelle einer Nationalliteratur«[41] eingesetzt hat.

Arthur Schopenhauer schrieb über den Nationalstolz:

> »Die wohlfeilste Art des Stolzes hingegen ist der Nationalstolz. Denn er verrät in dem damit Behafteten den Mangel an individuellen Eigenschaften, auf die er stolz sein könnte, indem er sonst nicht zu dem greifen würde, was er mit so vielen Millionen teilt. Wer bedeutende persönliche Vorzüge besitzt, wird vielmehr die Fehler seiner eigenen Nation, da er sie beständig vor Augen hat, am deutlichsten erkennen. Aber jeder erbärmliche Tropf, der nichts in der Welt hat, darauf er stolz sein könnte, ergreift das letzte Mittel, auf die Nation, der er gerade angehört, stolz zu sein.«[42]

Sein Kollege Friedrich Nietzsche hatte eine Idee, was es mit den Deutschen und der Frage »Was ist deutsch?« auf sich haben könnte:

> »Als ein Volk der ungeheuerlichsten Mischung und Zusammenrührung von Rassen, vielleicht sogar mit einem Übergewicht des vor-arischen Elementes, als ›Volk der Mitte‹ in jedem Verstande, sind die Deutschen unfassbarer, umfänglicher, widerspruchsvoller, unbekannter, unberechenbarer, überraschender, selbst erschrecklicher, als es andere Völker sich selber sind. Sie entschlüpfen der Definition und sind damit schon die Verzweiflung der Franzosen. Es kennzeichnet die Deutschen, dass bei ihnen die Frage ›was ist deutsch?‹ niemals ausstirbt.«[43]

An anderer Stelle ist Nietzsche deutlicher:

> »Gut deutsch sein heißt sich entdeutschen. (...) Der also, welcher den Deutschen wohlwill, mag für seinen Teil zusehen, wie er immer mehr aus dem, was deutsch ist, hinauswachse. Die Wendung zum Undeutschen ist deshalb immer das Kennzeichen der Tüchtigen unseres Volkes gewesen.«[44]

Während die Nachbarvölker große Nationalstaaten ausbilden, ergeht sich Deutschland in Vielstaaterei. Jeder Landstrich verteidigt seine Eigenständigkeit bis aufs Blut. Die Deutschen entwickeln sich von einem Vielvölkerstaat zu einem Vielstaatenvolk. Während andere Länder zu großen Seefahrern und Kolonialmächten heranwachsen, bleibt Deutschland mit sich selbst beschäftigt. Der Minderwertigkeitskomplex ist beinahe mit den Händen zu greifen. Die vielbeschworene Kulturnation fußt auf den Leistungen von Menschen, die mit der Deutschtümelei nichts am Hut haben.

Also noch mal: Was ist deutsch?

Wenn man den Dichtern und Denkern glauben darf, eine gemeinsame Sprache, aber keine gemeinsame Geschichte. Eine distanzierte Fremdheit gegenüber Patriotismus und Nationalismus. Dafür aber ein emotionaler Zugang zu universeller Kunst und Weltliteratur.

Es ist die Ironie des Schicksals, dass die Deutschen heute mit einem Verweis auf »Dichter und Denker«, »Goethe und Schiller« und »Schopenhauer, Kant und Nietzsche« antworten, wenn sie gefragt werden, was eigentlich deutsch sei.

Identität

Mit der Frage »Was ist deutsch?« lassen sich mehrere Dutzend belletristischer und wissenschaftlicher Regalmeter füllen. Zusätzlich zu den zahlreichen Artikelserien, Fernsehsendungen und Radiobeiträgen.

Anbei einige wenige Beispiele:

Die *Frankfurter Allgemeine Zeitung* veröffentlichte eine Podcast-Serie mit dem Titel »Was ist deutsch?«, in der zehn mittelberühmte Menschen zu dieser Frage sprechen.

In der *Süddeutschen Zeitung* sind im Zuge der Artikelserie »Was ist deutsch?« 16 lesenswerte Essays von einer Vielzahl unterschiedlicher Expertinnen und Experten erschienen.

Zeit Online lässt in Deutschland lebende Ausländer in einer Videoserie erzählen, was »Typisch deutsch!« ist.

Im *Tagesspiegel* ringen fünf Männer in ihren Debattenbeiträgen um deutsche Leitkultur und Identität.

Im ZDF läuft die Porträtreihe *Germania – Was ist deutsch?*, in der bekannte Persönlichkeiten diese Frage beantworten. Ebenfalls im ZDF diskutieren sechs Migrantinnen und Migranten über den Schwerpunkt »Herz, Pass und Heimat«.

In einem Video auf ARD alpha wird »Was ist deutsch?«

im Lichte von »Klischees und gesellschaftlicher Realität« beleuchtet.

Für die WDR-Sendung *Quarks* reist der Wissenschaftsjournalist Ranga Yogeshwar quer durch Deutschland, um das Deutschsein ganz persönlich und für sich selbst zu erkunden.

Im Deutschlandfunk spricht der Germanist Dieter Borchmeyer zu dieser Frage und stellt dabei sein Buch vor. Es trägt den Titel *Was ist deutsch? Die Suche einer Nation nach sich selbst* und umfasst 1056 Seiten. Ebenfalls im Deutschlandfunk erscheint die wöchentliche Sendereihe »Denk ich an Deutschland«.

Anlässlich des 25-jährigen Jubiläums zur Wiedervereinigung im Jahr 2015 richten Bundesinnenministerium und Bundeszentrale für politische Bildung vier Dialogveranstaltungen aus, in denen Bundesinnenminister, Wissenschaftlerinnen und Bürger zu *Was ist »deutsch«? Identität(en) und gesellschaftliche Gestaltungskraft* diskutieren. Bemerkenswert sind die Anführungszeichen bei »deutsch« und der in Klammern gesetzte Plural bei »Identität«.

Und dann ist da noch das *Bild*-Doppelinterview. Zum 25. Jahrestag der Wiedervereinigung machte *Bild* die Frage »Was ist deutsch?« zum Schwerpunkt ihrer Sonderausgabe. Auf den letzten beiden Seiten, als Höhepunkt gewissermaßen, sprechen *Bild*, Veronica Ferres und Maria Furtwängler über Deutschland. In einem Wald. Mit einem Wolf. Die beiden Um-die-50-Jährigen stehen etwas hüftsteif und ungelenk, dafür betont lasziv nebeneinander. Der Wolf befindet sich in der Mitte. Überschrieben ist der Beitrag mit »Eine Begegnung im Wald – Was ist deutsch?«. Das Interview selbst ist ungefähr so absurd wie dessen Aufbau. Ferres sagt zwischendurch, dass die Deutschen Waldmenschen seien, denn »bis vor ein paar Hundert Jahren war doch überall dort, wo jetzt Autobahn und Beton sind, Wald, Wald, Wald«. Frauen seien stärker als Männer, »weil wir Intuition haben. Es gibt nichts Stärkeres als die weibliche Intuition. Das ist die moderne Übersetzung von ›den Göttern näherstehen‹.« Was genau es mit dem Wolf auf sich habe, wird Furtwängler gefragt. Sie antwortet: »Der Wolf steht für unsere triebhafte, dunkle Seite. Die fasziniert uns. Gerade weil wir Deutschen so diszipliniert sind. Deswegen lieben wir ja auch Krimis so. Da können wir unsere unterdrückte, triebhafte Seite aus sicherem Abstand betrachten.«[45] Es ist ein Gesamtkunstwerk.

Fragt man die Menschen im eigenen Umfeld, zerfallen die Antworten auf die Frage »Was ist deutsch?« in vier Bestandteile: Sprache, Geschichte, Dichter und Denker, Tugenden.

Die deutsche Sprache allein macht einen Deutschen jedenfalls nicht deutsch. Luther hin, Melanchthon her. Andernfalls müsste man die Österreicher sowie einen Teil der Schweizer, Italiener, Luxemburger und Liechtensteiner zu Deutschen erklären. Man mag bezweifeln, dass dies auf Gegenliebe stoßen würde.

Die deutsche Geschichte eignet sich ebenfalls nicht als Indikator. Allein schon aus geographischen Gründen. Das Frankenreich des in Aachen geborenen Karl dem Großen umfasste unter anderem die heutigen Länder Deutschland, Frankreich, Schweiz, Österreich sowie Teile Italiens, Belgiens und der Niederlande. Das Heilige Römische Reich

Deutscher Nation wiederum umklammerte eine ganze Reihe von Ländern im europäischen Korridor zwischen Dänemark und Mittelitalien. Der Deutsche Bund bestand weitestgehend aus Gebieten der heutigen Länder Deutschland, Österreich, Tschechien, Schweiz sowie Teilen Polens und der Slowakei. Das Deutsche Reich setzte sich unter anderem aus dem heutigen Deutschland sowie dem heute französischen Elsaß-Lothringen und dem mittlerweile zu Polen, Russland und Litauen gehörigen Preußen zusammen.

Alles nicht so einfach.

Die Dichter und Denker der Vormoderne, auf die man heute so gerne Bezug nimmt, verwahrten sich in vielen Fällen gegen ihre Vereinnahmung für nationalistische und patriotische Zwecke. Im 20. Jahrhundert verschärfte sich die Frage nach der deutschen Zugehörigkeit zusehends. Eine erhebliche Zahl derjenigen, die man heute zur geistig-künstlerischen Elite zählen würde, musste Deutschland verlassen, weil sie den damaligen Machthabern nicht deutsch genug war. Dass heute ausgerechnet diese Emigranten und Exilanten als Antwort auf die Frage »Was ist deutsch?« herangezogen werden, erscheint befremdlich. Man kann nur erahnen, wie Theodor Adorno, Kurt Tucholsky, Theodor Wolff, Erich Fromm, Max Horkheimer, Hannah Arendt und Ernst Bloch auf ihre nachträgliche Germanisierung reagieren würden.

Bleiben also noch die Tugenden. Die deutschen Tugenden. Der Historiker und Ethnologe Asfa-Wossen Asserate hat ein Buch darüber geschrieben. Es heißt *Deutsche Tugenden – Von Anmut bis Weltschmerz*. Der Einband verrät, dass

Prinz Asfa-Wossen Asserate ein Großneffe des letzten äthiopischen Kaisers ist und seit den 1960er Jahren in Deutschland lebt. Asserate hat seine »Eindrücke von diesem Volk, seiner Geschichte, seiner Kultur und seinen Geisteshaltungen« in zahlreichen Werken niedergeschrieben. Der Verlag, in dem das Buch erscheint, verspricht dabei »überraschende Einsichten in die komplexe Seelen- und Gemütswelt der Deutschen«[46].

»Komplexe Seelen- und Gemütswelt«. Soso.

Als »klassische« bürgerliche Tugenden werden häufig Fleiß, Sparsamkeit, Ordnungsliebe, Pünktlichkeit und Gehorsam genannt. Zuweilen werden die deutschen Tugenden auf die preußischen Tugenden und diese wiederum auf die christlichen Kardinaltugenden zurückgeführt. Das allerdings führt zu einem Abgrenzungsproblem. Was genau soll an Tugenden »typisch deutsch« sein, wenn zwei Milliarden Christen auf der ganzen Welt denselben Handlungsmaximen folgen? Überhaupt fragt man sich, wie der handelsübliche Deutsche reagieren würde, wenn ihm ein Japaner begegnet. Gelten diese doch in nahezu allen Belangen des Lebens als fleißiger, sparsamer, ordentlicher, pünktlicher und gehorsamer. Wer Pünktlichkeit als deutsche Tugend versteht, hat noch nie »zwischen 08:00 und 18:00 Uhr« auf einen Telekom-Techniker gewartet. Was die Sorgfalt betrifft, müsste ein Vergleich zwischen deutschen und schweizerischen Großbauprojekten jedem anständigen Deutschen Tränen in die Augen steigen lassen, wenn denn deutsche Jungen nur weinen dürften.

Was also ist deutsch?

Selbst Bundespräsident Richard von Weizsäcker warnte

seinerzeit in seiner Rede über »Die Deutschen und ihre Identität« vorsorglich:

> »Es handelt sich um ein schwieriges Thema! Keine Antwort auf solche Fragen wird sich für eine Balkenüberschrift eignen. Bitte machen Sie sich bei meinem Referat nicht auf Aussagen gefasst, die Sie zu stürmischem Widerspruch oder Zuspruch reizen. Es gibt keine einfachen, keine allgemein verbindlichen und keine unveränderlichen Antworten.«[47]

Weizsäcker sprach auf dem evangelischen Kirchentag, der im Jahr 1985 unter dem Motto »40 Jahre danach« stattfand. Der Bundespräsident. Auf einem Kirchentag. 40 Jahre danach. Mit einer Rede über die Deutschen und ihre Identität. Eine Messlatte irgendwo zwischen Zugspitze und Internationaler Weltraumstation. Er kommt zu ähnlichen Schlüssen wie die Dichter und Denker vor ihm (»Wer in einem historischen Atlas blättert, findet beinahe auf jeder Seite ein anderes politisches Gebilde«, »Die deutsche Geschichte hat noch nie den Deutschen allein gehört«). Weizsäcker spricht viel über historische Zusammenhänge, die Reformation, den deutschen Nationalismus, aber auch über die Westbindung und die Zusammengehörigkeit von Bundesrepublik und DDR. »Was heißt es nun eigentlich, deutsch?«, fragt Weizsäcker zum Schluss und tut sich mit einer Antwort schwer.

Auch die ehemalige Staatsministerin und Integrationsbeauftragte des Bundes Aydan Özoğuz hat sich mit einer Antwort schwergetan. In einem Artikel für den *Tagesspiegel* schrieb sie im Jahr 2017 über die deutsche »Leitkultur«.

> »Deutschland ist vielfältig und das ist manchen zu kompliziert. Im Wechsel der Jahreszeiten wird deshalb eine Leitkultur eingefordert, die für Ordnung und Orientierung sorgen soll. Sobald diese Leitkultur aber inhaltlich gefüllt wird, gleitet die Debatte ins Lächerliche und Absurde, die Vorschläge verkommen zum Klischee des Deutschsein. Kein Wunder, denn eine spezifisch deutsche Kultur ist, jenseits der Sprache, schlicht nicht identifizierbar. Schon historisch haben eher regionale Kulturen, haben Einwanderung und Vielfalt unsere Geschichte geprägt. Globalisierung und Pluralisierung von Lebenswelten führen zu einer weiteren Vervielfältigung von Vielfalt.«[48]

Was Özoğuz schreibt, entspricht im weitesten Sinne dem, was Schiller und Goethe leidvoll erlebt, Schopenhauer und Nietzsche sardonisch aufgeschrieben, Bundespräsident Weizsäcker nachdenklich vorgetragen und Generationen von Sozialwissenschaftlern in ihren Untersuchungen herausgefunden haben. Würde man beliebige Deutsche in der Innenstadt danach fragen, was die deutsche Leitkultur eigentlich sein soll, würden die Befragten exakt so antworten, wie Özoğuz es in ihrem Text darstellt: Sprache, Geschichte, Dichter und Denker, preußische Tugenden, Grundgesetz, Wald und Wolf.

Özoğuz' Text sorgte für einen Sturm der Entrüstung. Warum auch immer. In dem gesamten durchaus als langweilig zu bezeichnenden Beitrag stand wahrhaftig nichts, was Anlass zu Bluthochdruck und Schnappatmung hätte bieten können. Man hat vielmehr das Gefühl, Özoğuz hätte als Politikerin einer Regierungspartei, kurz vor Wahlkampfende, noch einmal ihren Federkiel gespitzt, um den Deutschen lautstark all das aufzuschreiben, was diese ohnehin bereits wissen. Im gesamten Text geht es um Gesellschaft, Verfassung, Vielfalt und Zusammenleben. Um »Globalisierung und Pluralisierung von Lebenswelten«, um »Vervielfältigung von Vielfalt«. Der Text ist zum Glück sehr kurz, sonst müsste man mittendrin einen starken Kaffee aufsetzen. Einzig die Zurückweisung einer Leitkultur lässt kurz aufhorchen.

Einer deutschen Leitkultur.

Nicht Leidkultur, was angesichts der deutschen Geschichte ja noch passen würde. Nein, Leitkultur. Eine Kultur, die über allen anderen steht. Eine Kultur, die voranschreitet und alle anderen Kulturen hinter sich lässt. Man muss unwillkürlich an das Lied der Deutschen denken, in dessen erster Strophe es heißt: »Deutschland, Deutschland über alles, über alles auf der Welt«.

Eine Leitkultur könnte auch eine Art Richtschnur sein. Ein Nordstern. Ein Fixpunkt, mit dessen Hilfe man Orientierung findet, wenn man vom Kurs abgekommen ist. Eine Leuchte, die allen Menschen, unabhängig von ihrer Herkunft, zur Verfügung steht. Die man verwendet, um anderen Menschen aufzuhelfen, damit die vorliegende Strecke gemeinsam bestritten werden kann. »Ein Gesellschaftsvertrag mit den Werten des Grundgesetzes als Fundament – und gleichen Chancen auf Teilhabe als Ziel.«

Der letzte Satz ist ein wörtliches Zitat aus dem Text von Özoğuz. Nur um einmal das Erregungspotenzial zu demonstrieren.

Mit ihrem Beitrag reagierte Özoğuz auf eine Veröffentlichung des damaligen Bundesinnenministers Thomas de

Maizière in der *Bild*. Dessen Beitrag, ebenfalls aus dem Jahr 2017, soll die Frage »Leitkultur für Deutschland, was ist das eigentlich?« beantworten und ist überschrieben mit den Worten: »Wir sind nicht Burka«.

Auch de Maizière gesteht ein, dass die Fragen »Wer sind wir?« und »Was wollen wir sein?« leicht gestellt, aber schwer zu beantworten seien. Er verweist auf das dicke Buch von Dieter Borchmeyer, auf das Grundgesetz und auf die deutsche Sprache. Im dritten Absatz schreibt de Maizière, dass das Wort »leiten« in »Leitkultur« nichts vorschreiben und niemanden verpflichten wolle. Es sei vielmehr als »Richtschnur des Zusammenlebens« gemeint. Man wundert sich. Wann kommt denn der »Wir sind nicht Burka«-Teil?

Er kommt im direkten Anschluss. Der Bundesinnenminister spricht von »wir« und stellt in aller Deutlichkeit klar, dass er damit die »Staatsbürgerinnen und Staatsbürger unseres Landes« meint. Schließlich könne »nicht jeder, der sich für eine gewisse Zeit in unserem Land aufhält (...), Teil unseres Landes« sein. Die feierwütigen Spanier in Berlin, die britischen Finanzmanager in Frankfurt und die zahlreichen Schweizer, die regelmäßig für einen kurzen Einkaufsbummel den Schlecker in Konstanz aufsuchen, sind angesichts dieser Worte sicherlich nur mäßig überrascht. Aber vielleicht sind sie auch gar nicht gemeint.

Im Anschluss daran, wer »wir« nicht sind, beschreibt der Bundesinnenminister (das Wort »Bundesinnenminister« bitte in roter Leuchtschrift denken) »einige soziale Gewohnheiten« als »Ausdruck einer bestimmten Haltung«:

»Wir sagen unseren Namen. Wir geben uns zur Begrüßung die Hand. Bei Demonstrationen haben wir ein Vermummungsverbot. ›Gesicht zeigen‹ – das ist Ausdruck unseres demokratischen Miteinanders. Im Alltag ist es für uns von Bedeutung, ob wir bei unseren Gesprächspartnern in ein freundliches oder ein trauriges Gesicht blicken. Wir sind eine offene Gesellschaft. Wir zeigen unser Gesicht. Wir sind nicht Burka.«[49]

Was de Maizière schreibt, ergibt keinen Sinn. Weder deskriptiv noch normativ. Erst recht nicht, wenn man bedenkt, über welch lange Zeit hinweg die Menschen in diesem Land FFP2-Masken getragen und auf das Händeschütteln verzichtet haben. Wenn man de Maizières Worte weiterdenkt, müssten Mundschutz und Desinfektionsmittel mehr Schaden an der deutschen Identität hinterlassen haben als der Einfall der Hunnen im alten Germanien. Ich habe zumindest Zweifel.

Der Text geht weiter. Im darauffolgenden Absatz beschreibt de Maizière allen Ernstes »Allgemeinbildung«, »Leistungsgedanke«, »deutsche Geschichte«, »Kultur«, »Musik« und »Religion« als typisch deutsch. Man möchte beim nächsten Gottesdienstbesuch eine Kerze anzünden für all die armen Ausländer, die ohne Bildung, Leistungsgedanken, Kultur, Musik und Religion auskommen müssen.

Religion sei in Deutschland »Kitt nicht Keil«, schreibt de Maizière, der in der darauffolgenden Zeile ironiefrei davon erzählt, wie sich die Deutschen viele Jahrhunderte lang der Religion wegen gegenseitig verfolgt und umgebracht haben.

Möglicherweise wollte Thomas de Maizière keinen Quatschtext schreiben, sondern meinte es ernst. So wie damals Bundespräsident Richard von Weizsäcker auf dem evangelischen Kirchentag. Oder Dieter Borchmeyer mit seinem Mammutwerk. Der vorliegende Text klingt aber anders. Vordergründig ergründet er die deutsche Seele und beleuchtet das deutsche Wesen. Was er aber zutage fördert, ist derart fragwürdig, dass man bezweifeln muss, dass die vielgerühmten Dichter und Denker in demselben Land gelebt haben wie der deutsche Innenminister mit dem hugenottischen Namen. Vielleicht aber darf man gesellschaftliche Debatten auch einfach nicht in einem Medium austragen, das sich in Abgrenzung zum geschriebenen Wort »Bild« nennt. Vielleicht ist das auch alles egal. Vielleicht geht es um etwas anderes. Vielleicht findet dieser Beitrag des damals amtierenden Bundesinnenministers vor einer Hintergrundfolie statt, die bereits vor vielen Jahren sorgfältig ausgebreitet wurde.

Leitkultur

Der Politikwissenschaftler Bassam Tibi prägte den Begriff der »Leitkultur« im Jahr 1996. Tibi wandte sich gegen einen vermeintlich um sich greifenden Multikulturalismus und forderte von der deutschen Mehrheitsgesellschaft die Errichtung einer Leitkultur, an der sich Einwanderer orientieren könnten. In einer Rückschau im Jahr 2002 auf die, seiner Meinung nach, »missglückte Debatte« werden die durchaus hehren Motive Tibis deutlich:

> »Wir integrierten Migranten wollen mitreden und nicht länger dulden, dass bestimmte Deutsche als unser Vormund auftreten; ferner gilt es, die Diskussion endlich in rationale Bahnen zu lenken.«[50]

Tibi fordert eine »kulturpluralistische« Grundlage, damit Deutschland endlich in die Lage versetzt würde, auch Einwanderern eine nationale Identität als Citoyen anzubieten. Ihm geht es um europäisch-zivilisatorische Werte. Was Tibi schreibt, klingt differenziert und klug. Sein Blick ist präzise, wenn er beispielsweise davor warnt, den »Verfassungspatriotismus« auf das Befolgen von Gesetzen zu reduzieren und ihn so zu einem »BGB-Patriotismus«[51] herunterzukochen.

Man merkt allerdings, dass Tibi vor dem Hintergrund seiner eigenen Herkunft, seiner religiösen Prägung und seiner Abneigung gegenüber dem Islam argumentiert. Seine Unterscheidung zwischen »Zuwanderung«, die »wildwüchsig« sei sowie »illegale Migration und Menschenschmuggel« einschließe, und »Einwanderung«, die »gesteuert, geordnet, rational reguliert«[52] erfolge, ist in der Politikwissenschaft unbekannt. Den Muslimen unterstellt Tibi in ihrer Gesamtheit einen grundsätzlichen Integrationsunwillen. Als Beleg für seine These zitiert er einen vermeintlich muslimischen Fundamentalisten, der an einem Projekt über den Islam im niederländischen Leiden teilgenommen haben soll.

> »Solange Muslime in der Minderheit sind, befolgen sie europäische Gesetze, aber man kann von ihnen nicht verlangen, den Geist dieser Gesetze zu akzeptieren.«[53]

Es liest sich so, als ob Muslime europäische Gesetze nur so lange einzuhalten bereit sind, wie sie sich in der Minderheit befinden. Gewinnen sie aber die Oberhand, tanzen sie den Ordnungshütern auf der Nase herum. Es ist ein Satz, der in ähnlicher Form wohl auch auf die hiesigen Junggesellenabschiede zutreffen würde.

Die Fremdenfeindlichkeit in Deutschland erklärt Tibi damit, dass »mehr Sozialhilfeempfänger als Computerspezialisten oder dringend benötigtes Pflegepersonal für das Gesundheitssystem ins Land kommen«[54]. Für ihn sind die Ausländer schuld am Ausländerhass. Und er unterscheidet zwischen nützlichen und unnützen Ausländern – als Erklärung für rassistische und ausländerfeindliche Anschläge.

Tibi sagt all das nur wenige Jahre nachdem in ganz Deutschland die Flüchtlingsunterkünfte brannten, das Grundrecht auf Asyl eingeschränkt wurde und die ganze Welt fassungslos mitansah, wie sich in Deutschland wieder der spontane Volkszorn Bahn brach. Tibi vollbringt das Kunststück, einerseits enorm kluge Gedanken zum europäischen Patriotismus zu entwickeln und gleichzeitig zu klingen wie ein deutscher Wirtshausbesitzer der 1960er Jahre, der den »faulen« und »kriminellen« Italienern den Einlass verwehrt.

Im Jahr 2016, beinahe 20 Jahre später, berichtet er in der *Bild*-Serie »Was ist deutsch?« von »positiven Eigenschaften« wie »Berechenbarkeit, Zuverlässigkeit, Pünktlichkeit, Ordentlichkeit und vor allen Dingen Ruhe und Innerlichkeit«, die er von den Deutschen übernommen habe. Er verweist auf seine syrisch-muslimische Herkunft und distanziert sich von den »mediterranen Arabern« und ihrer »Lärmkultur«. Dass »viele Syrer die Sitten der deutschen Gastgeberkultur« missachteten, könne er als Syrer offen ansprechen. Deutsche trauten sich das häufig nicht, »weil es ihnen an Zivilcourage mangelt und sie Angst davor haben, des Rassismus bezichtigt zu werden«.

Irgendwo in der Mitte des Textes findet sich dieses kleine Goldstück:

> »Der hässliche Deutsche ist deshalb entweder ein Nazi oder ein deutscher Gutmensch. Beide sind unsympathisch. Beide sind zwei Seiten derselben Medaille. Mit den Deutschen, die moralisieren, kann man nicht rational sprechen, weil sie nicht rational denken.«[55]

Wo fängt man da an? Erstens: Das gesamte Gerede von einer »Lärmkultur« der »mediterranen Araber« ist bedauerlicherweise das ressentimentgeladene Gegenteil von Tibis früheren klugen Ausführungen zur »nicht exklusiven« Identitätsbildung, in der sich eines Tages europäisch-zivilisatorische Werte durchsetzen sollen. Zweitens mag es angesichts der deutschen Geschichte durchaus befremden, dass ein »Nazi« und ein »deutscher Gutmensch« »zwei Seiten derselben Medaille« sein sollen. Das Attribut »unsympathisch« ist im Zusammenhang mit Alt- und Neonazis nicht nur unpassend, sondern befindet sich vielmehr im übernächsten Paralleluniversum. Drittens, und das ist wirklich der größte Witz in Tüten, ist der Mann, der für die *Bild* einen Aufsatz zu »Was ist deutsch?« schreibt und seinen Text mit »Ich bin Syrer« beginnt – kein Syrer. Auf seiner eigenen Webseite schildert Tibi, wie er 1973 seine syrische Staatsbürgerschaft abgab, um Deutscher zu werden. Der Mann, der sein gesamtes berufliches Leben der Erforschung nationaler Identitäten gewidmet hat und sich selbst als »integrierten Migranten« bezeichnet, macht sich 40 Jahre nach seiner Einbürgerung für die *Bild*-Leser zum Ausländer. Das ist mindestens bemerkenswert.

Ein weiteres Jahr später taucht Tibi in der *Tagesspiegel*-Serie »Was ist deutsch?« wieder auf. Er ist einer der fünf Männer, die sich mit dieser Frage auseinandersetzen, der einzige mit Zuwanderungsgeschichte. Tibi ärgert sich, er ist enttäuscht, verspürt Wut. Grund dafür ist der *Bild*-Artikel von Thomas de Maizière, mitsamt seinen »ignoranten zehn Thesen«. Der Bundesinnenminister habe alles vollständig ignoriert, was in den vergangenen 20 Jahren über Leitkultur und Integration gesagt worden sei. De Maizière habe Begriffe verzerrt und entstellt. Tibi betont, von einer »europäischen« und nicht von einer »deutschen« Leitkultur gesprochen zu haben. Seine vorgeschlagene Leitkultur sollte »großzügig sein, großzügig genug, um das Neue der Zugezogenen zu akzeptieren«. Die Leitkultur sollte »ein Motor des Zusammenwachsens sein, womit jeder seinen Platz finden könnte, sodass es allen besser gehen würde«. Es ist wieder ein Gegenteil. Dieses Mal zu seinem Text in der *Bild* über die lärmenden Araber. Einzig den Vorwurf der Deutschtümelei wehrt er mit der Verteidigung ab, er sei Ausländer in Deutschland. Was er, man muss es an dieser Stelle wiederholen, nicht ist.

Es gehört zu den Absurditäten dieser Debatte, dass der Mann, der die Leitkultur erfand, um die Integration von Zuwanderern voranzutreiben, sich ständig und wiederkehrend als Ausländer bezeichnet, obwohl er nach den Statuten des Grundgesetzes zweifelsfrei ein Deutscher ist.

Der Begriff der »Leitkultur« hat sich recht früh von seinem Schöpfer verselbständigt. Man kann beinahe in Echtzeit mitansehen, wie Bassam Tibi, ähnlich Goethes Zauberlehrling, versucht, den Begriff wieder einzufangen und die politische Übernahme durch radikale Kräfte zu verhindern. In einer seiner zahlreichen Rückschauen auf die Debatte erklärt Tibi ausdrücklich, dass es ihm bei der »Leitkultur«, um einen »Wertekonsens als Hausordnung« gehe, »nicht um ›Sauerbraten‹ oder die ›Hegemonie gegenüber zugewanderten Minderheiten‹«[56].

Verletzungsvorgang

Den Begriff der *deutschen* Leitkultur führt der CDU-Politiker Jörg Schönbohm am 22. Juni 1998 in die politische Landschaft ein. In einem Beitrag für die *Berliner Zeitung* reagiert Schönbohm auf die Forderung nach einer multikulturellen Gesellschaft, die er als große Gefahr für Deutschland erachtet. Er stellt ihr die deutsche Leitkultur entgegen.

> »Das Modell der ›Multikultur‹ nimmt die Aufgabe der deutschen Leitkultur zugunsten gleichrangiger Parallelgesellschaften billigend in Kauf oder strebt sie direkt an. (…) Die Geringschätzung und eilfertige Preisgabe der heute durchaus gefestigten deutschen politischen Kultur durch große Teile der Linken zugunsten eines ebenso illusionären wie gefährlichen Multikulturalismus ist Ausdruck eines zum Teil durch nationalen Selbsthaß geprägten resignativen Geistes, der glaubt, als Folge der Verbrechen des Nationalsozialismus, Verzicht auf alles Nationale predigen zu müssen.«[57]

In einem Interview mit der *B. Z.* macht er keinen Hehl daraus, worum es ihm bei alledem geht.

> »Deutschland ist kein Einwanderungsland und sollte es auch nicht werden.«[58]

Die NPD nimmt Schönbohms Position dankbar auf und verteilt seine Worte begeistert auf Flugblättern und in ihrer Parteizeitung *Deutsche Stimme*. Der *Jungen Freiheit* gibt Schönbohm ein zweiseitiges Interview. Dass diese Zeitschrift zum Zeitpunkt des Gesprächs wegen rechtsextremer Umtriebe vom Verfassungsschutz beobachtet wird, stellt für ihn kein Problem dar. Schönbohm verteidigt sich damit, dass es in der Union nun mal Positionen gebe, »die auch ein Teil der Rechten für richtig hält«[59]. Die *Zeit* diagnostiziert, dass Schönbohm es mit seiner Leitkultur offen »auf die Freiheitsrechte der Verfassung abgesehen« habe.

> »Er biegt die Verfassung so lange in die ethnokulturelle Tiefe, bis sie in den vorpolitischen Traditionen des ›Deutschen‹ Wurzeln schlägt. (…) Wenn die Politik erst einmal an die vorpolitische Abstammungsgemeinschaft, an das ›Deutsche‹ assimiliert ist, dann wird die ›Leitkultur‹ zu einer politischen Identitätsvorgabe, hinter der jede Selbstgesetzgebung der Freien und Gleichen zurücktreten müßte. Dann gibt es nur noch ›deutsche‹ und unstrittige Interessen, und die politische Klasse könnte demokratiefrei Opfer fordern.«[60]

Schönbohm redet viel über die Leitkultur. Er gibt zahlreiche Interviews und ist ein gefragter Mann. Journalisten rufen ihn an, wenn sie knackige Thesen und aufmerksamkeitsträchtige Schlagzeilen brauchen. Als im Jahr 2006 die NPD in Sachsen große Wahlerfolge feiert, spricht Schönbohm mit dem *Spiegel.* Rechtsextreme sind in dem Gespräch nur ein Randthema. Die Hauptrolle spielen Ausländer, Ghettos und die Leitkultur.

> »Im Mittelalter sind Ghettos gegründet worden, um Juden auszugrenzen. Heute hat ein Teil der bei uns lebenden Ausländer selbst Ghettos gegründet, weil sie uns Deutsche verachten. Wer zu uns kommt, muss die deutsche Leitkultur übernehmen. Unsere Geschichte hat sich in über tausend Jahren entwickelt. Wir haben nicht nur eine gemeinsame Sprache, sondern auch kulturelle Umgangsformen und Gesetze. Wir dürfen nicht zulassen, dass diese Basis der Gemeinsamkeit von Ausländern zerstört wird.«[61]

Weil sie uns Deutsche verachten. Wir dürfen nicht zulassen, dass diese Basis der Gemeinsamkeit von Ausländern zerstört wird.

Für Schönbohm war die Leitkultur ein Gottesgeschenk. Einerseits konnte er mit ihr jederzeit einen nationalistisch angehauchten Debattenbeitrag demokratisch umlackieren und so die eigene Reputation schützen. Andererseits stand der Begriff wunderbar für sich allein und betonte vollkommen eindeutig die Hoheit und die Besonderheit des eigenen Volkes. In gewisser Hinsicht ist de Maizières »Wir sind nicht Burka«-Artikel ein offener Unfall. Zielt er doch allzu offensichtlich in ebenjene Richtung, die der »Leitkultur«-Begriff eigentlich verschleiern soll.

Der damalige CDU-Generalsekretär Laurenz Meyer erklärt im Jahr 2000 während eines »Frühschoppens« im Schöneberger Ratskeller, dass »zwar nicht an jedem Stammtisch verstanden werde«, wie man den »inhaltlichen Part der Leitkultur füllt«, aber gerade deshalb »die Diskussion aufrecht erhalten«[62] bleiben müsse. Der *Tagesspiegel* berichtet süffisant, wie jeder Redner der Veranstaltung bekräftigt, »sicher kein Ausländerfeind zu sein«.[63] Im Anschluss an eine solche Erklärung spricht eine ältere Dame vom »Orient-Express« in Richtung Warschauer Brücke. Zwei Herren schildern, sie würden sich nach 19 Uhr nicht mehr aus dem Haus trauen, aus Angst, ein Messer in den Rücken zu bekommen. Ein Teilnehmer erklärt, Ausländer und Sozialhilfeempfänger seien für ihn keine Mitbürger. Ein anderer, dass nicht alle, die in Ostdeutschland rechtsradikal auftreten würden, unisono als Neonazis eingestuft werden sollten, schließlich hätten »viele junge Leute zu Hause keine Liebe und Anerkennung bekommen«.

Am 25. Oktober 2000 schreibt der damalige Fraktionsvorsitzende der CDU Friedrich Merz einen Gastbeitrag in der *Welt*. Sein Text trägt den Titel »Einwanderung und Identität«. Als Beispiel für die Leitkultur führt er die »in Jahren und Jahrzehnten erkämpfte Stellung der Frau in unserer Gesellschaft« an. Es ist derselbe Merz, der drei Jahre zuvor im Bundestag gegen die Einführung eines Straftatbestands stimmt, der auch die Vergewaltigung einer Frau durch ihren Ehemann bestraft. Die Stellung der Frau, von der Merz hier spricht, muss auch gegen ihn selbst erkämpft werden.

Am 9. November 2000 spricht Paul Spiegel, der ehemalige Präsident des Zentralrats der Juden, über die Reichspogromnacht. Er macht auf die rechtsextreme Bedrohung, die rechtsextremen Übergriffe und die untätige Zivilgesellschaft aufmerksam. Er mahnt die Sicherheitsbehörden an, tätig zu werden. Er beklagt, dass Frauen, Männer und Kinder, die von Rechtsextremen bedroht werden, allzu oft alleingelassen werden. Was damals geschah, könne heute wieder geschehen.

»›Wehret den Anfängen‹ heißt es oft, wenn es um den Kampf gegen Rechtsextremismus geht. Doch wir sind längst über dieses Stadium hinaus. Was wir fast täglich erleben, hat nichts mehr mit ›Anfängen‹ zu tun. Wir befinden uns bereits mittendrin im Kampf gegen Rechts. (…) Nur wenige sind Helden. Nur wenige haben den Mut einzugreifen, wenn sie Zeuge werden, wie Skinheads einen wehrlosen Mann, eine wehrlose Frau und – ja auch das mittlerweile – wehrlose Kinder auf offener Straße überfallen und zusammenschlagen. Aber jeder von uns ist in der Lage, die Polizei zu rufen. Und jeder von uns ist in der Lage, bereits im Kleinen einzuschreiten, in seinem Lebensumfeld. Wenn am Stammtisch abfällige Witze über Juden, Türken, Farbige oder Schwule erzählt werden. Wenn am Arbeitsplatz ein Fremder benachteiligt, schlecht behandelt wird. (…) Wir dürfen bei der Bekämpfung von Rechtsradikalismus, Antisemitismus und Fremdenfeindlichkeit nicht inne halten. Denn es geht nicht allein um uns Juden, um Türken, um Schwarze, um Obdachlose, um Schwule. Es geht um dieses Land, es geht um die Zukunft jedes einzelnen Menschen in diesem Land.«

Spiegel schlägt einen Bogen zur Leitkultur-Debatte der Gegenwart. Man spürt seine Verzweiflung. Und seinen Zorn.

»Wollen Sie eines Tages von Glatzköpfen und deren Vordenkern regiert werden? Das ist die Frage, um die es wirklich geht. Nicht wie viele Ausländer dieses Land verträgt. Machen Sie Ihre demokratisch gewählten Politiker mitverantwortlich für das, was hier geschieht. Was nützt es, in einer Sondersitzung des Deutschen Bundestages nach den Attentaten auf die Synagogen in Düsseldorf und Berlin in wohlklingenden Reden den Antisemitimus zu verdammen, wenn einige Politiker am nächsten Tag Worte wählen, die missverstanden werden können? Wenn sie die Zuwanderungsfrage heute aus taktischen Gründen zum Wahlkampfthema machen wollen, von so genannten ›nützlichen‹ und ›unnützen‹ Ausländern faseln. Was soll das Gerede um die Leitkultur? Ist es etwa deutsche Leitkultur, Fremde zu jagen, Synagogen anzuzünden, Obdachlose zu töten? Geht es um Kultur oder um die Wertvorstellungen der westlich-demokratischen Zivilisation, die wir in unserem Grundgesetz fest verankert haben? In Artikel 1 des Grundgesetzes heißt es: ›Die Würde des Menschen ist unantastbar. Sie zu schützen ist die Aufgabe staatlicher Gewalt.‹ Die Würde des Menschen – aller Menschen ist unantastbar, nicht nur die des mitteleuropäischen Christen! Wenn dieses Prinzip als deutsche Leitkultur verstanden wird, dann kann ich das nur befürworten. Dann aber möchte ich alle Politiker in die Pflicht nehmen, sie auffordern, ihre populistische Sprache zu zügeln und zunächst einmal dafür zu sorgen, dass dieser Artikel 1 des Grundgesetzes auch umgesetzt und ernst genommen wird. Politik, Justiz und Polizei sind gefordert, alles – wirklich alles! – zu unternehmen, um die Würde aller Menschen in diesem Land zu schützen. Meine Damen und Herren Politiker: Überlegen Sie, was Sie sagen, und hören Sie auf, verbal zu zündeln! Schützen Sie die Menschen in diesem Land und schaffen Sie Rahmenbedingungen, damit wir alle gemeinsam leben können. Nur so werden Sie allen Bürgern, nichtjüdischen und jüdischen, sich selbst und der ganzen Welt beweisen können, dass dieses Deutschland im Jahr 2000 wirklich eine demokratische Zukunft hat.«[64]

Zwei Jahre später sitzt der rechtspolitische Sprecher der Unionsfraktion Norbert Geis in der Sendung *Vorsicht, Friedman!*. Michel Friedman, zu dieser Zeit der stellvertretende Vorsitzende des Zentralrats der Juden, ist wie immer. Schonungslos direkt. Wenig zurückhaltend. Friedman fragt Geis, was er von dem Vorwurf Edmund Stoibers halte, seine politischen Gegner wollten »eine multinationale Gesellschaft auf deutschem Boden, durchmischt und durchrasst«. Geis fragt zurück, warum Deutschland nicht den Deutschen gehören dürfe.

> »So wie den Franzosen Frankreich und den Italienern Italien. Warum lasst ihr nicht Deutschland den Deutschen?«[65]

Deutschland den Deutschen.

Im Jahr 2005, als die hitzige Diskussion um die Leitkultur abzukühlen droht, beklagt der CDU-Politiker und Bundestagspräsident Norbert Lammert eine »voreilig abgebrochene Debatte«[66]. Zur gleichen Zeit veröffentlicht die sächsische CDU ein Papier mit dem Titel »Deutscher Patriotismus im vereinigten Europa« und postuliert in Punkt 1: »Im vereinigten Europa ist die historische und kulturelle Schicksalsgemeinschaft der Nation unverzichtbar.«[67] Im Jahr 2007 findet der Begriff »Leitkultur« Eingang in das

Grundsatzprogramm der CDU. Im Jahr 2013 fordert der Generalsekretär der CSU Alexander Dobrindt angesichts »einer Millionen Integrationsverweigerer«, dass es keine Zuwanderung mehr »aus Kulturkreisen geben dürfe, die unsere deutsche Leitkultur ablehnen«[68]. Im Jahr 2016 veröffentlichen Politiker der CSU und der sächsischen CDU einen »Aufruf zu einer Leit- und Rahmenkultur«, um angesichts einer erstarkenden AfD den »Markenkern von CDU und CSU zu schärfen« und wieder »das ganze Spektrum Mitte rechts abzudecken«[69].

Schicksalsgemeinschaft. Integrationsverweigerer. Leitkultur. Das ganze Spektrum Mitte rechts.

Im selben Jahr beschließt das CSU-regierte Bayern ein Integrationsgesetz, in dessen Präambel die Leitkultur als »Grundkonsens der Gesellschaft« beschlossen wird. Sie ist der Resonanzraum, in dem »Brauchtum, Sitten und Traditionen« sowie der Umgang mit Migrantinnen und Migranten festgezimmert werden.[70] Im »Regierungsprogramm« der CDU aus dem Jahr 2017 taucht das Wort »Leitkultur« mehrere Male auf. Im selben Jahr bewirbt der CDU-Politiker und Bundesinnenminister Thomas de Maiziére die Leitkultur in seinem *Bild*-Artikel. Im Jahr 2020 veröffentlicht der CDU-Politiker Philipp Amthor einen Beitrag mit dem Titel »In guter Verfassung? Unser Land braucht eine Leitkultur-Debatte«. Der Name ist Programm. Amthor fordert, dass sich »der Migrant« in eine »von unserer Leitkultur geprägte Gesellschaft« eingliedern solle. Er verweist auf Bassam Tibi und formuliert die Erwartung, »dass sich Migranten an eine geltende ›Hausordnung‹« zu halten hätten. Das ist bemerkenswert falsch, spricht Tibi doch von einer »europäischen Leitkultur als Hausordnung für alle« und meint quasi das Gegenteil von Amthor.

Und dann ist da noch dieser Satz:

> »Unser Land ist kein kultur- und geschichtsfreier Siedlungsraum, sondern eine entwickelte Kulturgesellschaft, in die unterschiedliche kulturelle Prägungen schlicht unterschiedlich gut oder schlecht zu integrieren sind.«[71]

Welche kulturellen Prägungen sich nicht so dolle in unsere »entwickelte Kulturgesellschaft« integrieren lassen, liefert Amthor freundlicherweise mit: »Parallelgesellschaften«, »kriminelle Familien-Clans«, »Friedensrichter«, »Scharia-Polizei«.

Im Jahr 2022 bringt die CDU Niedersachsen die Leitkultur als Integrationsgesetz in die Debatte ein. Migranten sollen dem Gesetzentwurf zufolge einen Vertrag abschließen und dabei eine »Verpflichtung zur Achtung der hiesigen Grundsätze des Zusammenlebens (Leitkultur) und Abverlangen eigener Integrationsleistungen«[72] eingehen. Der Entwurf sieht Sanktionen vor, wenn Migranten nach drei Jahren keine ausreichenden Sprachkenntnisse vorweisen. Der Fraktionsvize der CDU Niedersachsen verweist unverhohlen auf die Flüchtlingszahlen und den Koalitionsvertrag der Bundesregierung, der weitere Migration begünstigen würde. Es ist ein Gesetzentwurf, auf dessen Lebensberechtigungsschein nicht »Integration«, sondern »Abschreckung« geschrieben steht.

Seit 25 Jahren steht die deutsche Leitkultur in direkter Beziehung zur CDU. Dieses Jahr ist Silberhochzeit.

Wie in jeder guten Ehe gab es gute und schlechte Zeiten, Zuneigung, Eifersucht und eine skeptische Schwiegermutter, die die arme Leitkultur von ihrem christdemokratischen Kinde fernhalten wollte. Bemerkenswerterweise gilt ein Vierteljahrhundert nach der Eheschließung noch immer, was der ehemalige CDU-Generalsekretär Laurenz Meyer während seines Frühschoppens im Jahr 2000 eingestehen musste: Wie man den »inhaltlichen Part der Leitkultur füllt«, wird nicht »an jedem Stammtisch verstanden«.

Nicht nur am Stammtisch nicht. Man mag bezweifeln, dass die Parteioberen, Parteistrategen und Parteifunktionäre, die in den vergangenen 25 Jahren die deutsche Leitkultur intensiv bemüht und exzessiv proklamiert haben, genauer Bescheid wüssten. Sie kamen über eine Verschmelzung der Leitkultur mit Begriffen wie »Demokratie«, »Verfassung« und »Rechtsstaat« selten hinaus. Manch einer fügte noch die »abendländische Kultur«, die »Antike« oder den »Humanismus« hinzu. Was die deutsche Leitkultur in diesem Zusammenhang von einer französischen, schwedischen, italienischen oder griechischen Leitkultur unterscheiden würde, wurde auch nach Hunderten Wortmeldungen selten klar. Eigentlich nie.

Konkret wurde die Leitkultur immer dann, wenn es darum ging, was sie nicht ist. Als Definition über ihren Verletzungsvorgang. Auf die Frage »Was ist deutsch?« antwortete Bundesinnenminister Thomas de Maizière mit »Wir sind nicht Burka!«. Es ist eine Satzkonstruktion, für die man im Integrationskurs durch die Deutschprüfung fällt.

Überhaupt geht es in der Debatte um unsere Kultur auffallend oft um die Anderen. Jörg Schönbohm warnte vor einer multikulturellen Gesellschaft, in der unsere »gemeinsame Basis von Ausländern zerstört wird«. Alexander Dobrindt spricht von »Integrationsverweigerern«, Philipp Amthor von Muslimen und Migranten, neuerdings ist viel von Flüchtlingen die Rede.

Die Ausländer, die Gastarbeiter, die Muslime, die Türken, sie lauern überall. Man muss nicht viel über sie wissen, nur dass sie unsere Leitkultur ablehnen.

Man ist beinahe froh, dass der CSU-Politiker Norbert Geis einmal auf den Tisch haut und offen sagt, worum es wirklich geht.

> »Warum lasst ihr nicht Deutschland den Deutschen?«

Mit welch ungeheuerlichem Vernichtungswillen die Debatte über eine deutsche Kultur geführt wird, erfährt Aydan Özoğuz, als Alexander Gauland sie eines Tages mit einer besonderen Erwähnung bedenkt. Während einer Wahlkampfveranstaltung im thüringischen Eichsfeld kommt Gauland auf die Staatsministerin zu sprechen.

> »Diese tolle Ausländerbeauftragte im Kabinett Merkel sagt noch etwas. Sie sagt, eine spezifisch deutsche Kultur ist jenseits der Sprache schlicht nicht identifizierbar. Das sagt eine Deutschtürkin. Ladet sie mal ins Eichsfeld ein und sagt ihr dann, was spezifisch deutsche Kultur ist. Danach kommt sie hier nie wieder her und wir werden sie dann auch, Gott sei Dank, in Anatolien entsorgen können.«[73]

Eine Deutschtürkin. In Anatolien entsorgen.

Es ist der rechtsradikale Absprung von einer konservativen Rampe. Wenig überraschend zeigt auch die AfD ein hohes Interesse an der Auseinandersetzung um die deutsche Leitkultur. Im Jahr 2016, als die Unionspolitiker Markus Blume, Johannes Singhammer und der heutige sächsische Ministerpräsident Michael Kretschmer ihren »Aufruf zu einer Leit- und Rahmenkultur« veröffentlichen, widmet die AfD der Forderung »Deutsche Leitkultur statt Multikulturalismus« einen eigenen Absatz in ihrem Parteiprogramm.[74] Kurz zuvor warnte der AfD-Politiker Björn Höcke davor, dass im 21. Jahrhundert der »lebensbejahende afrikanische Ausbreitungstyp« den »selbstverneinenden europäischen Platzhaltertyp« verdrängen würde.[75] Im April 2018 veröffentlicht die AfD Thüringen unter Björn Höcke ein Positionspapier mit dem Titel »Leitkultur, Identität, Patriotismus«. Die Debattenbeiträge von Friedrich Merz, Norbert Lammert und Thomas de Maizière werden darin lobend hervorgehoben, die »Islamisierung« samt »Scharia-Recht« als akute Gefahr für Deutschland identifiziert und der »Nationalcharakter« Deutschlands mit Beispielen wie »Wir sind Papst«, »D-Mark«, »Fußball-Bundesliga«, »Winnetou« und »Wurst« unterfüttert.[76] Im Jahr 2018 wirbt die AfD Bayern mit dem Plakat »Deutsche Leitkultur! Islamfreie Schulen!«. Zu sehen sind fünf Jugendliche, die einen Flur entlanglaufen. Ein junges weißes Mädchen reckt ihre Hand wie eine Superheldin in die Höhe. Auf Nachfrage von *Übermedien* stellt sich heraus, dass das Bild, das die deutsche Leitkultur illustrieren soll, keine deutschen, sondern slowakische Jugendliche zeigt.[77] Noch heute steht auf der Webseite der AfD der Satz »Die AfD bekennt sich zur deutschen Leitkultur«.[78]

Man möchte ergänzen: Nicht nur die AfD.

Lächerlichkeit

Am 11. Juli 2016 veröffentlicht die CSU einen Twitter-Beitrag. Zu sehen ist der damalige CSU-Generalsekretär Andreas Scheuer, der entschlossen und tatkräftig dreinschaut. Eine Sprechblase verkündet seine Worte.

> »In der Debatte um Integration in Deutschland muss klar sein, wer sich nach wem zu richten hat.«

Möglicherweise hegte sein Pressechef die Befürchtung, dass die Wählerschaft der CSU nicht richtig zuordnet, zu welcher der beiden Gruppen sie gehört. Eine christsoziale Marketingfachkraft hat daher eine Beschreibung vorangestellt.

> »Wer zu uns kommt, muss sich nach unseren Regeln richten. #Leitkultur«[79]

Der wichtigste Grundsatz der politischen Kommunikation lautet: Alle Kernaussagen einer Kampagne müssen von einem Fünfjährigen verstanden werden. In diesem Sinne muss man sich um diesen Tweet keine Sorgen machen.

Nur, was sind denn »unsere Regeln«?

Die klügsten Dichter und Denker dieses Landes haben

sich mit der Definition des Deutschen schwergetan. Bundespräsident Richard von Weizsäcker blieb in seiner Rede über die Deutschen zurückhaltend, weil er keine abschließende Antwort auf diese Frage fand. Thomas Mann verlor sich bei seiner Rede über »Deutschland und die Deutschen« im Mystischen und Ungefähren. Er sprach über die »deutsche Innerlichkeit« und die Romantik. Über Freiheit, Metaphysik und das Wunder des Lebens. Das ist wenig hilfreich, aber immerhin besser als Fußball, Winnetou und Wurst.

Wenn die Deutschen nicht einmal konkret bestimmen können, was »deutsch« ist, wie soll dann die Definition einer deutschen Leitkultur aussehen?

Die Geschichte der Leitkultur ist ausnahmslos eine Geschichte der Grenzziehungen. Der Frontstellungen. Der Demarkationslinien. Auf der einen Seite wir Deutschen, auf der anderen Seite die Ausländer. Auf der einen Seite wir Christen, auf der anderen Seite die Muslime. Auf der einen Seite unsere Verfassung, auf der anderen Seite deren Gesellschaftsbild. Auf der einen Seite unser Rechtsstaat, auf der anderen Seite die Scharia. Auf der einen Seite Villarriba, auf der anderen Seite Villabajo.

Und mittendrin die deutsche Leitkultur. Unsere deutsche Leitkultur.

Die deutsche Leitkultur ist das »Bis hierhin und nicht weiter« eines verunsicherten deutschen Volkes, das voller Grauen mitansehen muss, wie die Italiener, Türken, Russen, Vietnamesen, Syrer und Afghanen nicht nur herkommen und bleiben, sondern auch noch Anspruch auf Mitbestimmung erheben. Sie ist der Beschwichtigungsversuch konservativer Haudegen, die ihrer empörten Wählerschaft Führung verkaufen und Hegemonie ausliefern. Sie ist das innenpolitische Koordinatensystem, das drei helle Farbfelder in »OKAY« und drei dunkle Farbfelder in »NOT OKAY« unterteilt.

Was ist die deutsche Leitkultur? Also ganz konkret?

Ich frage nicht aus ironischer Überspitzung, sondern aus echtem Interesse. Meine tamilisch-deutschen Eltern entsprechen dem Stereotyp älterer asiatischer Leute. Sie sind streng zu ihren Kindern, konservativ in ihren Ansichten. Sie sind fleißig, sparsam, regeltreu und hierarchiehörig. Einmal erzählte mir mein Vater, dass er Besuch von den Wuppertaler Stadtwerken bekommen habe. Nachdem meine Schwester und ich ausgezogen waren, haben meine Eltern wohl derart wenig Strom verbraucht, dass man bei den Stadtwerken den Verdacht hegte, die beiden würden den Zähler manipulieren. Also tauchten eines Tages unangekündigt zwei Männer auf, die sich den Stromzähler im Haus meiner Eltern genauer anschauen wollten. Der Zähler funktionierte tadellos, die Verplombung war unbeschädigt, es gab keine Anzeichen von Magneten oder anderen Manipulationen. Nur zwei ältere Menschen, die nach dem Auszug ihrer Kinder endlich so viel Strom und Heizkosten sparen konnten, wie sie schon immer wollten. Mein Vater erzählte den Stadtwerke-Leuten seine Stromspartipps, präsentierte voller Stolz die Energiesparlampen, die er im Internet gekauft hatte, und entließ die beiden verdutzten Techniker. Ein Jahr später kamen zwei andere Männer. Wieder unangekündigt. Wieder alles in Ordnung. Seitdem ist Ruhe.

Würde man meinen Eltern eine Liste mit Leitkultur-Regeln und Leitkultur-Hausaufgaben mitgeben, würden sie nicht eher ruhen, bis alle darin aufgeführten Punkte restlos abgearbeitet wären.

Es ist ein Trugschluss, dass sich die Ausländer, die ihre Heimat aufgegeben und sich in der Fremde durch das Leben gekämpft haben, einer deutschen Leitkultur widersetzen würden. Warum sollten sie auch? Im Gegenteil. Sofern man ihnen ihre Musik, ihre Religion, ihr Essen, ihre Folklore und ihren Krimskrams überlässt, würden sie ein konkretes und verständliches Regelwerk mit Kusshand annehmen. Allein schon deshalb, weil man endlich wüsste, was es mit dieser ominösen Leitkultur auf sich hat. Wonach man sich zu richten hätte. Was man tun müsste, damit man endlich als Bürger erster Klasse und als vollwertiges Mitglied dieser Gesellschaft anerkannt wird. Regeln, Ansprüche und Erwartungen sind den »Fremden« in unserem Land nicht fremd. Harte Arbeit, Durchhaltevermögen und Strebsamkeit auch nicht. Menschen, die seit 40 Jahren ihre Familien mit Knochenjobs ernähren, lassen sich von einem Mumpitz wie der Leitkultur kaum ins Bockshorn jagen.

Was also ist die deutsche Leitkultur?

Man könnte meinen, dass zumindest dort, wo sie als Gesetz beschlossen wurde, ein Hinweis zu finden sei. In der Präambel des Bayerischen Integrationsgesetzes ist die Rede von Werten, Traditionen, Sitten und Brauchtum. Von der Würde des Menschen, der Freiheit der Person und dem christlichen Abendland. Es geht in dem Text um Gleichheit, Gerechtigkeit und Gemeinwesen. Um eine offene und plurale Gesellschaft. Um das »lange geschichtliche Ringen unserer Nation und unseres ganzen Kontinents um Einheit, Recht, Frieden und Freiheit«. Die letzten beiden Sätze lauten:

»Dieser Identitätsbildende Grundkonsens wird täglich in unserem Land gelebt und bildet die kulturelle Grundordnung der Gesellschaft (Leitkultur). Diese zu wahren (…) ist Zweck dieses Gesetzes.«[80]

Aha.

Artikel 2 steht unter der Überschrift »Begriffsbestimmungen«. Die Begriffe, die darin bestimmt werden, sind »Migrantinnen und Migranten«, »Ausländerinnen und Ausländer« (der Unterschied bezieht sich auf den Aufenthaltstitel) und »Deutsche«. Deutsche im Sinne des Bayerischen Integrationsgesetzes sind alle, die »außerhalb der heutigen Grenzen der Bundesrepublik Deutschland geboren und nach 1955 in das heutige Gebiet der Bundesrepublik Deutschland zugewandert sind« oder »zumindest einen Eltern- oder Großelternteil haben, der die Bedingungen der Nr. 1 erfüllt«. Deutsche mit Migrationshintergrund also. Immerhin ist keine Hautfarbentafel beigefügt.

Die Leitkultur fehlt in der Begriffsbestimmung. Das Bayerische Integrationsgesetz gibt keine Auskunft darüber, was die Leitkultur ist. Nur dass die Ausländer sie anerkennen sollen. Was passiert, wenn sie es nicht tun, steht in Artikel 17. Dort heißt es, dass »auf Grund dieses Gesetzes« die »Grundrechte auf Freiheit der Person, Versammlungsfreiheit, Unverletzlichkeit der Wohnung und Eigentum eingeschränkt werden« können.

Ein Jahr nachdem die CSU das Bayerische Integrationsgesetz im Alleingang beschlossen hat, veröffentlicht sie im Jahr 2016 ihr Grundsatzprogramm »Die Ordnung«. Dort führt sie die deutsche Leitkultur zehn Mal auf. Eines der

Kapitel lautet: »Integration ist zwingend und hat eine Richtung«. Dort ist auch der Satz zu finden, auf den sich Twitter-Experte Andreas Scheuer bezieht.

> »Wir wollen, dass Zuwanderer nach unseren Regeln leben. Integration bedeutet Orientierung an unserer Leitkultur, nicht Multi-Kulti. Wir lehnen Multi-Kulti ab. Ein multikulturelles Neben- und Gegeneinander führt zu Intoleranz, Ghettobildung und Gewalt. (…) Klar ist: Hier gelten unsere Regeln, nicht die Regeln des Herkunftslandes.«

An anderer Stelle heißt es:

> »Wer bei uns lebt, muss die Leitkultur unseres Landes respektieren.«[81]

Unsere Regeln. Die Leitkultur unseres Landes. Es ist zwar vollkommen unklar, was das im Einzelnen bedeutet, aber dafür ist unmissverständlich, wer diese Regeln aufstellt. Es klingt wie der Wutausbruch verzweifelter Eltern, die die Kontrolle über ihre Teenager-Kinder verlieren. Solange du deine ausländischen Füße unter meinen christsozialen Tisch stellst, machst du, was ich dir sage.

Unter der Überschrift »Deutsche Staatsbürgerschaft muss ein Bekenntnis sein« heißt es:

> »Die Erlangung der Staatsbürgerschaft ist nicht der Anfang, sondern die Bestätigung gelungener Integration. Wir treten für klare Kriterien für den dauerhaften Aufenthalt in unserem Land und den Erwerb der deutschen Staatsangehörigkeit ein.

> An erster Stelle gehören dazu die uneingeschränkte Anerkennung unserer freiheitlichen demokratischen Grundordnung, das Bekenntnis zur Leitkultur sowie ausreichende deutsche Sprachkenntnisse.«[82]

Die Leitkultur »an erster Stelle«, in einer Reihe mit der Anerkennung der freiheitlich demokratischen Grundordnung und ausreichenden deutschen Sprachkenntnissen. Als Voraussetzung für den Erwerb der deutschen Staatsangehörigkeit.

Auch auf die Gefahr hin, dass es langsam nervt: Was genau ist denn nun die deutsche Leitkultur?

Am 25. April 2016 stellt die grüne Landtagsabgeordnete Christine Kamm eine parlamentarische Anfrage an die Bayerische Staatsregierung. Ihr Schriftsatz enthält elf Fragen. Die wichtigste steht gleich zu Anfang: »Was versteht die Staatsregierung unter Leitkultur?«

Zum Zeitpunkt der Anfrage diskutiert das Land bereits seit 18 Jahren über diese Frage. Politiker, Politikwissenschaftlerinnen, Philosophen, Rechtsgelehrte, Journalistinnen und viele weitere waren an der Debatte beteiligt. Wer mag, kann auf Webportalen wie *Planet-Interview* die Meinung von Schlagersänger Heino zur Leitkultur nachlesen.[83] Nach 18 Jahren ist wirklich alles gesagt. Von allen. Die CSU hat die Leitkultur in ihrem Grundsatzprogramm, in ihrem Integrationsgesetz und in ihrem »Aufruf zu einer Leit- und Rahmenkultur« erwähnt. Es sollte der CSU-geführten Staatsregierung also ein Leichtes sein, diese Anfrage ernsthaft und ausführlich zu beantworten.

Christine Kamm hat ihre Anfrage so strukturiert, dass

sich die verantwortlichen Ministerien nicht in hohle Phrasen flüchten können. Sie fragt nach Identität, Brauchtum, Sitten, Traditionen und Umgangsformen. Sie fragt, welche Dialekte ausländische Kinder in bayerischen Kindertagesstätten lernen müssen und ob bei der Besetzung einer Erzieherinnenstelle in fränkischen, schwäbischen oder oberbayerischen Kindergärten auch der lokale Dialekt einer Bewerberin berücksichtigt wird. Sie fragt, welche zentralen Elemente der christlich-abendländischen Kultur Eingang in den Schulunterricht finden werden und welchen Beitrag Wirtschaftsunternehmen und Medien bei der Vermittlung der Leitkultur leisten sollen.

Man muss die Fragen von Christine Kamm und die Antworten der Bayerischen Staatsregierung lesen, weglegen und noch einmal lesen, damit man glauben kann, was dort steht.

Im Folgenden also die ersten fünf Fragen und deren Antworten.

Christine Kamm:

> »1. Was genau versteht die Staatsregierung unter Leitkultur?«

Bayerische Staatsregierung:

> »Die Präambel des Entwurfs der Staatsregierung eines Bayerischen Integrationsgesetzes definiert die Leitkultur als identitätsbildende Prägung unseres Landes.«

Nur zur Erinnerung: Die Präambel enthält keine Definition der Leitkultur.

»2. Woraus besteht die identitätsbildende Prägung des Landes (bitte vollständige Aufzählung aller Bestandteile)?«
»Die identitätsbildende Prägung unseres Landes ist in der Präambel des Entwurfs des Bayerischen Integrationsgesetzes als ›Leitkultur‹ legaldefiniert. Es wird somit auf die Ausführungen unter Frage 1 verwiesen.«
»3. Welche Elemente der hiesigen Kultur sollen die Migrantinnen und Migranten als den ›für sie nun geltenden Maßstab‹ annehmen?«
»Es gilt das zu Frage 1 Gesagte.«
»4. Auf welches gewachsene Brauchtum, welche Sitten und welche Traditionen soll im Rahmen der Integrationspflicht zu achten sein?«
»Die Integrationspflicht ist an der Leitkultur auszurichten. Es gilt das zu Frage 1 Gesagte entsprechend.«
»5. An welchen in der heimischen Bevölkerung vorherrschenden Umgangsformen, Sitten und Gebräuchen haben sich die Migrantinnen und Migranten zu orientieren?«
»Die vorherrschenden Umgangsformen, Sitten und Gebräuche, die im Einklang mit Recht und Gesetz stehen, sind zu respektieren.«[84]

Es erinnert ein wenig an das verrückte Labyrinth.

Markus Blume ist zum Zeitpunkt der parlamentarischen Anfrage seit über 20 Jahren Mitglied der CSU. Seit acht Jahren Mitglied des Bayerischen Landtags. Seit drei Jahren Mitglied im Vorstand der CSU-Landtagsfraktion. Er leitete die Kommission zur Erstellung des CSU-Grundsatzprogramms und ist Mitverfasser der bayerisch-sächsischen Gemeinschaftsarbeit »Aufruf zu einer Leit- und

Rahmenkultur«. Markus Blume muss wissen, was die Leitkultur ist.

Als er am 25. September 2016 von der *Süddeutschen Zeitung* gefragt wird, antwortet er Folgendes:

> »Die Werteordnung und Prägung des Landes anerkennen, kulturelle Traditionen respektieren, sich an die Gepflogenheiten des Alltags halten, andere Lebensweisen tolerieren.«[85]

Andere Lebensweisen tolerieren. Aus dem Munde eines CSU-Politikers. Das klingt zugegebenermaßen etwas überraschend.

Die Journalistinnen der *Süddeutschen Zeitung* geben sich mit der Antwort nicht zufrieden und bohren nach. Es stellt sich heraus, dass Blume ungern konkreter wird. Er sagt, wer versuche, die Leitkultur mit konkretem Inhalt auszufüllen, mache sich oft »lächerlich«.

Ich merke, wie bei mir die Kopfschmerzen einsetzen.

Als die Journalistinnen fragen, ob der Leitkultur-Begriff der CSU nicht ein bisschen schwammig sei, antwortet er: »Auch ein schwammiger Begriff kann gut sein, wenn er Orientierung gibt.« Auf die Frage, was passiere, wenn sich jemand nicht an die Leitkultur halte, heißt es von Blume, an die Nichtbeachtung der Leitkultur seien »keine Sanktionen geknüpft«. Was aber soll man mit einer Leitkultur anfangen, von der niemand weiß, was genau sie ist, und deren Nichtbeachtung keinerlei Konsequenzen nach sich zieht? Sie sei ein »Richtungspfeil«, heißt es von ihm. Aber nicht »von oben herab«. Die Leitkultur habe »keinen verordnenden Charakter«.

Ich hätte ja gedacht, dass ein Integrationsgesetz, das Ausländern mit der Einschränkung von Grundrechten droht, wenn sie sich nicht an die Leitkultur halten, durchaus einen »verordnenden Charakter« hätte. Auch fühlt sich der Twitter-Beitrag »Wer zu uns kommt, muss sich nach unseren Regeln richten. #Leitkultur« ein kleines bisschen so an, als wäre er »von oben herab«. Aber möglicherweise bin ich an dieser Stelle etwas spitzfindig. Oder diese Worte bedeuten in Bayern etwas vollkommen anderes als in NRW.

Wenn selbst Markus Blume, Leiter der Grundsatzkommission der CSU, Verfasser eines Leitkultur-Aufrufs und Spitzenpolitiker einer Regierungspartei, nicht sagen kann, was die Leitkultur im Konkreten ist, wie sollen es Migrantinnen und Ausländer wissen? Und wenn sie es nicht wissen, wie sollen sie sich daran halten?

Ein Beispiel für eine konkrete Ausprägung der Leitkultur kann Blume dann doch noch aufbringen:

> »Bei uns ist es selbstverständlich, dass Polizistinnen den gleichen Respekt verdienen wie ihre Kollegen.«

Als die *Süddeutsche Zeitung* die grüne Landtagsabgeordnete Margarete Bause dazu befragt, muss diese lachen.

> »Sie erinnert sich noch gut daran, als sich die CSU in den 80ern vehement gegen ihre Forderung sträubte, auch Frauen bei der Schutzpolizei zuzulassen. ›Die CSU fordert Dinge ein, die sie früher selbst nicht für akzeptabel gehalten hat‹.«[86]

Die Ethnologin Irene Götz stimmt ihr zu.

> »›Kultur ist etwas, das sich ständig verändert‹ (…). Früher waren Homosexuelle für die CSU verpönt, sie wollte Aids-Kranke in ›speziellen Heimen‹ sammeln. Jetzt hat die Partei einen eigenen Wagen auf der Schwulen- und Lesbenparade. Würde die frühere CSU bei der jetzigen einwandern wollen, sie würde gleich abgeschoben werden.«[87]

Ich weiß nicht, ob Sie, verehrte Leserin, verehrter Leser, das Märchen von »Des Kaisers neue Kleider« kennen. Eines Tages erscheinen zwei Weber am Hof des Kaisers. Die beiden stellen einen neuen Stoff vor, wunderschön und von leuchtender Farbe. Der Stoff birgt eine Besonderheit in sich. All diejenigen, die ihres Amtes nicht würdig oder »unverzeihlich dumm« sind, können den Stoff nicht sehen. Ihnen erscheint der Stoff unsichtbar. Der Kaiser ist beeindruckt und beauftragt die beiden Weber, ihm eine neue Garderobe zu nähen. Zwischendurch schickt er seine Diener, um sich nach dem Stand der Dinge zu erkundigen. Allesamt kehren sie zum Kaiser zurück und berichten von den schönen Mustern und den leuchtenden Farben. Natürlich gibt es nichts zu sehen, die beiden Weber sind Hochstapler, die den Kaiser nach Strich und Faden ausnehmen. Aber niemand möchte seines Amtes unwürdig oder »unverzeihlich dumm« erscheinen. Auch der Kaiser nicht, der ebenfalls nichts sieht, aber seine Zweifel für sich behält. Es kommt der große Tag. Die beiden Weber nehmen das Geld entgegen, übergeben die unsichtbare Garderobe und sind alsbald über alle Berge. Der Kaiser stolziert kurz darauf mit seiner gesamten Entourage nackt durch die Straßen seiner Stadt. Die gesamte Bevölkerung versammelt sich, um den Kaiser in seinen neuen Kleidern zu sehen. Aber keiner seiner Untertanen traut sich, den Schwindel aufzudecken. Die Gefahr, als unwürdig und »unverzeihlich dumm« dazustehen, ist einfach zu groß. Stattdessen preisen alle den Stoff, das Muster und die Farben. Bis endlich ein kleines Kind laut ausruft: »Aber er hat ja gar nichts an!« Erst ab diesem Moment gestehen sich alle den Betrug ein.

Ich muss bei meiner Beschäftigung mit der deutschen Leitkultur viel an dieses Märchen denken. Es macht mich nachdenklich, wie wir uns seit 25 Jahren eine unsichtbare Leitkultur verkaufen lassen. Wie wir von Ausländern und Deutschen mit Migrationshintergrund die Achtung und Einhaltung strenger Regelwerke einfordern. Regelwerke, die in Gesetzestexte münden, deren Verfasser auf Nachfrage nicht beantworten können, was ihre eigenen Worte bedeuten.

Wichtig ist nur, dass sich die »Fremden« nach »unseren« Regeln richten.

Unsere Regeln.

Als ob die überwältigende Mehrheit der 20 Millionen Migranten in diesem Land die geltenden Gesetze nicht achten würde. Als ob die meisten von ihnen nicht arbeiten und Steuern zahlen würden. Manche erziehen Kinder, andere pflegen Alte. Tag für Tag. Woche für Woche. Seit Jahren und Jahrzehnten. Zu keinem einzigen Zeitpunkt in den vergangenen 70 Jahren bestand die Gefahr, dass Gastarbeiter, Ausländer, Migranten und Flüchtlinge eure Regeln nicht anerkennen würden.

Eure Regeln.

Ist es das, worum es in Wahrheit geht? Das Possessivpronomen am Anfang? Die ausgewachsene Obsession von CDU, CSU und AfD mit der deutschen Leitkultur hat sich zu einer eigenen Kommunikationsform verselbständigt. Zu verlockend scheint diese Art der Selbstvergewisserung, deren einziger Sinn darin besteht, den Ausländern gegenüber die Zügel in der Hand zu behalten. Es ist die Geringschätzung des deutschen Grundgesetzes, das in keinem einzigen seiner 146 Artikel das Wort »Migrationshintergrund« ausführt. Das nach dem Grauen des selbsternannten »Dritten Reiches« die Bundesrepublik Deutschland als Hort von Frieden und Gerechtigkeit zu etablieren versucht, in dem die Menschenwürde geachtet und Menschenrechte gewahrt werden. Für alle Menschen. Ausnahmslos.

Wer sich an Artikel 3 des Grundgesetzes stört, in dem es heißt, dass alle Menschen vor dem Gesetz gleich sind und niemand wegen seiner Existenz, seiner Identität, seiner religiösen oder politischen Anschauung benachteiligt oder bevorzugt werden darf, der braucht wohl eine Leitkultur. Um eine Benachteiligung durch die Hintertür einzuführen. Um die eigenen Minderwertigkeitskomplexe zu kompensieren. Um in verschlüsselter Form festzustellen, dass man besser ist als die Ausländer.

Widerspruch

Die Gedanken zur Leitkultur bleiben nicht unwidersprochen. Der FDP-Politiker Wolfgang Kubicki antwortet in einem Interview mit der *B. Z.* im Jahr 2017 auf die Frage nach der Leitkultur in seiner ihm eigenen Robustheit:

> »Dass ein Bundesinnenminister vorgeben will, wie sich die Leute zu verhalten haben, finde ich unverschämt. Ich gebe auch nicht jedem beim Bäcker oder beim Arzt die Hand! Wenn Leitkultur für ihn bedeutet, dass wir alle Lebensweisen akzeptieren, soll Thomas de Maizière erst einmal die CSU für die Ehe für alle gewinnen.«[88]

Zu den zahlreichen Beiträgen, die als Gegenrede und Widerspruch zur Leitkultur formuliert wurden, gehört auch ein Text des Herausgebers der *Frankfurter Allgemeinen Zeitung* Jürgen Kaube. Kaube stellt 2017 fest, dass die gesamte Debatte um die Leitkultur wenig zielführend ist, weil alle relevanten Argumente, Gedanken und Definitionen mit beliebigen Inhalten gefüllt und anschließend als Wahrheit verkauft werden können.

»Debatten über eine deutsche ›Leitkultur‹ sind unergiebig. Nicht, weil man keine langen Diskussionen darüber führen könnte, was ›uns im Innersten zusammenhält, was uns ausmacht und was uns von anderen unterscheidet‹, wie Thomas de Maizière gerade formuliert hat. Sondern gerade umgekehrt; weil alle diese Begriffe – wir, das Innerste, zusammenhalten, ausmachen, unterscheiden – so unklar sind, dass jeder aus ihnen herausholt, was zuvor in sie hineingetragen wurde. Jedem fällt irgendetwas zu ›Identität‹ ein, und so sieht die Diskussion dann auch aus.«

Zudem stellt Kaube, genauso wie die Ethnologin Irene Götz, in Frage, ob man Kultur derart eng definieren und festlegen könnte, dass man damit einer viele Millionen Menschen umfassenden Bevölkerung eine Leitkultur verordnen kann.

»Nehmen wir nur den Begriff der ›Kultur‹ selbst. Einerseits soll sie etwas Gewachsenes sein, ungeschrieben, aus Gewohnheiten bestehend. Andererseits soll zu ihr aufgefordert werden. ›Wir geben uns zur Begrüßung die Hand‹ (de Maizière). Wenn es Jugendliche derzeit weniger oft tun, sondern sich gegenseitig abklatschen oder die Handrücken aneinanderstoßen oder Küsschen geben, weicht das von der Leitkultur ab?«[89]

Auch innerhalb der CDU wird Widerspruch laut.

Der ehemalige Generalsekretär der CDU Ruprecht Polenz äußert sich in einem Interview mit dem Deutschlandfunk genauso skeptisch wie Jürgen Kaube und genauso ratlos wie die damalige Bundeskanzlerin Angela Merkel.

»Wenn man diese Thesen von Thomas de Maizière liest, kann man ihnen zustimmen. Man mag ihnen auch widersprechen. Die Frage ist, warum soll das die Leitkultur sein. Die erste Frage ist, wer definiert, was Leitkultur ist, denn es soll ja eine Richtschnur sein, an die sich alle halten sollen, damit wir hier gut zusammenleben. Und das, an was sich alle halten sollen, ist normalerweise in Gesetzen geregelt. Wo jenseits der Gesetze besteht ein Bedarf an Verbindlichem und wer legt das fest? Das sind meine beiden Haupteinwände gegen die ganze Leitkultur-Debatte.«

Ruprecht Polenz ist überdeutlich, in welchem Umfeld die Leitkultur-Debatte stattfindet, gegen wen sie sich richtet und in welchem gesellschaftspolitischen Fahrwasser sich eine Union bewegt, die mithilfe einer solchen Leitkultur-Debatte Wählerstimmen nachjagt.

»Es ist ja kein Zufall, dass die Leitkultur-Debatte – das ist ja nicht das erste Mal – im Zusammenhang mit Integration geführt wird. (…) Warum wird denn das mit der Hand geben betont? Es wird deshalb betont, weil eine bestimmte Auffassung des Islam es den Männern nahelegt oder sogar verbietet, Frauen nicht die Hand zu geben. (…) Dass die AfD diesen Begriff mit Inbrunst verwendet, sollte uns nachdenklich machen. Das sollte erst recht zur Vorsicht mahnen, diesen Begriff nicht zu gebrauchen, weil er in eine vielfältige, bunte, vor allem pluralistische Gesellschaft, eine freiheitliche Gesellschaft nicht passt.«[90]

Eine vielfältige, bunte, vor allem pluralistische, freiheitliche Gesellschaft.

Es klingt wie das glatte Gegenteil dessen, was die Leitkultur-Verfechter mit ihren Forderungen, ihren Warnungen und ihren rechten Grenzüberschreitungen als Menetekel an die Wand malen. Es sind offene Worte von Politikern und Publizisten, die linker Umtriebe eher unverdächtig sind.

Auch in diesem Fall ist die Leitkultur eine Grenzziehung. Sie unterscheidet all diejenigen, die für eine vielfältige, pluralistische und freiheitliche Gesellschaft einstehen, von denjenigen, die alles das ablehnen. Die eine Werbekampagne der Deutschen Bahn nicht ertragen, weil dort zu viele Menschen mit dunkler Haut zu sehen sind. Die »Deutschland den Deutschen« sagen und eine türkischstämmige Politikerin in Anatolien entsorgen wollen.

Wer einen Gegenstand präzise definieren will, muss ihn trennscharf von seinem Umfeld abgrenzen. Das gilt für »das Deutsche« und die »spezifisch deutsche Kultur« genauso wie für alles andere im Leben. Erst durch das Verhältnis zum Anderen wird das Eigene erfahrbar. Der Theologe Martin Buber prägte den schönen Satz: »Der Mensch wird am Du zum Ich.« Die eigene nationale Identität an der Abgrenzung zu anderen Nationen und Völkern zu bestimmen, ist keineswegs verwerflich. Es ist anders gar nicht möglich. Diejenigen allerdings, die seit vielen Jahren die Debatte um Patriotismus, Nationalismus und Leitkultur dominieren, scheinen daran nicht interessiert zu sein. Ihre zahlreichen Beiträge über eine kulturelle Identität streben nicht die Abgrenzung einer gemeinsamen pluralistischen deutschen Kultur von anderen Kulturen an, sondern die Ausgrenzung von Migranten aus der Mitte der deutschen Gesellschaft. Es ist eine Definition über einen Verletzungsvorgang. Nur dass in diesem Fall die Verletzung von Menschen in Kauf genommen wird, wenn nicht gar beabsichtigt ist.

Ich weiß noch immer nicht, was das Deutsche sein soll. Was würde man einem ausländischen Gast servieren, der ein »typisch deutsches« Essen erwartet? Labskaus? Isst man im Süden nicht. Saumagen? Isst man im Norden nicht. Schnitzel? Stammt ursprünglich aus Konstantinopel. Currywurst? Vielleicht noch einmal den Ursprung von Curry nachschlagen. Selbst die Kartoffel ist ein südamerikanisches Importprodukt, das erst im 17. Jahrhundert nach Deutschland kam.

Im Jahr 2016 bringt die CDU in Schleswig-Holstein einen parlamentarischen Antrag ein, um sich einem Problem zu widmen, das sie nicht länger ignorieren kann.

> »Der Minderheitenschutz – auch aus religiösen Gründen – darf nicht dazu führen, dass eine Mehrheit aus falsch verstandener Rücksichtnahme in ihrer freien Entscheidung überstimmt wird.«[91]

Es geht um die Einführung einer Schweinefleisch-Pflicht in städtischen Kindertagesstätten und öffentlichen Kantinen.

Der damalige Fraktionsvorsitzende der CDU und heutige Ministerpräsident von Schleswig-Holstein Daniel Günther sagt, er habe von einem Kindergarten erfahren, der wegen der neu hinzugekommenen muslimischen Kinder auf Schweinefleisch verzichten will. Nun gibt es unterschiedliche Möglichkeiten, auf eine solche Meldung zu reagieren. Man kann einen solchen Vorgang gutheißen, befremdlich finden, bejubeln, kritisieren, ignorieren. Oder es zu einer landespolitischen Angelegenheit machen.

> »Immer mehr Kantinen, Kitas und Schulen nehmen Schweinefleisch aus ihrem Angebot, um auf religiöse Gebräuche Rücksicht zu nehmen.«[92]

Das geht natürlich nicht.

Daniel Günther bekommt Schützenhilfe von Bundeslandwirtschaftsminister Christian Schmidt. Der weiß zu berichten, dass »wer zu uns kommt, der muss die Leitkultur zwar nicht übernehmen – aber er muss sie respektieren«[93]. Anschließend zählt er als Beispiel für die deutsche Leitkultur Bier und Schweinefleisch auf.

Die SPD kritisiert diesen Vorstoß, die Grünen sprechen vom »Wurst Case Szenario«, alle haben großen Spaß.

Im Jahr 2019 berichtet die *Bild* von einem Kindergarten in Leipzig, der Schweinefleisch aus seiner Kantine verbannt haben soll, damit Kinder unterschiedlichen Glaubens gemeinsam essen können. Kinder aus muslimischen, jüdischen und vegetarischen Familien äßen kein Schweinefleisch, so sei das einfacher für alle. Es gibt weiterhin Rind, Huhn, Lamm, Ente, Fisch und alles andere, was auf Gottes Erden kreucht und fleucht. Die *Leipziger Volkszeitung* hat keine Kosten und Mühen gescheut und sich Zugang zum Speiseplan der Kita verschafft. Über die Woche verteilt, so weiß sie zu berichten, gibt es Geflügelfrikadellen mit Reis und Tomatensauce, Rührei mit Rahmspinat und Kartoffeln, Spaghetti mit Gemüsebolognese, paniertes Seelachsfilet mit Salzkartoffeln und Gemüseschnitzel mit Kartoffelpüree.[94]

Es ist ein Speiseplan, für den man nicht unbedingt das Menschenrechtstribunal in Den Haag anrufen muss.

Das hält die CDU in Sachsen nicht davon ab, ein »Schweinefleisch-Verbot« zu beklagen und ihre Anhängerschaft zu mobilisieren. Auf Twitter veröffentlicht sie den Beitrag »Das Verbot von Schweinefleisch an zwei Leipziger Kitas ist inakzeptabel« mit einem Bild, auf dem Fleischspieße zu sehen sind, die verdächtig nach Hühnchen ausschauen.[95] Ein Twitter-Nutzer macht darauf aufmerksam, dass dasselbe Bild auch auf einer arabischen Gastro-Webseite zu finden ist, auf der man Fleischgerichte halal nachkochen kann. Im Laufe der Debatte schaltet sich die AfD ein, spricht nunmehr von Halal-Zwang und mobilisiert ebenfalls ihre Anhängerschaft. Diese beschwört auf Facebook Widerstand und Bürgerkrieg.[96] Gegen einen Kindergarten. Weil es dort kein Schweinefleisch zu essen gibt. Es endet damit, dass die Polizei Sachsen Kontakt zu der Kita-Leitung aufnimmt.[97]

Im März 2023 gerät die nordrhein-westfälische Landwirtschaftsministerin Silke Gorißen in herbe Kritik, weil sie im Rahmen eines vegetarischen Aktionsmonats die Mensa der Universität Bonn besucht. Nach erheblichem Druck seitens ihrer Partei veröffentlicht sie im Anschluss ein Bekenntnis zu ihrem Fleischkonsum.

»Andere Lebensweisen tolerieren.« Markus Blume wird es mir sicherlich nicht übelnehmen, wenn ich das hier in Anführungszeichen setze.

Wie sollen Muslime, die gesetzestreu leben, arbeiten gehen, Steuern zahlen und mit viel Engagement an dieser Gesellschaft mitwirken, eine Leitkultur erfüllen, die mit einer Schweinefleisch-Pflicht einhergeht? Geht es am Ende vielleicht sogar darum, zu verhindern, dass muslimische Familien in zu großer Zahl in die Mitte dieser Gesellschaft einkehren?

Wer nie definiert, wonach sich die Ausländer richten sollen, behält für immer die Deutungshoheit darüber, ob ihre Integrationsleistung erfolgt ist oder nicht. Es ist wie eine Prüfung, auf die man sich nicht vorbereiten kann und von deren Prüfer man weiß, dass er einen am liebsten durchfallen lassen würde. Man kann die Anpassungsleistung der Migranten durchaus als Bewährung verstehen, in der das Bemühen, in diesem Land anzukommen und den Kindern eine Zukunft in ihrer neuen Heimat zu ermöglichen, auf die Probe gestellt wird. Wenn das Bestehen der Prüfung aber gar nicht von Motivation, Erfahrung und Wissen, sondern vielmehr vom RAL-Wert des Prüflings, von dessen Fleischkonsum und seinem Alkoholpegel abhängt, ist die Prüfung in ihrer Struktur bereits ungerecht. Dann könnte man beinahe zu der Auffassung gelangen, dass es den Leitkultur-Verfechtern gar nicht darum geht, dass »der Migrant« »unsere Regeln« erfüllt.

Wer transparente Regeln über das Bestehen einer Leitkultur-Prüfung aufstellt, muss damit leben, dass Jahr für Jahr Tausende Ausländer ebenjene Prüfung bestehen. Wer exakt definiert, was die Leitkultur ist, ermöglicht es einem Großteil der hier lebenden Migranten, dass sie diese Leitkultur erfüllen. Viele von ihnen mit Bravour. Das wäre wunderbar.

Nur nicht für jeden.

Wer auf den Ausländer, den Migranten, den Schwarzen, den Muslim, den »Anderen«, den »Fremden« angewiesen ist, um vom eigenen Versagen abzulenken, der kann integrierte Vorzeigemigranten nicht gebrauchen. Wessen Parteiprogramm in puncto Integration nur die Integrationspflichten des Zuwanderers benennt, gerät in Erklärungsnot, wenn Ausländer, die ohne Geld, Sprachkenntnisse, Netzwerke und Starthilfe nach Deutschland kommen, eines Tages besser abschneiden als das einheimische Wählerklientel, das ihnen jede Unterstützung verwehrt. Dann müsste man einsehen, dass Schrödingers Ausländer, der gleichzeitig in die Sozialsysteme einwandert *und* dem Deutschen seinen Arbeitsplatz wegnimmt, nur in der Vorstellung rechtsdrehender Konservativer existiert.

Was passiert eigentlich mit den vielen Menschen, die sich in dieses Land, seine »Traditionen, Sitten und Gebräuche« einbringen? Es herrscht auffälliges Schweigen darüber, dass die Familien der Zuwanderer und Gastarbeiter, die seit mehr als 70 Jahren Teil dieses Landes sind, bereits in großer Zahl »integriert« sind. Dass sie deutsche Schulen besuchen, deutsche Bildungsabschlüsse erwerben, in deutschen Unternehmen arbeiten, deutsche Familien gründen und durchschnittliche deutsche Leben leben. Manche sogar ihre deutsche Normalität in der deutschen Öffentlichkeit darstellen.

Ordnung

Die Schauspielerinnen Sandra Lambeck und Nocky Fine spielen im Jahr 2013 als »Michelle« und »Sunny« in der Seifenoper *Berlin – Tag & Nacht* mit. Ihre Charaktere sind mit den alltäglichen Herausforderungen junger Menschen beschäftigt: Ausbildung, Liebe, Stress mit den Eltern. Weil aber Lambeck schwarz ist und Fine asiatisch, ergießt sich eine wahre Flut an rassistischen Beschimpfungen über die beiden. RTL II muss die Hasskommentare im Akkord löschen.[98]

Das schwarze Model Aminata Sanogo nimmt 2014 an der Sendung *Germany's Next Topmodel* teil. Während der Sendung wird sie auf der Facebook-Seite von ProSieben derart heftig beschimpft, dass das Social-Media-Team kaum mit dem Löschen hinterherkommt. Der Sender prüft juristische Schritte gegen die Absender und veröffentlicht einen Facebook-Beitrag mit dem Titel »ProSieben sagt Stopp zu Rassismus«.[99]

Der Karnevalsausschuss in Ratingen kürt im Jahr 2017 Samuel und Jacinta Awasum zum ersten schwarzen Prinzenpaar in seiner Geschichte. Die Awasums machen, was andere Prinzenpaare auch machen. Sie schunkeln, singen, tanzen und winken. Als das Prinzenpaar auf Angela Merkel trifft, Hände schüttelt, eine Flasche Altbier verschenkt und Merkel einen Orden verleiht, dauert es nicht lange, bis ein Video mit dem Titel »Angela Merkel trifft sich mit dem bunten N… Prinzenpaar aus Ratingen« hochgeladen und verbreitet wird.[100]

Philipp Awounou ist freier Journalist. Im Jahr 2018 stellt er sich gemeinsam mit seiner Freundin für eine Werbekampagne der Krankenversicherung DAK zur Verfügung. Awounou hält ein Ultraschallbild in der Hand, seine Freundin steht neben ihm. Beide gucken verliebt, wie es werdende Eltern manchmal tun. Auf dem Plakat steht »Auf einmal steht das Leben Kopf«. Es geht um Zusatzleistungen für Schwangere. Über das, was im Anschluss an diese Werbekampagne passierte, hat Awounou einen langen und schwer verdaulichen Artikel für den *Spiegel* geschrieben. In Hunderten Wortmeldungen beschimpfen unbekannte Menschen den ihnen unbekannten Awounou aufs Übelste. Wegen eines Werbeplakats. Weil ihnen seine Hautfarbe nicht gefällt. Und weil sie glauben, dass sie sich gegen die »Umvolkung« des deutschen Volkes wehren müssten.[101]

Als Katjes im selben Jahr mit einem Model wirbt, das ein Kopftuch trägt, bricht Hass über das Model und das Unternehmen herein. Eine Journalistin, die für *Neon* und *Stern* einen Beitrag über diese Hasskampagne schreibt, bekommt wenig später Post mit dem Inhalt »Linke Schlampe … haben Dir die Moslems schon das Resthirn weggevögelt?«. Überschrieben ist die E-Mail mit dem dialektisch anmutenden Begriffspaar »Linke Nazischlampe«.[102]

Der frühere Nürnberger Oberbürgermeister Ulrich Maly muss 2019 die gebürtige Nürnbergerin Benigna Munsi öffentlich in Schutz nehmen, weil sie und ihr indischstämmiger Vater nach ihrer Wahl zum Nürnberger Christkind mit Hass, Hetze und bodenlosem Rassismus konfrontiert werden. In der einberufenen Pressekonferenz sagt Maly: »Man müsste lachen, wenn man nicht wüsste, dass diese Typen es ernst meinen, aber man könnte heulen über so viel Menschenfeindlichkeit.«[103]

Das Handelsunternehmen Otto muss 2020 mit deutlichen Worten auf Menschen reagieren, die sich durch die Abbildung eines schwarzen Models provoziert fühlen, weil dieses »unsere Gesellschaft nicht abbildet«.[104]

Im Jahr 2022 muss eine Mitwirkende des »Dschungelcamps« die Sendung verlassen, weil sie vor laufender Kamera eine andere Teilnehmerin rassistisch beleidigt.[105]

Schwarze Models für DAK und Otto, schwarze Teilnehmerinnen bei *Germany's Next Topmodel* und »Dschungelcamp«, ein muslimisches Model für Katjes, schwarze und asiatische Schauspielerinnen einer Seifenoper. Ein schwarzes Karneval-Prinzenpaar. Ein indischstämmiges Nürnberger Christkind. »Schwarze Adler« in der Fußballnationalmannschaft. Fünf Werbegesichter der Deutschen Bahn.

Ist das nicht deutsch genug? Wie viel mehr Leitkultur hätten Sie denn gern?

Sollen wir fortan im Trachtenjanker zur Arbeit kommen und jede Woche *Lindenstraße* schauen? Oder einen schwarz-rot-gelben Partyhut aufsetzen und ein T-Shirt mit der Aufschrift »Bier formte diesen schönen Körper« überstreifen? Es wäre nach allem, was ich über die vielen Zuwanderer in meinem Freundeskreis weiß, keine unüberwindbare Hürde. Die migrantischen Eltern in meinem Umfeld sind derselben akustischen Folter – »Bibi und Tina«, »Conny« und »Paw Patrol« in Dauerschleife – ausgesetzt wie ihre nicht-migrantischen Leidensgenossen. Die ausländischen Teenager sind genauso hormonüberflutet wie ihre deutschen Klassenkameraden. Die muslimischen Arbeitnehmer ärgern sich genauso über ihren Chef wie ihre christlichen Kollegen. Die schwarzen Alten sind genauso der Meinung, dass früher alles besser war und die Jugend von heute unmöglich ist, wie ihre weißen Nachbarn.

Wenn man nur oft genug wiederholt, dass die »Anderen« nicht so sind wie »Wir«, dass sich die »Fremden« der »Integration« verweigern und dass sie »unsere Leitkultur« nicht respektieren, scheint ein erheblicher Teil der Deutschen die vielen Millionen Menschen zu übersehen, die seit Jahrzehnten integraler Bestandteil unserer Gesellschaft sind. Der ständige Blick auf vermeintliche »Integrationsverweigerer« lässt all diejenigen verblassen, die mittelmäßig bis überdurchschnittlich ihr Leben in unserer gemeinsamen Heimat gestalten. Sie finden vor dem Hintergrund einer konstanten Litanei über Einwanderung und Integration schlichtweg nicht statt.

Beinahe so, als ob die erfolgreichen »Anderen« die natürliche Ordnung der Dinge stören.

Die Debatte darüber, was deutsch ist, wer deutsch ist und was es mit der deutschen Leitkultur auf sich hat, wird selten mit dem Ziel eines kollektiven Wertekanons geführt. Einer Vision, mit deren Hilfe wir gemeinschaftlich unser Land voranbringen und weiterentwickeln. Man könnte die Menschen am Rande der Gesellschaft in die Mitte holen und solidarische Lösungen für diejenigen entwickeln, die einsam sind, Hilfe brauchen, Geldsorgen haben und sich in schweren Lebenskrisen befinden. Aber darum geht es natürlich nicht.

Stattdessen geht es um oben und unten. Um drinnen und draußen. Um die Erzählung, dass die Anderen nicht so sind wie wir, dass sie nicht zu uns passen und deshalb nicht hierhergehören. Weil sie nicht wollen. Weil sie nicht können. Weil wir klüger sind als sie. Aus genetischen Gründen.

So heißt es in dem Buch *Deutschland schafft sich ab* vom ehemaligen SPD-Politiker Thilo Sarrazin. Im Kapitel »Demografie und Bevölkerungspolitik: Mehr Kinder von den Klugen, bevor es zu spät ist« schreibt er:

> »So spielen bei Migranten aus dem Nahen Osten auch genetische Belastungen – bedingt durch die dort übliche Heirat zwischen Verwandten – eine erhebliche Rolle und sorgen für einen überdurchschnittlich hohen Anteil an verschiedenen Erbkrankheiten.«[106]

Es ist eines der meistverkauften Sachbücher in der Geschichte der Bundesrepublik Deutschland.

Diese Form der Erzählung schafft eine gewisse Beruhigung. Und erklärt vieles. Warum die migrantischen Kinder in schulischen und beruflichen Vergleichen schlechter abschneiden als nicht-migrantische Kinder. Warum ihnen der soziale Aufstieg seltener gelingt. Warum sie es nicht in die Spitzenpositionen in Wirtschaft, Wissenschaft, Medien und Politik schaffen.

Wer sich allerdings der Wahrheit nähern will, muss auf die zahlreichen empirischen Erhebungen schauen, die seit vielen Jahren ein sehr eindeutiges Bild davon zeichnen, warum es die Menschen aus Zuwandererfamilien so viel schwerer haben als die anderen.

Im Jahr 2018 weist die Universität Mannheim in einer Studie nach, dass Kinder, die ausländisch klingende Namen tragen, von angehenden Lehrkräften schlechter benotet werden als ihre Mitschüler. Bei gleicher Leistung.[107] In einem wortgleichen Diktat bewerten die Studienteilnehmer das Diktat von Murat schlechter als das von Max.

Zwei Jahre zuvor veröffentlichte das Forschungsinstitut zur Zukunft der Arbeit in Bonn eine Studie der Universität Linz in Österreich. Die Arbeitsmarktforscherin Doris Weichselbaumer hat 1500 Bewerbungen an deutsche Unternehmen verschickt und Antworten ausgewertet. Die Bewerbungsunterlagen waren jedes Mal die gleichen, selbst das Bewerbungsfoto zeigte dieselbe dunkelhaarige Frau, die in einem Drittel der Fälle den Namen Sandra Bauer trug und in einem Drittel der Fälle den Namen Meryem Öztürk. In einem weiteren Drittel der Fälle trug Meryem Öztürk ein Kopftuch. Das Ergebnis ist so eindeutig wie niederschmetternd. Sandra Bauer wurde in 18,8 Prozent der Fälle zum Vorstellungsgespräch eingeladen, Meryem Öztürk nur in 13,5 Prozent der Fälle. Meryem Öztürk mit Kopftuch erhielt nur bei 4,2 Prozent aller versandten Bewerbungen eine positive Rückmeldung. Was bedeutet, dass sich Frauen mit Kopftuch bei gleicher Qualifikation 4,5 Mal so häufig bewerben müssen wie Frauen ohne Kopftuch, die Sandra Bauer heißen.[108]

> »Die Diskriminierung nahm mit steigendem Qualifikationsniveau sogar noch weiter zu: Für eine Stelle in der Bilanzbuchhaltung musste die kopftuchtragende Meryem Öztürk 7,6-mal mehr Bewerbungen verschicken als Sandra Bauer, während bei der Bewerbung um eine Stelle als Sekretärin die Ungleichbehandlung bei einem Faktor von 3,5 lag.«[109]

Die Ergebnisse entsprechen auch den Beobachtungen, die die Migrationsforscherin Naika Fourotan gemacht hat. In einem Interview für die *Frankfurter Allgemeine Zeitung* spricht sie über Identität und Zugehörigkeit und über die Frage, was Migrantinnen leisten müssen, damit die Diskriminierung endlich aufhört. Die Antwort Fourotans ist ernüchternd:

> »Obwohl es ja lange Jahre hieß: Wenn die doch endlich Deutsch könnten, eine Arbeit hätten, studierten, Politik machten, dann haben wir keine Probleme mit ihnen. Doch die Daten zeigen, dass die Abwehr dann nicht abnimmt (...) Wir können belegen, dass der soziale Aufstieg von Muslimen Abwehr in der Bevölkerung erzeugt, besonders dann, wenn sie in werteorientierte Berufe aufsteigen, zum Beispiel als Bürgermeister, Polizist, Richter oder Lehrer. Solange sie konkret nutzbringende Berufe ergreifen, wird das noch hingenommen, aber sobald sie die Gesellschaft mitgestalten, wird das zurückgewiesen. Das Argument lautet, sie könnten kulturell nicht nachempfinden, wie Deutschland sein sollte, und als Muslime könnten sie antidemokratisch sein.«[110]

In einer groß angelegten Recherche haben der Bayerische Rundfunk und der *Spiegel* im Jahr 2017 die Diskriminierung auf dem Wohnungsmarkt erkundet. Sie erstellten 14 Personenprofile mit deutsch klingenden und ausländisch klingenden Namen. Hanna Berg musste sich gegen Aylin Demirci, Stephan Braun gegen Ismail Hamed beweisen. Die Datenjournalisten verschickten 20 000 Anfragen auf Wohnungsvermittlungsbörsen und stellten heraus, dass auf besonders umkämpften Wohnungsmärkten Bewerber mit ausländisch klingenden Namen in vielen Fällen das Nachsehen haben. In Frankfurt betrug die Diskrepanz ganze 31 Prozent, in München sogar 46 Prozent. Bei gleichem Bewerberprofil.[111]

In Bremen begleiteten *Panorama* und Radio Bremen im Jahr 2021 die vier jungen Männer Tim Schoenian, Karim El Korhaly, Felix Arndt und Livingsoul Dupe Igunbor bei der Wohnungssuche. Tim und Felix sind weiß, Karim ist arabischstämmig, Livingsoul schwarz. Das Ergebnis sollte nicht überraschen, Tim und Felix bekamen Wohnungen angeboten, Karim ging leer aus, Livingsoul erhielt nicht einmal eine Antwort. Das könnte natürlich Zufall sein.

Könnte.

Die Journalistinnen der ARD bekamen im Zuge ihrer Recherchen interne Dokumente der städtischen Wohnungsgesellschaft Brebau zugespielt, aus denen hervorgeht, dass eine strikte unternehmensinterne Anweisung existiert, Entscheidungen über die Vergabe von Wohnungen auf Basis von Herkunft, Hautfarbe und Religion der Bewerber zu treffen. Es sind Angaben, die penibel abgefragt und mit Kürzel in das Datensystem der Wohnungsgesellschaft eingetragen werden. »KT« ist die Abkürzung für »Kopftuch«, »E40« ist das Kürzel für einen schwarzen Bewerber. Auch

Sinti, Roma, Bulgaren und Rumänen haben eigene Kodierungen. Genauso wie schwule und lesbische Paare. Was es mit diesen Eingaben auf sich hat, erzählt ein Mitarbeiter der Brebau, der aus Angst vor Repressionen anonym bleiben will.

> »Zur Begründung heißt es, wenn wir das jetzt nicht so machen, dann bekommen wir die ganzen Molukken, die wollen wir hier nicht.«[112]

Der Erfinder der deutschen Leitkultur, der CDU-Politiker Jörg Schönbohm, sagte 1998 in einem Interview mit der *B. Z.*:

> »Im Mittelalter sind Ghettos gegründet worden, um Juden auszugrenzen. Heute hat ein Teil der bei uns lebenden Ausländer selbst Ghettos gegründet, weil sie uns Deutsche verachten.«[113]

Von der grotesken und unterirdischen Verharmlosung des Antisemitismus einmal abgesehen, erscheint die Aussage, dass »Ausländer« ihre »Ghettos« selbst »gegründet« haben, weil sie »uns Deutsche verachten«, einigermaßen falsch herum gedacht. Angesichts einer strukturellen und empirisch belegbaren Diskriminierung migrantischer Schulkinder, Arbeitsuchender und Wohnungsbewerber darf die Frage gestattet sein, wer hier eigentlich wen in die »Ghettos« treibt.

Und wer hier wen verachtet.

Kutte

Die Lehramtsanwärterin Fereshta Ludin wird in der afghanischen Hauptstadt Kabul geboren. Ihr Vater ist Minister in der afghanischen Regierung, Botschafter Afghanistans in Bonn und später Ingenieur in Saudi-Arabien. Als Jugendliche kommt Ludin mit ihrer Familie nach Deutschland, wo sie 1986 Asyl beantragt. Nach dem Einmarsch der sowjetischen Truppen und der späteren Machtergreifung der Taliban ist ihre Familie in Afghanistan nicht mehr sicher. In Deutschland erlangt Ludin das Abitur, schließt ein Pädagogikstudium ab und beendet ihr Referendariat mit der Abschlussnote 1,3. Trotz ihres Werdegangs und ihrer deutschen Staatsangehörigkeit, für die sie sich 1995 entscheidet, verweigern ihr die Behörden und Gerichte in Baden-Württemberg die Übernahme in den Schuldienst. Das Problem befindet sich nicht in, sondern auf ihrem Kopf. In Form eines Tuchs. Ludin weigert sich, im Unterricht ihr Kopftuch abzunehmen. Ludin klagt sich durch alle Instanzen bis vor das Bundesverfassungsgericht. Das hebt 2003 die Urteile der vorangegangenen Gerichte auf, verweist den Fall zurück an die Verwaltungsgerichte und an die Landesregierungen. Diese sollen darüber bestimmen, in welchem Maße religiöse Bezüge in der

Schule erlaubt sind. Das ist für die regierende CDU ein Problem.

Sie will keineswegs alle religiösen Bezüge in der Schule verbieten.

Die damalige Kultusministerin Annette Schavan legt im Jahr 2004 einen Gesetzesentwurf vor, in dem religiöse Symbole, Insignien und Kleidungsstücke verboten werden, da sie im Verdacht stehen, »den religiösen oder weltanschaulichen Schulfrieden zu gefährden«. Insbesondere das Kopftuch spiegelt für Schavan die »Bedeutung im Sinne des politischen Islamismus« wider.[114] Am Ende ihrer Vorschrift heißt es: »Die Darstellung christlicher und abendländischer Bildungs- und Kulturwerte oder Traditionen« sei davon ausgenommen, da diese »dem Erziehungsauftrag« entsprechen. Der *Spiegel* bringt es auf die einfache Formel »Kopftuch nein, Kutte ja«.

> »Wenn man die Kopftücher verbietet, was wird dann aus den Nonnen im Habit? Der ehemalige bayerische Kultusminister Hans Zehetmair hält die Lösung der Aufgabe aus Karlsruhe für ›ungeheuer schwer‹: ›Wir können doch die Kleidung unserer gewachsenen christlichen Kultur nicht gleichstellen mit den Insignien provokanter, fundamentalistischer fremder Kulturen.‹«[115]

Mehrere Kultusministerien versuchen sich händeringend an der bildungsrechtlichen Quadratur des Kreises.

> »Sie wollen möglichst zügig Kopftücher aus den Schulen verbannen – aber christliche Symbole weiterhin erlauben. Und zu-

gleich sollen die neuen Gesetze einer gerichtlichen Überprüfung standhalten.«[116]

In Bayern geht man einen Schritt weiter. Als im Jahr 1995 das Bundesverfassungsgericht urteilt, dass jegliche Kruzifixe aus bayerischen Amtsstuben und Klassenzimmern entfernt werden müssen, ist der bayerische Zorn grenzenlos. Und maßlos. Der langjährige bayerische Kultusminister und CSU-Politiker Hans Maier bemüht dazu eine bemerkenswerte Analogie.

> »Ich war schockiert, als ich davon hörte. Ich habe das zunächst gar nicht geglaubt. Ich habe in meiner Lebenszeit ja im Dritten Reich erlebt, wie die fanatischen Nationalsozialisten Kreuze abhängten. Und das war mein erster Gedanke. Haben die Richter in Karlsruhe denn diese fatale Nachbarschaft überhaupt nicht gekannt? Das war meine erste, spontane Reaktion.«[117]

Die fanatischen Nationalsozialisten. Darunter geht es nicht.

Das Urteil führt zu einer Protestaktion mit 256 000 Proteststimmen. Bei sogenannten »Wehrt euch«-Demonstrationen kommen 30 000 Protestierende zusammen. In der CSU überlegt man, das Urteil des Verfassungsorgans nicht zu befolgen. Schließlich habe das Bundesverfassungsgericht eine »linke Tendenz«. Es spreche kein Recht mehr für alle Deutschen. Edmund Stoiber fragt auf einem Parteitag der CSU, wer die schweigende Mehrheit eigentlich vor »zu viel Toleranz gegenüber Minderheiten« schütze.[118] Noch im selben Jahr bringt die bayerische Staatsregierung eine neue Regelung auf den Weg. Das Kruzifix wird nun im Klassenraum angebracht, wer sich daran stört, muss die Entfernung rechtlich durchfechten. Die Beweislast liegt bei den Kruzifixgegnern. Wie so etwas aussieht, zeigt ein Fall aus Nürnberg. Eine deutsche Familie korrespondiert 2006 drei Jahre lang mit Klassenlehrerin, Rektorat, Schulamt und städtischem Schulbürgermeister. Nach mehreren Gesprächen versichert die Schule, dass ein religiös neutraler Unterricht stattfinden werde. Als eine neue Lehrerin die Klasse übernimmt, spricht diese allerdings zweimal täglich ein christliches Gebet. Das möchte das Elternpaar nicht hinnehmen. Die Rektorin bietet daraufhin an, das Kruzifix so aufzuhängen, dass das Kind es im Unterricht nicht sehen muss. Erst als die Anwältin der Familie mit Klageerhebung droht, nimmt die Grundschule kurz vor Ende des vierten Schuljahres das Kruzifix ab.[119]

Mit derselben Inbrunst, mit der in Bayern das Kruzifix verteidigt wird, wird in ganz Deutschland das Kopftuch bekämpft. Als im Jahr 1997 eine muslimische Lehrerin mit Kopftuch im Unterricht erscheint, verbietet ihr die Schulbehörde das Tragen religiöser Symbole. Als sie daraufhin mit Mütze und Rollkragenpullover in die Schule kommt, wird sie erst abgemahnt und anschließend gekündigt. Auch sie klagt sich, wie Fereshta Ludin vor ihr, durch alle Instanzen und hat 2015 Erfolg. Ein grundsätzliches Kopftuchverbot sei ungültig, urteilen die Richterinnen und Richter des Bundesverfassungsgerichts. Der damalige Generalsekretär der CSU Andreas Scheuer erklärt:

> »Bayern ist und bleibt ein christlich geprägtes Land, daran lassen wir nicht rütteln. (…) In jedem Fall werden wir in Bayern

> alle gesetzlichen Möglichkeiten ausschöpfen, damit das Christentum bei uns in Bayern privilegiert bleibt.«[120]

Es ist wichtig, dass man das in dieser Deutlichkeit hört. Kopftuch nein, Kutte ja. Das Christentum, es soll privilegiert bleiben. Und damit auch die Christen.

Mittlerweile herrschen unterschiedliche Landesregelungen. Als eine Rechtsreferendarin gegen das Verbot des Kopftuchs im Gerichtssaal klagt, scheitert sie am Bayerischen Verwaltungsgerichtshof, der das Verbot für rechtmäßig erklärt. Auch der Europäische Gerichtshof erklärt ein Verbot für das Tragen eines Kopftuchs im Unternehmensumfeld für rechtmäßig,[121] erlegt den Unternehmen aber hohe Hürden auf für den Fall, dass sie ein solches Verbot einführen möchten. In den einzelnen Bundesländern, heißt es, werde man bei Lehrerinnen nun jeden »Einzelfall« prüfen.

Dass muslimische Frauen mit Kopftuch genauso wie alle anderen Frauen in diesem Land ihre Ausbildung beenden, in einen Beruf einsteigen und arbeiten, bleibt ihnen damit verwehrt. Sie sind nun abhängig von der Entscheidung der Schulleitung, des Schulträgers und der Landesregierung. Die CSU-Politikerin und ehemalige Europaministerin Beate Merk bringt sehr gut zum Ausdruck, wie man in Bayern mit Gerichtsurteilen umgeht, mit denen man nicht unbedingt einverstanden ist.

> »Letztlich heißt das auch, dass wir dieses Urteil respektieren, auch wenn wir ihm mit Zurückhaltung begegnen.«[122]

Im Jahr 2006 verteilt das Innenministerium in Baden-Württemberg einen Fragenkatalog zur Einbürgerung an alle seine 44 Einwanderungsbehörden. Es sind 30 Fragen, die vom Antragsteller wahrheitsgemäß beantwortet und abschließend unterzeichnet werden müssen. Unwahre Angaben könnten noch Jahre später zur »Rücknahme der Einbürgerung führen« – und somit zur Staatenlosigkeit. Das steht in krassem Widerspruch zu Artikel 16 des Grundgesetzes, demzufolge die deutsche Staatsangehörigkeit nicht entzogen werden darf, insbesondere nicht gegen den Willen des Betroffenen, wenn er dadurch staatenlos würde. Das Besondere an diesem Fragebogen ist nicht nur, dass er offen verfassungswidrig ist, sondern dass er für eine ganz enge Zielgruppe entwickelt wurde.

Muslime.

Der Leitfaden richtet sich ausschließlich an Staatsangehörige, die aus den 57 Staaten stammen, die der Islamischen Konferenz angehören. Andere Staatsangehörige müssen sich dem Test nur unterziehen, wenn sie Muslime sind. Der CDU-Politiker und Innenminister Heribert Rech kann die Aufregung nicht verstehen. Insbesondere nach dem Terroranschlag am 11. September 2001 sei es notwendig, bei Muslimen genauer hinzuschauen. Zu der Einbürgerungsprüfung gehören die Fragen, ob man in bestimmten Berufen eine Frau als Autoritätsperson anerkennen würde, wie man sich verhält, wenn im Freundes- oder Bekanntenkreis ein Terroranschlag geplant wird, ob man damit klarkäme, wenn anstelle der Tochter eine »Schwarzafrikanerin aus Somalia« den Arbeitsplatz bekommt, und ob man damit umgehen könne, wenn sich der Sohn als schwul entpuppt.

Es sollte nicht schwerfallen, in einer beliebigen deutschen Innenstadt innerhalb einer halben Stunde genügend urdeutsche Menschen zu finden, die alle vier Fragen so beantworten, dass man sie im Anschluss ausbürgern müsste. Noch immer halten nicht wenige Menschen in diesem Land Frauen im Handwerk für ungeeignet.[123] Die Akzeptanz von Polizistinnen durch die hiesige Bevölkerung lässt sich besonders gut während Herrentagsversammlungen und Junggesellenabschieden beobachten. In der ARD-Sendung *Panorama* kann man vor laufender Kamera sehen, wie Nachbarschaft und Bekanntenkreis der Terrorgruppe Freital die Taten der »Jungs« verharmlosen. Wie gelassen Familienangehörige reagieren, wenn man nicht selbst den Arbeitsplatz bekommt, sondern die schwarze Mitbewerberin aus Somalia, kann man beim nächsten Weihnachtsfest im Familienkreis ausprobieren. Und was den Umgang mit schwulen und lesbischen Paaren in Deutschland angeht, erinnere ich mich noch sehr gut an die Zeit, als die »Ehe für alle« eingeführt wurde. Die Mehrheitsgesellschaft reagierte damals mit Ablehnung, Ausgrenzung und zum Teil offenem Hass.

Nun sollen aber die Muslime das Problem sein. Dass es unter ihnen genauso rückwärtsgewandte, reaktionäre, nationalistische und fundamentalistische Gestalten gibt, wie in allen anderen Religionen auch, sollte nicht sonderlich überraschen. Dass aber ausschließlich die Muslime unter Generalverdacht gestellt werden und eine entwürdigende Gesinnungsprüfung absolvieren müssen, wenn sie Deutsche werden wollen, ist zumindest bemerkenswert.

Im Jahr 2020 wird in Baden-Württemberg eine Drittklässlerin auf dem Schulhof von ihrer Lehrerin zur Ordnung gerufen. Die Schülerin soll während der Pause Türkisch geredet haben. Als Strafarbeit bekommt das Mädchen einen Text mit dem Inhalt »Warum wir in der Schule Deutsch sprechen!« aufgebrummt. Die Mutter sucht daraufhin das Gespräch mit der Lehrerin. Als dieses fruchtlos bleibt, nimmt sich die Familie einen Anwalt, reicht eine Dienstaufsichtsbeschwerde ein und wendet sich an das Verwaltungsgericht. Kurz vor einem Urteilsspruch lenkt das Land Baden-Württemberg ein und stellt fest, dass die Strafarbeit »wegen der Benutzung der türkischen Sprache in der Unterrichtspause auf dem Schulhof rechtswidrig war«.[124] Der Anwalt ist noch nicht abschließend zufrieden. Die Frage, ob das Kind eine Strafarbeit hätte schreiben müssen, wenn es sich beispielsweise auf Englisch mit seinen Mitschülern unterhalten hätte, sei »weiterhin Gegenstand der noch laufenden dienstrechtlichen Disziplinarverfahren«[125] und werde vehement verfolgt. Vielleicht weiß er bereits insgeheim, was Andere zu früheren Zeiten offen ausgesprochen haben.

Türkisch nein, Englisch ja.

Angstfigur

Am 16. März 2018 spricht der Bundesinnenminister zur Lage der Nation. Es geht um »Abschiebungen, Parallelgesellschaften, Integration und Heimat«. So zumindest bewirbt die *Bild* ihren Artikel. Der Innenminister heißt zu der Zeit Horst Seehofer. Ungefähr bei der Hälfte des Interviews fragen die *Bild*-Journalisten:

> »Immer mehr Muslime suchen in Deutschland eine neue Heimat. Gehört der Islam zu Deutschland?«

Seehofer antwortet:

> »Nein. Der Islam gehört nicht zu Deutschland. Deutschland ist durch das Christentum geprägt. Dazu gehören der freie Sonntag, kirchliche Feiertage und Rituale wie Ostern, Pfingsten und Weihnachten. Die bei uns lebenden Muslime gehören aber selbstverständlich zu Deutschland. Das bedeutet natürlich nicht, dass wir deswegen aus falscher Rücksichtnahme unsere landestypischen Traditionen und Gebräuche aufgeben.«[126]

Der Islam gehört nicht zu Deutschland.

Das Interview erscheint zwei Tage nach seiner Ernennung zum Bundesminister des Innern, für Bau und Heimat und zwei Jahre nachdem die Bayerische Landesregierung unter seiner Führung als Bayerischer Ministerpräsident und Vorsitzender der CSU eingestehen muss, dass sie keine Ahnung hat, was unter einer deutschen Leitkultur zu verstehen ist.

Das hält den ehemaligen Generalsekretär der CSU und früheren Bundesverkehrsminister Alexander Dobrindt nicht davon ab, Horst Seehofer beizupflichten. Der Islam gehöre »egal in welcher Form nicht zu Deutschland«[127], er sei für unser Land »kulturell nicht prägend und er soll es auch nicht werden«.[128]

In der CSU meint man es ernst damit. Als der Ortsvorstand der CSU Wallerstein im Jahr 2020 den Muslim Sener Sahin fragt, ob er sich vorstellen könne, Bürgermeisterkandidat der CSU zu werden, ist dieser mächtig stolz. Sahin ist in seiner Heimat gut gelitten. Er führt einen eigenen Werkzeug- und Maschinenhandel, schafft Arbeitsplätze, war über zehn Jahre lang Fußballtrainer. Er ist beliebt, wird geschätzt, ein idealer Kandidat für die CSU. Als aber der Ortsvorstand seine Idee in der Parteibasis verbreitet, formiert sich Gegenwind. Am Ende drohen 15 Kommunalwahl-Kandidaten mit Rückzug, sollte Sahin für die CSU antreten. Sahin wundert sich. Er wolle Bürgermeister werden, nicht Pfarrer. Er ist Deutscher, engagiert sich in dieser Gesellschaft, zahlt Steuern. Warum soll er nicht politisch mitbestimmen? Irgendwann wird es ihm zu bunt. Er zieht sein Angebot zurück.

»Im Nachhinein denke ich mir, ich hätte nie Ja sagen sollen. Ich wollte auch nicht, dass das alles in die Zeitung kommt. Aber andererseits denke ich mir: Vielleicht ist es ja gut, dass die Leute sich mal Gedanken machen. Es gibt ja viele Menschen, die hier geboren und aufgewachsen sind und sowas erleben.«[129]

Die Bürgermeisterwahl gestaltet sich zu einer kommunikativen Katastrophe für die gesamte CSU. Nicht weil die Parteibasis konsequent umsetzt, was ihre Parteiführung seit Jahr und Tag vorgibt, sondern weil der Vorfall all die Beteuerungen über Weltoffenheit und Zukunftsgewandtheit Lügen straft. Es ist ausgerechnet ein Muslim, der der CSU aus der Patsche hilft. Ozan Iyibas, Filialleiter einer Sparkasse und seit zwölf Jahren Mitglied der CSU, stellt sich im oberbayerischen Neufahrn zur Wahl und wird dritter Bürgermeister der 22 000 Einwohner zählenden Gemeinde.

Man wird den Eindruck nicht los, dass die deutsche Volksseele dringend darauf angewiesen ist, dass der Islam nicht zu Deutschland gehört.

Das Bundesinnenministerium ist laut eigenen Angaben verantwortlich für die deutsche Verfassung, den gesellschaftlichen Zusammenhalt und die Integration.[130] Das sollte man im Hinterkopf behalten, wenn Bundesinnenminister Hans-Peter Friedrich 2011 den Satz »Der Islam gehört zu Deutschland« nicht unterschreiben möchte, wenn Bundesinnenminister Thomas de Maizière 2017 seinen Beitrag zur deutschen Leitkultur mit »Wir sind nicht Burka« unterfüttert und wenn Bundesinnenminister Horst Seehofer 2018 offen ausspricht, dass der Islam nicht zu Deutschland gehört.

Im Jahr 2007 tritt der Kabarettist Hagen Rether in der Sendung *Scheibenwischer* auf. Rether sitzt am Klavier. Er erzählt von dem Spiel »Schlag den Moslem«.

> »Früher hieß das Spiel ›Kanaken raus‹ und kam aus der Unterschicht. Heute heißt das Islamkritik und kommt von ganz oben.«

Er dreht sich kurz vom Klavier weg und hält eine Ausgabe des *Stern* in die Höhe. Auf der Titelseite steht »Wie gefährlich ist der Islam?«. Rether macht darauf aufmerksam, dass nicht einmal mehr von »Islamismus« die Rede ist. Jetzt werde die gesamte Religion in Sippenhaft genommen.

> »Stellen Sie sich vor, Sie sind muslimischer Vater, wohnen mit Ihrer Frau und Ihren Kindern in Bochum, arbeiten bei Opel am Fließband, fahren morgens in der S-Bahn zur Frühschicht und da sitzt einer und liest gegenüber dieses Ding. Da hast du doch Lust auf Überstunden, oder? Zu Gast bei Freunden hieß das noch vor einem Jahr.«

Die Menge lacht verlegen. Rether hält auch eine Ausgabe des *Spiegel* in die Höhe. »Mekka Deutschland« steht auf der Titelseite. Und darunter »Die stille Islamisierung«.

> »Das Zeug liegt überall an jedem Kiosk im Land. Und die Kinder lesen das. Sie verstehen es aber nicht. Und die Erwachsenen auch nicht. Aber es schafft eine Stimmung im Land. Eine Atmosphäre. Ein Klima. Wir haben einen neuen Sündenbock. Wir haben wieder auch richtig Angst.«[131]

Ich habe 2021 für die Branchenzeitung *Der Journalist* über diese *Spiegel*-Titelseite geschrieben. Mir ist aufgefallen, dass es nicht die einzige Ausgabe ist, die so aussieht. Islam und Muslime wurden beim *Spiegel* lange Zeit nur dann zum Thema, wenn es um Terror oder gescheiterte Integration ging. Wenn das christliche Abendland in Gefahr geriet. Wenn »die« »uns« bedrohten. Neben »Mekka Deutschland« titelte der *Spiegel* auch »Blutiger Islam«, »Das Netz des Terrors«, »Der terroristische Weltkrieg«, »Terror gegen Touristen«, »Allahs blutiges Land«, »Das Prinzip Kopftuch – Muslime in Deutschland«, »Allahs rechtlose Töchter – Muslimische Frauen in Deutschland«, »Der heilige Hass«, »Der Dschihad-Kult«, »Allein gegen den Terror«, »Allahs gottlose Armee«, »Das neue Gesicht des Terrors«, »Der Terror der Verlierer« und »Der Terrorist«.

Jenseits des Themenfelds »Islam und Terror« sahen die Titelbilder des *Spiegel* immer dann besonders gefährlich und angsteinflößend aus, wenn von Ausländern und Zuwanderern die Rede war. So hießen die *Spiegel*-Titelgeschichten beispielsweise: »Asyl in Deutschland? Die Z…«[132], »Flüchtlinge, Aussiedler, Asylanten – Ansturm der Armen«, »Elends-Kontinent Afrika – Rettung durch die Weißen?«, »Ansturm vom Balkan – Wer nimmt die Flüchtlinge?«, »Asyl – die Politiker versagen«, »Gefährlich fremd – Ausländer und Deutsche: Das Scheitern der multi-kulturellen Gesellschaft«, »Zu viele Ausländer?« und »Ansturm der Armen – Die neue Völkerwanderung«.

Der *Spiegel* gilt als liberales Nachrichtenmagazin.

Leitartikel über die Hindunationalisten in Indien, die bei mehreren Gewaltwellen Hunderte Muslime getötet haben, die buddhistische Führung in Myanmar, die einen Völkermord an muslimischen Rohingya verübt hat, oder die chinesische Regierung, die noch immer muslimische Uiguren in Konzentrations- und Umerziehungslagern foltert, haben es hingegen leider nicht auf die Titelseiten der deutschen Qualitätsmedien geschafft.

Während weite Teile der Medienschaffenden mittlerweile verstanden haben, dass die sogenannte »Israelkritik« häufig nur eine Nebelkerze für antisemitische Ausführungen ist, ist ihr rassistischer Nachbar, die »Islamkritik«, fester Bestandteil des medialen Mainstreams. In dem Podcast der *Frankfurter Allgemeinen Zeitung* »Was ist deutsch?« wird der palästinensischstämmige Islamkritiker Ahmad Mansour befragt. Den Titel der Podcast-Episode hat die Redaktion aus einem Zitat Mansours zusammengesetzt:

> »Was ist deutsch, Ahmad Mansour? ›Der Islam wird sich nicht integrieren‹«

Es ist eine Überschrift, bei der man sich fragt, ob der verantwortliche Redakteur eine künstliche Intelligenz um Hilfe gebeten hat.

Einer der Gründe, den die »Islamkritiker« vorbringen, wenn sie erklären, warum sich der Islam nicht integrieren werde, ist die Kriminalität der Muslime. Sie würden ihre Frauen unterdrücken, ihre Töchter ermorden, unschuldige Deutsche mit dem Messer angreifen, sich in »Clans« zusammenrotten. Es sind beinahe dieselben Vorurteile, mit denen seinerzeit die italienischen Gastarbeiter zu kämpfen hatten.

Die Juristin Julia Kasselt hat für das Max-Planck-Institut für ausländisches und internationales Strafrecht Zehntausende Dokumente ausgewertet, über die Strafzumessung deutscher Gerichte bei »Ehrenmord«-Fällen promoviert und die bisher einzig verfügbare Studie zu »Ehrenmorden« für das BKA verfasst. Ihre Ergebnisse sind eindeutig. Den zehn bis 15 »Ehrenmorden«, die sie jährlich ausmachen konnte, stehen allein für das Jahr 2018 122 »klassische« Morde an Frauen durch ihren Partner gegenüber. Insgesamt gab es im Jahr 2018 laut polizeilicher Kriminalstatistik 901 versuchte Morde, von denen 386 mit einem Todesopfer endeten.

> »Auch Deutsche töten ihre Frauen oder Ex-Frauen. Aber wenn ein Ausländer der Täter ist, wird das schnell als ›Ehrenmord‹ kategorisiert, obwohl es oft ein klassischer Fall von Partnertötung ist. Die Tatmotivation ist bei Deutschen und Ausländern letztlich dieselbe: Eifersucht und Besitzdenken – meist passiert die Tat, wenn die Frau sich getrennt hat oder trennen wollte.«

Kasselt weiß, warum man über die vielen Morde an Frauen so wenig hört, während die Berichte über »Ehrenmorde« in deutschen Zeitungen explodieren.

> »Letztlich geht es um das Fremde, um die Angst vorm Fremden. (…) Natürlich wird das Thema, wie es auch bei Kriminalität unter Flüchtlingen der Fall ist, gern von Boulevardmedien genutzt, weil es zu hohen Leser- und Klickzahlen führt. Leider springen große Teile der Bevölkerung darauf an, weil sie sich bestätigt fühlen in ihren Vorurteilen.«[133]

Dass Muslime, die einen »Ehrenmord« verüben, weniger hart bestraft würden, ist ein Gerücht, das sich hartnäckig hält. In der *Bild* spricht man gerne von einem »Islam-Rabatt«[134]. Kasselt weist das deutlich zurück. Vielmehr sei das Gegenteil richtig.

> »Das kann ich klar verneinen. Ich habe in meiner Doktorarbeit 78 Fälle von Ehrenmorden verglichen mit einer Stichprobe von klassischen Partnertötungen im selben Zeitraum. Sowohl lebenslange Freiheitsstrafen als auch lange zeitige Freiheitsstrafen wurden bei Ehrenmorden häufiger verhängt. Außerdem kam es bei Ehrenmorden innerhalb des untersuchten Zehnjahreszeitraums zu einem Trend, diese härter zu bestrafen. Das war bei klassischen Partnertötungsdelikten nicht der Fall. Das Ergebnis ist also ganz klar: Täter, die Ehrenmorde begangen haben, werden härter beurteilt als Täter von vergleichbaren Partnertötungen ohne Ehrhintergrund.«[135]

Dieser »Ehrhintergrund« sei häufig bei Tätern mit türkischem Hintergrund zu finden, aber auch bei Fällen, in denen die Täter aus Italien oder Albanien stammen.

Ein anderes Medienphänomen ist die Auseinandersetzung mit dem Tatwerkzeug »Messer«. Insbesondere dann, wenn die Täter Muslime sind sowie türkische oder arabische Wurzeln haben. Thomas Hestermann hat für die Hochschule Macromedia im Jahr 2019 untersucht, wann Medienschaffende über Gewaltdelikte berichten und in welchen Fällen sie die Staatsangehörigkeit der Tatverdächtigen aufführen. Auch hier ist die Sachlage eindeutig:

> »Wird über Gewalttaten mit Messern berichtet, wird fast ausnahmslos die ausländische Herkunft benannt. Greifen deutsche Gewalttäter zum Messer, wird ihre Herkunft kaum erwähnt. (...) Die Berichterstattung kehrt die Erkenntnisse der Polizei komplett um.«

Die Polizeiliche Kriminalstatistik weist für das Jahr 2018 bei Gewaltdelikten 69 Prozent aller Tatverdächtigen als Deutsche und 31 Prozent aller Tatverdächtigen als Nichtdeutsche aus. In Fernsehberichten seien aber nur drei Prozent aller Tatverdächtigen als Deutsche erkennbar und 28 Prozent als Nichtdeutsche. In der Zeitung stünden den drei Prozent deutschen Tatverdächtigen gar 41 Prozent Nichtdeutsche gegenüber.

> »Insbesondere bei Gewalttaten, die mit Messern begangen werden, entsteht der Eindruck, als würden nahezu ausschließlich Eingewanderte und Geflüchtete zum Messer greifen. Nach einem Lagebild der saarländischen Polizei sind die meisten Stichwaffen- und Messervorfälle Deutschen anzulasten. Die häufigsten Vornamen der deutschen Tatverdächtigen lauten Michael, Daniel und Andreas. Im deutschen Fernsehen dagegen heißen die Messerstecher Sayed, Alaa oder Ahmad. Stechen deutsche Gewalttäter zu, wird ihre Herkunft in kaum einem der untersuchten Fernseh- und Zeitungsbeiträge erwähnt. Der Blick auf die gesamte Berichterstattung von aktuellen Fernsehformaten und überregionalen Zeitungen über Eingewanderte und Geflüchtete zeigt: Der gewalttätige Ausländer ist eine zentrale Angstfigur im deutschen Journalismus.«[136]

Der gewalttätige Ausländer. Eine zentrale Angstfigur.

Neben »Ehrenmorden« und Gewaltdelikten durch das Tatmittel »Messer« ist auch das Deliktfeld »Clankriminalität« eng mit den Muslimen in diesem Land verknüpft. Lange Zeit sprachen die Ermittlungsbehörden bei ähnlichen Fällen von »Organisierter Kriminalität«. Darunter fallen sogenannte »Rockerbanden«, die italienische Mafia oder osteuropäische Hehlergruppen. Mit »Clankriminalität« werden seit einigen Jahren ausschließlich und eindeutig muslimische, türkische und arabische Familien bezeichnet. Weil diese, so mehrere Innenminister, »aus dem Familienverbund heraus« Straftaten begingen. Das trifft zwar auch auf viele italienische Mafiosi und nicht wenige rechtsextreme Siedler in Ostdeutschland zu, aber mit solchen Nebensächlichkeiten möchte man die schöne »Clan«-Definition nur ungern verwässern.

Dachte man früher beim Wort »Clan« als Erstes an den *Denver-Clan*, denkt man heute eher an schwerkriminelle Araber. Das funktioniert mittlerweile auch andersherum, wobei man das Wörtchen »schwerkriminell« problemlos weglassen kann.

Wie schnell man zum Clan-Kriminellen wird, hat *Zeit Online* für das Bundesland Niedersachsen ermittelt. Dort hat das Landeskriminalamt zu Beginn seiner Ermittlungstätigkeit mehrere Dutzend türkisch und arabisch klingende Familiennamen in eine Liste aufgenommen und alle Personen, die einen dieser Namen tragen, zu potenziellen Clan-Kriminellen erhoben. Ein Polizist aus Hannover erzählt anonym, was mit dieser Liste passiert.

»Wenn ein 15-jähriger Junge zum Beispiel die Schule schwänzt und in einem Kiosk am Hauptbahnhof von Hannover aus Langeweile einen Schokoriegel klaut, landet er, weil er einen Nachnamen aus der Clan-Tabelle trägt, automatisch in der Clan-Statistik. (…) Wir werden von unseren Vorgesetzten angehalten, die Datenbank fleißig zu füllen. Das Motto lautet: Lieber ein Fall mehr als ein Fall weniger.«[137]

Dass die deutsche Polizei eine solche Namensliste pflegt und Familienmitglieder in Sippenhaft nimmt, scheint mit keinem einzigen rechtsstaatlichen Prinzip in diesem Land zusammenzupassen. Man stelle sich vor, deutsche Kinder ohne Migrationshintergrund würden aufgrund des Nachnamens »Müller« oder »Schneider« automatisch in einer Schwerverbrecherdatei landen. Als Beleg für die um sich greifende Christen-Kriminalität.

Seine Ergebnisse hat das Landeskriminalamt Niedersachsen in dem »Lagebild Clankriminalität« zusammengefasst. Das Fazit für das Jahr 2019 lässt aufhorchen.

»Kriminelle Clanstrukturen sind in Niedersachsen präsent. Wenngleich sie quantitativ sowohl in Bezug auf die Tatverdächtigen und Beschuldigten als auch in Bezug auf die Ermittlungsverfahren bei Betrachtung des Gesamtvolumens krimineller Handlungen in absoluten Zahlen kaum ins Gewicht fallen, beeinträchtigen sie das Sicherheitsgefühl der Bevölkerung und fordern die Strafverfolgungsbehörden in einem besonderen Umfang. Hier besteht ein deutliches Missverhältnis zwischen ihrer zahlenmäßigen, statistischen Präsenz und der ihnen im Rahmen von Einsatzbewältigungen zu widmenden Aufmerksamkeit.«[138]

Die Zahlen fallen kaum ins Gewicht, beeinträchtigen aber das »Sicherheitsgefühl« der Bevölkerung. Zwei Jahre später, im Lagebericht des Jahres 2021, verschärft sich die Spanne noch weiter.

> »Auch wenn sich die Erfassung der Fallzahlen im vergangenen Jahr deutlich gebessert hat, wird das Phänomen der Clankriminalität in seinen Ausprägungen durch die Zahlen eher marginalisiert, denn die vorliegenden Zahlen stehen ob der Anzahl der Fälle in keinem Verhältnis zur Aufmerksamkeit, die diesem Phänomen zu widmen ist.«[139]

Es passiert selten, dass eine deutsche Behörde derart offen zugibt, dass die eigene Arbeit vollkommen irrelevant ist. Man dürfe nicht die »absoluten Zahlen« betrachten, heißt es. Rein »quantativ« ließe sich kaum herauslesen, wie überaus wichtig die »Clan«-Bekämpfung für das Sicherheitsgefühl der Bevölkerung sei. Das Phänomen würde »durch die Zahlen eher marginalisiert«. Auf so einen Text muss man erst einmal kommen.

Es bleiben Fragen.

Wenn Sicherheitsbehörden ihrer »Clankriminalität« nicht einmal durch diesen Rechtsstaatsalbtraum zur Relevanz verhelfen können, bei dem Polizisten wahllos migrantische Familiennamen auf einen Zettel schreiben und jeden Schokoriegel-Diebstahl durch muslimische Kinder mit den Mitteln der Organisierten Kriminalität verfolgen, warum lässt man es nicht einfach sein? Warum verfolgt man Organisierte Kriminalität nicht nach den seit Jahrzehnten bewährten Mitteln? Warum verfolgt man schwere Straftaten nicht weiterhin mit konventioneller Polizeiarbeit? Die Schokoriegel-Kriminalität ist im Übrigen wörtlich zu verstehen. Der bereits erwähnte Polizist aus Hannover berichtet darüber, dass viele Einträge in der »Clan«-Statistik auf die Strafanzeigen weniger privater Ladendetektive zurückgehen.

> »Es gibt zum Beispiel einen Detektiv in der Innenstadt von Hannover, der taucht besonders häufig als Anzeigender auf. Das ist für mich als Polizist zumindest fraglich.«[140]

Was das Sicherheitsgefühl der Bevölkerung betrifft, verwundert es kaum, dass die weiße deutsche Mehrheitsbevölkerung in Bezug auf Ausländer, Migranten, Araber, Türken und Muslime verunsichert ist. Überzogene Medienberichte über »Ehrenmorde« und »Messer-Migranten« in überproportionalem Ausmaß, dazu zahlreiche politische Kampagnen mit dem Ziel, Muslime, Türken und Araber aus der Mitte der Gesellschaft auszugrenzen und deren Familien als Kriminelle abzustempeln. Es wäre ein Wunder, wenn all diese Panikmacher ohne Einfluss auf die Bevölkerung blieben.

Die *Süddeutsche Zeitung* und das WDR-Magazin *Monitor* haben einen vermeintlichen »Clankriminellen« begleitet. Sein Name ist İsmail Şahan, er lebt und arbeitet in Frankfurt, wo er einen Kiosk und eine Shishabar betreibt. Şahan hat sich, das ist wichtig, nichts zuschulden kommen lassen. Dennoch hat er in den vergangenen vier Jahren 150 Razzien durch die Polizei erlebt. Zeitweise kamen die Fahnder an mehreren Tagen hintereinander. Wenn er nach einem Durchsuchungsbeschluss fragte, winkten die Beamten ab und verwiesen auf den »administrativen Ansatz«. Eine Methode, bei der Zoll und Ordnungsbehörde Kioskbesitzer und Shishabar-Betreiber aufsuchen und zufälligerweise jedes Mal auch die Polizei mit dabei ist. Man bezeichnet dieses Vorgehen als »Verbundkontrolle«. Der Vorteil: Man benötigt keinen Durchsuchungsbeschluss, keinen konkreten Tatvorwurf, keinen Anfangsverdacht. Wenn die Sicherheitsbehörden im Zuge der Durchsuchungen etwas finden, dient das als Indiz, um genauer hinzusehen. Wenn man nichts findet, kommt man halt am nächsten Tag wieder.

Im Fall von İsmail Şahan interessieren sich Polizei, Zoll, Ordnungsamt, Steuerfahndung, Gesundheitsamt und Bauamt seit mehreren Jahren für seine Geschäftsbeziehungen. Er wird mit Schreiben, Drohungen und Forderungen überzogen und soll Bußgelder für angeblich fehlende Coronatest-Nachweise, für Lärmbelästigung und weitere Lappalien bezahlen. Erst als Journalisten auf seinen Fall aufmerksam werden und beim Landeskriminalamt nachfragen, teilt man ihnen mit, dass Şahan ins Visier der Clankriminalität-Ermittlungen geraten sei. Wegen seines Nachnamens. Ein offizielles Ermittlungsverfahren in dieser Sache gebe es aber nicht, heißt es vonseiten der Staatsanwaltschaft. Şahan fällt aus allen Wolken.

Im Zuge der Berichterstattung hat Şahan die Bänder seiner Überwachungskameras an die Journalisten übergeben. Man sieht viele unterschiedliche Male, wie vermummte und schwerbewaffnete Polizisten seinen Laden betreten. »Hände raus! Da an die Wand! POLIZEI!« Şahan wird an die Wand gedrückt, ein Polizist hält ihn fest, mehrere Ermittlungsbeamte durchsuchen seinen Kiosk. Man erkennt die unterschiedlichen Razzien daran, dass Şahan unterschiedliche Kleidung trägt. Mal trägt er eine schwarze Weste, mal eine dunkle Fleecejacke. Einmal hat er ein weißes T-Shirt an, als die Polizei in seinen Laden stürmt. Es ist jedes Mal die gleiche Prozedur. Vermummte Polizisten. Şahan an der Wand. Breitbeinige Ermittlungsbeamte.

Ein Familienvater, der sein eigenes Geschäft betreibt, Arbeitsplätze schafft, Steuern zahlt. Nur eben mit falscher Herkunft, falscher Hautfarbe, falscher Religion und vor allem falschem Nachnamen.

Der Umstieg auf die Verbundkontrollen wurde auch deshalb notwendig, weil die Polizei nach ihren ursprünglichen Hausdurchsuchungen regelmäßig ohne Ergebnis in ihre Dienststelle zurückkehren musste. Dem enormen Aufwand standen schlicht keine Fallzahlen gegenüber. Also begannen die Sicherheitsbehörden, anstelle der viel zitierten »schwersten Straftaten« nach kleineren Delikten zu suchen. Als auch dies zu keinem durchschlagenden Erfolg führte, begab man sich auf die Suche nach Ordnungswidrigkeiten. Lärmbelästigung, fehlende Coronatests, Verstöße gegen das »Vereinzelungsverbot« des Shishatabaks. Die Summe solcher Verstöße wird nun jährlich von Innenministern als großer Schlag gegen die Clankriminalität verkauft.

Wie soll man als Unschuldiger, der seit Jahren von der Staatsmacht drangsaliert und entwürdigt wird, diesen Staat nicht verachten? Die himmelschreiende Doppelmoral seiner Politiker, die Ungerechtigkeit seiner Sicherheitsbehörden, den unverhohlenen Rassismus seiner Gesellschaft?

Würde man nicht-migrantische Eckkneipen, Handwerksbetriebe und Kioske mit derselben Hingabe auf Gesetzesverstöße durchsuchen, würde man in Kriminalstatistiken auf dieselben Zahlen kommen. Würde man urdeutsche Kneipen- und Restaurantbetreiber mit denselben Ordnungswidrigkeitsverfahren und Bußgeldern überziehen, könnte man sich im Anschluss genauso über deren Hass auf die Sicherheitsbehörden und die Verachtung gegenüber staatlichen Institutionen wundern.

Wie grotesk diese Ungleichbehandlung ist, wird deutlich, wenn man die polizeilichen Maßnahmen gegenüber Migranten mit der Beißhemmung vergleicht, die dieser Staat gegenüber Nicht-Migranten an den Tag legt. Während deutsche Sicherheitsbehörden regelmäßig Moscheen und muslimische Gebetshäuser wegen Steuerhinterziehung und der Erschleichung von Corona-Hilfsgeldern durchsuchen, kann man die Razzien in der katholischen Kirche auch dann noch an einer Hand abzählen, wenn man nebenbei im Sägewerk arbeitet.

Am 31. Januar 2022 veröffentlicht die *Süddeutsche Zeitung* einen Artikel, der mich sehr lange sehr nachdenklich macht. Es ist hauptsächlich der Titel, der mich irritiert.

> »Missbrauch: Bundeskanzler Olaf Scholz will Aufklärung nicht allein der Kirche überlassen.«[141]

Bundeskanzler Olaf Scholz will bitte was?

Bis hin zum Papst zieht sich der Skandal um den sexuellen Kindesmissbrauch in der katholischen Kirche. Es gibt Hunderte, wenn nicht sogar Tausende Täter, Mittäter und Mitwisser. Allein das öffentlich gewordene Hellfeld ist bisher vierstellig. Jedes Gutachten war ein weiterer Riss, der das Vertrauen in die Institution Kirche bis auf den Grund erschütterte. Die Kirchenaustritte haben ein Rekordniveau erreicht. In weiten Teilen der Organisation Kirche herrscht Fassungslosigkeit vor.

Trotz allem, was wir über die Missbrauchsfälle, das Versagen der kirchlichen Führung, die Vernichtung von Beweismitteln und die Verschleppung der Wahrheitsfindung durch die Verantwortlichen wissen, überlassen wir die Aufklärung der Kirche selbst?!

Politik, Polizei und Staatsanwaltschaft haben sich im Fall des tausendfachen sexuellen Kindesmissbrauchs in der katholischen Kirche auf die Strategie des guten Zuredens verständigt. Nun schaltet sich der Bundeskanzler selbst ein und fordert, dass man möglicherweise etwas machen müsste. Vielleicht.

Dieser Staat verfolgt den Missbrauch von Corona-Hilfsgeldern in einer Moschee härter als den Missbrauch von Kindern in der katholischen Kirche.

Als Deutsche inmitten der Coronapandemie aufgefordert werden, Maske zu tragen, Abstand zu halten und Hände zu waschen, führen die Infektionsschutzmaßnahmen zu einer derart aufgeheizten Stimmung im Land, dass Menschen aus der Mitte der Gesellschaft den Schulterschluss mit Rechtsextremisten üben. Sie versuchen, den Reichstag zu stürmen, den Gesundheitsminister zu entführen, und planen die Ermordung mehrerer Wissenschaftler. In Idar-Oberstein bittet ein Tankstellenmitarbeiter seinen Kunden, eine Maske aufzusetzen. Dieser kehrt eine halbe Stunde später zurück und erschießt den jungen Mann hinter der Theke. Die Gewerkschaft der Polizei, die mit ihren Forderungen selten zimperlich ist, fordert zu Anfang der einsetzenden Corona-Demonstrationen, dass »Corona-Teilnehmende an sogenannten Hygienedemos« nicht »pauschal kriminalisiert werden« dürfen. Später verschärft auch die GdP ihre Wortwahl. Sie steht aber genauso wie weite Teile von Politik, Polizei und Gesellschaft für einen bemerkenswert laxen Umgang mit Menschen, die sie als »Wir« versteht, während der Rechtsstaat gegenüber den »Anderen« nicht drakonisch genug sein kann.

Die Kriminalität durch Coronaleugner und Querdenker legen die Sicherheitsbehörden in ihren Kriminalstatistiken unter »Sonstige« ab.[142] Weitergehende Maßnahmen ergreifen sie keine.

Migrantisemitismus

Auf den ersten Blick glaubt man noch an eine optische Täuschung: ein gelber Stern mit schwarzer geschwungener Inschrift, in Brusthöhe auf der Oberbekleidung. Erst bei näherem Hinschauen liest man: »ungeimpft«. Ein zweites Bild zeigt Anne Frank, darüber die Worte »Anne Frank wäre bei uns«. Dieses Motiv scheint beliebt zu sein. Man findet es auf Plakaten und auf T-Shirts. Der Neonazi Sven Liebich aus Halle trägt ein solches. Wenige Meter entfernt läuft ein Mann durch die Menge, der sich vollständig in eine schwarz-weiß-rote Reichsflagge gehüllt hat. Rechtsextreme, die die Menschenmenge flankieren, stellen ihre Sympathien für das Naziregime offen zur Schau.

All dies lässt sich auf »Corona-Demonstrationen« und »Querdenker-Protesten« in aller Ausführlichkeit beobachten. Dort heißt es: »Wer nicht auf die Straße geht, wacht morgen im Nationalsozialismus wieder auf.« Oder auch: »Ausgangsbeschränkungen sind sozialer Holocaust.«

Menschen, die den Holocaust leugnen, marschieren neben Menschen, die sich als Opfer eines gerade stattfindenden Holocaust empfinden. Dazwischen Menschen, die einen neuen Holocaust herbeisehnen, weil sich »dunkle Mächte« und eine »globale Finanzelite« gegen die Menschheit verschworen haben sollen. Die antisemitischen Vergleiche nehmen kein Ende. Ein elfjähriges Mädchen, das seinen Geburtstag unter den Einschränkungen des Infektionsschutzgesetzes feiern muss, vergleicht sich mit der Jüdin Anne Frank. Jana aus Kassel fühlt sich wie die NS-Widerstandskämpferin Sophie Scholl. An mehreren Stellen wird Christian Drosten mit Josef Mengele verglichen.

Die Nachfahren der Täter möchten so gerne Opfer sein.

Die Leiterin des Zentrums für Antisemitismusforschung an der TU Berlin Stefanie Schüler-Springorum schreibt im *Spiegel* einen langen, nachdenklichen Artikel über den Zusammenhang zwischen Coronaleugnung und Antisemitismus. Sie macht darauf aufmerksam, dass der verschwörungstheoretische Judenhass keineswegs nur von Neonazis ausgeht, sondern auch von den freundlichen Menschen aus Verwandtschaft und Nachbarschaft.

> »Die nette Freundin aus dem Volleyballverein, der geistig immer noch so rege Großonkel, die hilfsbereite Mutter aus der Kita-Gruppe und der eloquente Kollege von der anderen Uni.«[143]

Sie alle teilen im Zuge der Coronapandemie antisemitische Webseiten, Videos oder vermeintliche »Experteninterviews«, die die »wahren Hintergründe« dieser Krise offenbaren sollten. Am Ende steht häufig fest: Die wahren Hintermänner, das sind die Juden.

Ein Jahr vor den Corona-Demonstrationen begeht der Antisemit Stephan Balliet einen Anschlag auf die jüdische Gemeinde in Halle. Es sind nicht die Sicherheitsbehörden, die ein Blutbad verhindern, sondern eine stabile Holztür. Balliet zieht weiter und erschießt eine Passantin und einen Passanten. Als der *Spiegel* bei seiner Mutter nachfragt, beschreibt sie sein Weltbild auf eine Art, die unfreiwillig auch ihre eigene Haltung offenbart.

> »Er hat nichts gegen Juden in dem Sinne. Er hat was gegen die Leute, die hinter der finanziellen Macht stehen – wer hat das nicht?«[144]

Wer hat das nicht? Der Antisemitismus ist tief in der Mitte der Gesellschaft verankert. Er war schon immer dort und ist nie verschwunden. Nur seinen offenen Ausbruch versuchen wir seit 75 Jahren zu verhindern.

Der Kabarettist Uwe Steimle bezeichnet sich als Überlebenden. Als Überlebenden der Wende. Er fragt zur besten Sendezeit im Fernsehen, »wieso die Amerikaner und Israelis Kriege anzetteln und wir Deutsche den Scheiß bezahlen dürfen«.[145] An anderer Stelle heißt es von ihm, die »Geldeintreiber, Wechsler, Pharisäer, die gilt es auszuhalten im Weinberg des Herrn«.[146] Als der freie Journalist Andreas Vorrath Steimle einen »völkisch-antisemitischen Jammer-Ossi« nennt, urteilt ein Richter, Steimle habe »wiederholt Vorlagen geliefert, die eine solche Meinung zulassen«.[147]

Der MDR hat mit alledem kein Problem.

> »Uwe Steimle ist Kabarettist und Satiriker. In den Sendungen, die der MDR mit ihm als freiem Mitarbeiter produziert, achten wir darauf, dass seine Satire auch als solche erkennbar ist.«[148]

Die Kabarettistin Lisa Fitz veröffentlicht im Jahr 2018 ein Lied mit folgendem Text:

> »Die Welt wird fieser und an wem mag's liegen? Der Schattenstaat, die Schurkenbank, der Gierkonzern, wer nennt die Namen und die Sünden dieser feinen Herrn? Rothschilds, Rockefeller, Soros & Consorten, die auf dem Scheißeberg des Teufels Dollars horten.«[149]

»Rothschild, Rockefeller, Soros«. »Gierige Menschen, die auf dem Scheißeberg des Teufels Dollar horten«.

Das Lied hat für Lisa Fitz keine Konsequenzen. Im Gegenteil. Sie bekommt im Jahr darauf den Bayerischen Verdienstorden verliehen und darf 2020 im SWR einen Kabarettbeitrag zum Thema »Verschwörungstheorien« zum Besten geben.

Ihre Kollegin Lisa Eckhart bringt im Jahr 2021 ein Stück über Juden. Es ist Teil ihres Kabarettprogramms:

> »Am meisten enttäuscht es von den Juden, da haben wir immer gegen den Vorwurf gewettert, denen ginge es nur ums Geld, und jetzt plötzlich kommt raus, denen geht's wirklich nicht ums Geld, denen geht's um die Weiber, und deshalb brauchen sie das Geld. Es ist ja wohl nur gut und recht, wenn wir den Juden jetzt gestatten, ein paar Frauen auszugreifen. Mit Geld ist ja nichts gutzumachen. Den Juden Reparationen zu zahlen, das ist, wie dem Mateschitz ein Red Bull auszugeben. (…) Was tun, wenn die Unantastbaren beginnen, andere anzutasten? (…) Die heilige Kuh hat BSE.«[150]

Der WDR sieht darin keinen Antisemitismus am Werk. Im Gegensatz zum Antisemitismusbeauftragten der Bundesregierung, dem Präsidenten der Deutsch-Israelischen Gesellschaft, dem Direktor des American Jewish Committee in Berlin, dem Bundesverband Recherche- und Informationsstelle Antisemitismus, dem Jüdischen Forum für Demokratie und gegen Antisemitismus, der Jüdischen Studierendenunion Deutschland und vielen weiteren jüdischen Verbänden und Einzelpersonen.

Steimle, Fitz und Eckhart waren und sind langjährige Aushängeschilder des öffentlich-rechtlichen Rundfunks.

Als das Pew-Forschungsinstitut 2018 Erwachsene in 15 Ländern zu ihren religiösen Einstellungen befragt, antwortet ein Fünftel der Deutschen, sie wären nicht bereit, einen Juden als Familienangehörigen zu akzeptieren.[151]

Einen Monat nachdem Bundesinnenminister Horst Seehofer im März 2018 feststellt, dass der Islam nicht zu Deutschland gehört, fragt der Journalist Tilo Jung während der Bundespressekonferenz die Sprecherin des Innenministeriums, ob denn das Judentum zu Deutschland gehöre. Die Sprecherin möchte sich nicht festlegen und verweist auf eine Prüfung, die dazu im Ministerium stattfinde.[152]

Ob das Judentum zu Deutschland gehört.

Es gibt kaum einen Verlag, der derart fest an der Seite des jüdischen Volkes und des Staates Israels steht wie der Axel-Springer-Verlag. Alle Mitarbeiterinnen und Mitarbeiter des Konzerns müssen sogenannte »Essentials« unterschreiben. Eines dieser »Essentials« lautet: »Wir unterstützen das jüdische Volk und das Existenzrecht des Staates Israel.« Es ist wichtig, diese Worte im Hinterkopf zu behalten, wenn man sich mit den folgenden Ereignissen auseinandersetzt.

Am 1. Mai 2020 veröffentlicht der ehemalige Geschäftsführer der *Welt* Ulf Poschardt den Tweet »der #grunewald war ein sehr jüdisches Viertel: das ›enteignen first, bedenken second‹ gab es schon mal: zwischen 1933 und 1945«.[153] Poschardt vergleicht damit die Enteignungsforderung Berliner Mietaktivistinnen mit der Enteignung von Juden während des nationalsozialistischen Regimes.

Am 4. Februar 2021 erscheint in der *Welt* ein Artikel, in dem es um die Einführung einer Impfpflicht geht. Der Autor Henryk Broder begründet seinen Widerstand gegen eine Impfpflicht mit den folgenden Worten:

> »Wird der Impfausweis dort ansetzen, wo der ›Ariernachweis‹ aufhören musste? Wird es in den Grünanlagen bald Bänke ›Nur für Geimpfte‹ geben? Wird Nicht-Geimpften die Benutzung der öffentlichen Verkehrsmittel verboten? Müssen sie sich an für sie bestimmten Ladenkassen anstellen? Werden ihnen separate Einkaufszeiten zugeteilt?«[154]

Am 9. November 2021 veröffentlicht die *Welt* einen Text mit dem Titel »Die Ungeimpften sind unser Unglück«.[155] Der Titel ist eine Anspielung an das Zitat »Die Juden sind unser Unglück«, das zwischen 1927 und 1945 jeder Ausgabe des nationalsozialistischen Hetzblatts *Der Stürmer* angefügt war. Wenige Stunden nachdem die *Welt* den Text auf ihrem Twitter-Profil bewirbt, machen mehrere Nutzer darauf aufmerksam, dass sowohl die Referenz auf die Nationalsozialisten als auch die Veröffentlichung eines solchen Beitrags ausgerechnet am 9. November unangemessen ist. Die Redaktion ändert den Titel auf der Webseite ohne jeden Hinweis in »Die Ungeimpften als neue Sündenböcke«.[156] Der Tweet bleibt unverändert.

Am 23. November 2021 beschwert sich die *Bild*-Journalistin Nena Brockhaus auf Twitter über die konsequente Durchsetzung der Maskenpflicht in Hotels. »Regeln sind Regeln. Der Sinn des eigenen Handelns wird nicht mehr hinterfragt«, heißt es von ihr. Darauf antwortet der ehemalige Sportchef der *Bild* in Süddeutschland Jörg Althoff: »Hatten wir schon mal… vor ca. 88 Jahren:-(«. Die Zahl 88 gilt in der Neonazi-Szene als Code für »Heil Hitler«. Es dauert ein paar Stunden, bis sich die *Bild* von dem Tweet distanziert und um Entschuldigung bittet.[157]

Am 7. November 2022 tagt die CDU-nahe »Denkfabrik R21« zum Thema »Wokes Deutschland – Identitätspolitik als Bedrohung unserer Freiheit?«.[158] Teil der Konferenz ist eine abschließende Podiumsdiskussion. Es diskutieren die ehemalige FDP-Generalsekretärin Linda Teuteberg, die CDU-Politikerin und ehemalige Bundesfamilienministerin Kristina Schröder, der Kabarettist Dieter Nuhr, die *Welt*-Journalistin Anna Schneider und die Unternehmerin Natalie Mekelburger. Mittendrin fallen folgende Sätze:

> »Die, die so ticken, das ist eine Minderheit. Aber die sind im Besitz der kulturellen Produktionsmittel, in den Medien, in den Unis, in den NGOs.«

Und:

> »Man hat das Gefühl, dass hier eben eine machtvolle kleine Elite versucht zu steuern gegen einen Großteil der Bevölkerung.«[159]

Das Magazin *Kontraste* nennt dies in einem Zusammenschnitt »verschwörungsideologisch angehauchte Thesen«.[160]

Der ehemalige Präsident des Bundesamts für Verfassungsschutz Hans-Georg Maaßen macht immer wieder mit rechtsradikalen und antisemitischen Grenzüberschreitungen auf sich aufmerksam. Viele Fachleute warnen vor seinen Worten und seiner im Kern antidemokratischen Haltung. Der ehemalige Kanzlerkandidat und CDU-Politiker Armin Laschet verteidigt Hans-Georg Maaßen lange Zeit gegen nahezu jeden Vorwurf. Der Chefredakteur der *Welt* Ulf Poschardt schreibt noch im Jahr 2021 eine glühende Verteidigung auf Maaßen, dem der Antisemitismusbeauftragte der Bundesregierung später eine Relativierung des Holocaust vorwerfen wird.[161]

Als ich den Axel-Springer-Verlag im Rahmen einer Presseanfrage mit den Beiträgen seiner Mitarbeiter konfrontiere, antwortet mir ein Unternehmenssprecher, bei Axel Springer würden »Rabbis« im Verlagshaus »Chanukka-Kerzen anzünden«. Man sei ein Haus der »jüdischen Stimmen«. Meine Anfrage sei »absurd«.

Der Antisemitismus ist in diesem Land in jeder Geschmacksrichtung reichhaltig vorhanden. Weder Rand noch Mitte sind in dieser Gesellschaft frei vom Judenhass. Er blüht im Fernsehen, im Radio, in der Zeitung, in Westdeutschland, in Ostdeutschland, inmitten der Armen, Reichen, Linken, Rechten, Antikapitalisten, Antizionisten und Verschwörungstheoretiker. Das alljährliche »Nie wieder!« kann man sich zusammengefaltet in die Tasche stecken.

Im Kampf gegen den Antisemitismus versagt der Staat, versagt die Zivilgesellschaft, versagen die demokratischen Kräfte. Derart häufig und mit einer deprimierenden Regelmäßigkeit, dass sich die Juden in diesem Land nicht sicher fühlen können. Wenn es um Antisemitismus geht, gibt es keine Konsequenzen. Und es bleiben auffallend viele still.

Allerdings nicht immer. Zuweilen sind sie laut, sogar schrill. In manchen Fällen verurteilen sie den Antisemitismus und den Judenhass in ungewohnter Schärfe. Allerdings, und das ist auffällig, nicht jeden Antisemitismus. Nur diesen einen, ganz bestimmten Antisemitismus.

Den Antisemitismus der Anderen.

Am 27. Januar 2020, dem 75. Jahrestag der Befreiung des KZ Auschwitz, sagt der CDU-Politiker Philipp Amthor:

> »Klar ist auch, das darf man nicht vergessen, dass Antisemitismus natürlich vor allem in muslimisch geprägten Kulturkreisen besonders stark vertreten ist. Vor dem Hintergrund der Migration der vergangenen Jahre sind an dieser Stelle natürlich viele Sorgen für die jüdische Bevölkerung da.«[162]

Vor allem in muslimisch geprägten Kulturkreisen. Vor dem Hintergrund der Migration der vergangenen Jahre. Am Jahrestag der Befreiung des KZ Auschwitz.

Der ehemalige Bundesinnenminister Horst Seehofer lässt angesichts der antisemitischen Demonstrationen durch arabische Israelhasser verlautbaren:

»Wir werden nicht tolerieren, dass auf deutschem Boden israelische Flaggen brennen oder jüdische Einrichtungen angegriffen werden. Jüdinnen und Juden müssen in Deutschland sicher leben können. Nie wieder dürfen Jüdinnen und Juden in unserem Land in Angst leben. Wer antisemitischen Hass verbreitet, wird die volle Härte des Rechtsstaates zu spüren bekommen. Ich sage deutlich: Deutschland darf kein Rückzugsraum für Terroristen sein. Die Sicherheitsbehörden sind hellwach und tun alles, um die Menschen in unserem Land zu schützen.«[163]

Es ist ein Statement, das sich anders anhört als seine Reaktion auf den antisemitischen Anschlag in Halle, wo ein weißer Antisemit beinahe ein Blutbad an Juden angerichtet hätte. Seehofers Maßnahmen gipfelten damals darin, die »Gamerszene« stärker in den Blick zu nehmen. Sein Amtskollege Holger Stahlknecht in Sachsen-Anhalt zeigte sich gar genervt davon, dass seine Polizisten nun permanent Synagogen bewachen sollen. Diese Einsatzkräfte würden nun an anderer Stelle fehlen.

Was Seehofers Aussage, die Sicherheitsbehörden seien »hellwach«, bedeuten soll, bleibt unklar. Insbesondere vor dem Hintergrund, dass der Bundesinnenminister nach der Aufdeckung rechtsextremer und antisemitischer Chatgruppen innerhalb der Polizei keinen erhöhten Handlungsbedarf sah und die wissenschaftliche Erforschung extremistischer Strömungen in der Polizeiorganisation behinderte.

Ein Polizist, der im Zuge des Anschlags in Halle ein Sicherheitskonzept für die Synagogen in Hannover entwickeln soll, tritt wenig später bei einer Querdenker-Demo auf, vergleicht die Bundesregierung mit dem »Dritten Reich« und ruft seine Kollegen zur Befehlsverweigerung auf.[164]

Ein anderer Polizist, dessen Einsatzhundertschaft für den Schutz der Synagoge in Münster verantwortlich ist, trägt öffentlich die Abbildung eines Wehrmachtspanzers an seinem Einsatzrucksack. Aufgefallen war dies im Rahmen einer Demonstration gegen Antisemitismus.[165]

Ein weiterer Polizist, der als Personenschützer der ehemaligen Präsidentin des Zentralrats der Juden Charlotte Knobloch eingesetzt wird, schreibt in einer Chatgruppe mit sieben anderen Polizisten, man könne ja die Konzentrationslager wieder aufmachen. Als er den israelischen Generalkonsul fahren soll, schreibt er einem befreundeten Polizisten, er würde jetzt lieber nach Dachau fahren, dann käme er früher heim. Sein Freund antwortet daraufhin: »Aber nicht der, der den Ofen sauber machen muss.«[166]

> »Die Sicherheitsbehörden sind hellwach und tun alles, um die Menschen in unserem Land zu schützen.«

Ich bin mir da ehrlich gesagt nicht so sicher.

In einer Kampagne aus dem Jahr 2014 titelte die *Bild*: »Stimme erheben – Nie wieder Judenhass«. Auf die Frage: »Wer sind die neuen Juden-Hasser?«, heißt es dort:

> »Der Judenhass, der sich derzeit entlädt, ist ein importierter, ein Judenhass mit Migrationshintergrund. Seine Protagonisten sind zum allergrößten Teil Araber und Türken, unterstützt von Bio-Deutschen, deren Großeltern noch selber »Juda verrecke!«

gebrüllt haben. (…) Das Gewissen mancher arabischen und türkischen Mitbürger schlägt erst aus und dann zu, wenn sich ihre Wut gegen die Juden bzw. Israel richten kann. Erstens weil sie meinen, damit Zustimmung bei den Mitbürgern ohne Migrationshintergrund zu finden, zweitens weil sie sonst keine Gelegenheit haben, Dampf abzulassen und sich bemerkbar zu machen. Wann und wo sonst dürfen verschleierte Frauen bei politischen Demonstrationen mitlaufen? Der Antisemitismus ist der ›Sozialismus der dummen Kerle‹, hat August Bebel gesagt, einer der Urväter der SPD. Die dummen Kerle von heute schreien nicht ›Heil Hitler‹, sondern ›Allahu Akbar‹. Sie wollen sich nicht von den Fesseln ihrer Traditionen, sondern Palästina von den Juden bzw. Zionisten befreien.«[167]

Am 27. Juli 2014 erscheint ein Artikel des ehemaligen stellvertretenden Chefredakteurs der *Bild am Sonntag* Nicolaus Fest. Der Titel lautet »Islam als Integrationshindernis«. Es geht auch um Antisemitismus.

»Ich bin ein religionsfreundlicher Atheist. Ich glaube an keinen Gott, aber Christentum, Judentum oder Buddhismus stören mich auch nicht. Nur der Islam stört mich immer mehr. Mich stört die weit überproportionale Kriminalität von Jugendlichen mit muslimischem Hintergrund. Mich stört die totschlagbereite Verachtung des Islam für Frauen und Homosexuelle. Mich stören Zwangsheiraten, ›Friedensrichter‹, ›Ehrenmorde‹. Und antisemitische Pogrome stören mich mehr, als halbwegs zivilisierte Worte hergeben. (…) Ist Religion ein Integrationshindernis? Mein Eindruck: nicht immer. Aber beim Islam wohl ja. Das sollte man bei Asyl und Zuwanderung ausdrücklich be-

> rücksichtigen! Ich brauche keinen importierten Rassismus, und wofür der Islam sonst noch steht, brauche ich auch nicht.«[168]

Der deutsche Presserat spricht eine Rüge für diesen Artikel aus. Der Beitrag verstoße gegen die »Achtung der Menschenwürde«, den »Verzicht auf die Schmähung religiöser Überzeugungen« und das »Verbot der Diskriminierung einer religiösen Gruppe«.

Als das Kanzleramt ein Gemälde des Künstlers Emil Nolde wegen dessen Vergangenheit im Nationalsozialismus entfernen lässt, veröffentlicht die *Bild* im Jahr 2019 einen Beitrag mit dem Titel »Nazi-Kunst rauswerfen ist richtig, aber …«.

> »Es wäre freilich überzeugender, wäre diese Entscheidung zu einem weniger politisch überkorrekten (um nicht zu sagen: opportunistisch) gewählten Zeitpunkt getroffen worden. Erst recht überzeugender würde die wirkliche First Lady Deutschlands handeln, wenn ihre Regierung es nicht bei wohlfeilen Lippenbekenntnissen und leeren Gesten beließe. Sie sollte den in Deutschland dominanten islamischen Antisemitismus wort- und tatenreich bekämpfen.«[169]

Ein Gemälde im Kanzleramt, abgehängt wegen der nationalsozialistischen Vergangenheit des Künstlers, ist der *Bild* Anlass genug, um vor dem »dominanten islamischen Antisemitismus« zu warnen.

Die Muslime, die Türken, die Araber. Sie sind eine Gefahr für die Juden. Aber nur sie. Nicht die Altnazis, Neonazis, Nazis in Nadelstreifen und Nazi-V-Leute, die auf der Gehaltsabrechnung des Verfassungsschutzes stehen. Der Antisemitismus in diesem Land wird nur dann öffentlich und offensiv bekämpft, wenn er sich als Antisemitismus der Anderen ausmachen lässt. Als Migrantisemitismus. Die antisemitischen Grenzüberschreitungen von Menschen, die Uwe Steimle, Lisa Fitz, Lisa Eckhart oder Hans-Georg Maaßen heißen, scheinen zu keinerlei Konsequenzen zu führen. Der Antisemitismus wird nur dann angeprangert, wenn er in eine politische Agenda hineinpasst, wenn er sich zu rassistischen Kampagnen ummünzen lässt, wenn er Klicks und Auflage bringt, wenn sich mit ihm Wählerstimmen kaufen lassen. Wenn man mithilfe des Migrantisemitismus vom eigenen Judenhass ablenken kann.

Dabei ist es unstrittig, dass es diesen »anderen« Antisemitismus gibt. Dass dieser andere Antisemitismus gar in gefestigten Strukturen zutage tritt. Wenn beispielsweise Musiker mit Zuwanderungsgeschichte in ihren Rap-Texten antisemitische Zeilen singen, wenn jedes Fußballspiel einer jüdischen Fußballmannschaft gegen eine muslimische Mannschaft zu einem Risikospiel wird, bei dem am Ende die Polizei erscheinen muss. Wenn in einer öffentlichen Schule jüdische Kinder von muslimischen Kindern beleidigt und bedroht werden. Und auch und vor allem, wenn sich in Moscheen antisemitische Predigten in den Köpfen von Islamisten festsetzen und zu antisemitischen Worten und Taten führen. Im schlimmsten Fall zu Toten. Wie bei mehreren islamistischen Anschlägen der Vergangenheit geschehen.

Dies alles ist real. Dies alles ist eine reale Gefahr für die Freiheit unserer Gesellschaft und für das Leib und Leben der Jüdinnen und Juden in diesem Land. In dieser Sache gibt es keine zwei Meinungen, wer diesen Antisemitismus verharmlost, untergräbt unser demokratisches Wertefundament. Es muss allerdings möglich sein, das eine zu tun, ohne das andere zu lassen. Den Antisemitismus in der muslimischen Gemeinschaft zu bekämpfen, ohne ihn als willkommene Ablenkung vom rechten und rechtsextremen Antisemitismus zu begreifen.

Die vom Antisemitismus Betroffenen wissen um dieses böse Spiel. Der Journalist Ronen Steinke schreibt dazu in seinem Buch *Terror gegen Juden*:

> »Noch nie nach 1945 hat es hierzulande etwas anderes gegeben, keine Normalität und keine Ruhe, die erst jetzt durch Flüchtlinge aus arabischen Ländern gestört worden wäre.«[170]

Auch die ehemalige Vorsitzende der jüdischen Studierendeninitiative Berlin Anastassia Pletoukhina warnt:

> »Oft wird alles in einen Topf geworfen und irgendwo ein Schuldiger gesucht, so wie jetzt die Muslime. Ja, es gibt muslimischen Antisemitismus in Deutschland, der ganz gezielt adressiert werden muss. Aber ich würde auch ganz klar sagen: Lenkt bitte nicht von eurem eigenen Antisemitismus ab. Der geht nämlich auch von der sogenannten deutschen Mehrheitsgesellschaft aus.«[171]

Das eine tun, ohne das andere zu lassen. Unabhängig davon, ob es nun der Antisemitismus der deutschen Mehrheitsgesellschaft oder der Antisemitismus der Anderen ist.

Das wäre zumindest die wahre Essenz des »Nie wieder!«.

Abgrund

Der Krawattenknoten ist beinahe so groß wie der Kopf. Davon abgesehen ist der Mann völlig tadellos gekleidet. Ein dunkler Dreiteiler, Manschettenknöpfe, auf Hochglanz polierte Schuhe. Die kleine, markante Brille mitten im Gesicht. Er sieht aus, wie man sich Daniel Düsentrieb als Dandy vorstellt.

Hans-Georg Maaßen sitzt zurückgelehnt. Er wirkt abwechselnd amüsiert und genervt. Zu Beginn der Sendung antwortet er Markus Lanz noch ruhig, überlegt und manchmal sogar nachdenklich auf seine Fragen. Später, als er »den Medien« vorwirft, unredlich und unwahr zu berichten, sprudelt es aus ihm heraus. Es geht um seine Rolle als Präsident des Bundesamts für Verfassungsschutz. Um vergangene Aussagen zur Lage der Nation, die sich allesamt so anhören, als kämen sie vom Pressesprecher der AfD.

Während eines Besuchs beim CDU-Ortsverband Weinheim im Jahr 2019 sagt Maaßen, er sei »vor 30 Jahren nicht der CDU beigetreten, damit heute 1,8 Millionen Araber nach Deutschland kommen«[172]. Kurz danach schreibt er auf Twitter:

»Lassen Sie sich nicht einreden, dass es sich um Seenotrettung handelt. Diese Migranten sind keine Schiffbrüchigen und keine Flüchtlinge. Sie haben als einwanderungswillige Ausländer die Schleuserboote bestiegen, um von einem Shuttle-Service nach Europa gebracht zu werden.«[173]

Als er 2018 behauptet, dass es in Chemnitz während der rechtsextremen Ausschreitungen keine Hetzjagden gegeben habe, verliert er seinen Posten als Verfassungsschutzchef. Man sieht zeitgleich zu Maaßens Verlautbarungen, wie Rechtsextreme, Hooligans und Reichsbürger durch die Chemnitzer Innenstadt marschieren und »Wir sind Krieger, wir sind Fans, Adolf Hitler, Hooligans« skandieren. Polizisten werden angegriffen, Journalisten verletzt, ein jüdisches Restaurant attackiert. Die Bundesanwaltschaft verdächtigt sieben Männer aus Chemnitz der Bildung einer terroristischen Vereinigung. Der spätere Mörder von Walter Lübcke, Stephan Ernst, marschiert in Chemnitz mit. Menschen, die der Mob für Migranten hält, werden rassistisch beleidigt und müssen fliehen. Alles das wird hundertfach auf Videos festgehalten, über Twitter-Kanäle verteilt und in Nachrichtensendungen ausgestrahlt. Der Chef des Inlandsgeheimdienstes allerdings will keine Hetzjagenden erkannt haben.

Markus Lanz legt seinem Gesprächspartner Schlagzeilen und Tweets wie Beweismittel vor. Er konfrontiert Maaßen mit seinen eigenen Aussagen, bohrt nach. Lanz ist nicht allein. Der Journalist Olaf Sundermeyer bestätigt die Verfehlungen und Grenzüberschreitungen Maaßens. Es ist eine anstrengende, aber auch erkenntnisreiche Sendung.

40 Minuten nach Beginn des Gesprächs sagt Maaßen etwas, was auch nach der Sendung viel zu wenig Beachtung findet. Er sagt zentrale Sätze, die das Verhältnis der deutschen Gesellschaft zu ihrem rechten Rand so gut beschreiben wie kaum jemals zuvor und danach. Man sieht, dass es ihm am Herzen liegt und dass er es unbedingt loswerden möchte, bevor die Sendung zu Ende geht.

> »Die Leute, die die Angriffe auf Asylunterkünfte machen, waren überwiegend, jedenfalls die festgestellten Tatverdächtigen, keine Rechtsextremisten, waren keine Nazis gewesen, waren, das ist jetzt für mich der entscheidende Ansatz, das waren Leute gewesen, die gehörten eigentlich zur bürgerlichen Mitte, die haben sich radikalisiert.«

Markus Lanz nutzt die Gelegenheit und sagt in die kurze Atempause: »Wie Sie!«

> »Quatsch! Das waren Leute gewesen, die gehörten zur bürgerlichen Mitte, und die haben sich radikalisiert. Die haben dann einen Übergriff auf eine Asylunterkunft gemacht. Und da habe ich festgestellt, der Staat nimmt hier eine, die Gesellschaft nimmt hier eine Entwicklung, wo wir es nicht nur zu tun haben mit einer Spaltung, sondern mit Menschen, die bisher eine tragende Säule dargestellt haben und die sich abwenden von dem Staat. Mein Ziel ist es, die wieder zurückzugewinnen.«

Etwas hilflos bringt der ansonsten versierte Markus Lanz heraus, dass »Skinheads mit Springerstiefeln und die ›Sieg Heil‹ rufen«, nicht Teil der Mitte dieser Gesellschaft sind.

»Also Herr Lanz, da brauchen wir gar nicht drüber zu reden. Um die geht es nicht. Es geht im Grunde genommen um die kleinen Angestellten, um normale Menschen, die Angriffe auf Asylunterkünfte machen. Um die geht es mir. Es geht mir nicht um Nazis.«

Maaßen erklärt, warum sich diese kleinen Angestellten und normalen Menschen derart radikalisieren, dass sie Flüchtlingsunterkünfte anzünden:

»Dieser Grund liegt zum einen in einer Politik, die diese Menschen nicht verstehen oder die sie nicht haben wollen. Liegt aber auch in Teilen, aus meiner Sicht, daran, dass sie sich in den Medien nicht mehr wiederfinden. Dass sie mit ihren Positionen in den Medien kein Gehör mehr finden.«[174]

Die Politik. Die Medien. Kleine Angestellte. Normale Leute. Unverstanden. Ungehört. Zünden Asylunterkünfte an.

Es ist ein wichtiger Gedanke. Vielleicht sogar der wichtigste der gesamten Sendung. Kurz nach den Ausschreitungen in Chemnitz gibt der damalige Bundesinnenminister Horst Seehofer ein Interview. Im Gespräch mit der *Rheinischen Post* sagt er:

»Ich wäre, wenn ich nicht Minister wäre, als Staatsbürger auch auf die Straße gegangen.«[175]

Er weiß, welche Schlussfolgerung er damit provoziert. Er schiebt den Halbsatz »natürlich nicht gemeinsam mit Radikalen« hinterher. Auch Seehofer erklärt, was die Menschen bewegt und was das Grundübel aller Konflikte in diesem Land ist:

> »Die Migrationsfrage ist die Mutter aller politischen Probleme in diesem Land. (…) Viele Menschen verbinden jetzt ihre sozialen Sorgen mit der Migrationsfrage.«

Wäre das auch mal geklärt.

Ich stimme Hans-Georg Maaßen vollumfänglich zu. Noch immer bebildern Medien rechtsextreme Vorfälle mit Aufnahmen von Glatzköpfen in Bomberjacken und Springerstiefeln. Mit tätowierten Stiernacken. Mit Schlagstöcken und Baseballschlägern. Mit Bildern, die unsere realitätsferne Vorstellung von Rassisten und Rechtsradikalen formen. Die, welch glücklicher Zufall, nie so aussehen wie wir. Oder unsere Nachbarn. Oder unsere Freunde.

Hans-Georg Maaßen räumt mit diesem Mythos auf. Er möchte Verbindung, Verständnis und Empathie herstellen. In seinen Worten schwingt mit, dass nicht jeder, der eine Asylunterkunft anzündet, gleich ein Rechtsextremer sein muss. Man kann diese Worte aber auch anders verstehen. Dass selbst kleine Angestellte und normale Leute aus der bürgerlichen Mitte Flüchtlinge angreifen und deren Tod mindestens in Kauf nehmen. Dass selbst freundliche 70-jährige Männer aus Bayern, die in ihrem Hobbykeller Modelleisenbahnen zusammenstecken, an Versammlungen teilnehmen, in deren direkter Nachbarschaft rechtsextreme Terroristen Anschläge planen.

Maaßen erklärt, dass Menschen aus der Mitte der Gesellschaft die Politik nicht mehr verstehen, sich in den Medien nicht mehr wiederfinden. Das klingt zumindest nicht unplausibel. Aber was soll das für eine Mitte sein, wenn selbst eine Politik, die jahrzehntelange Leitkultur- und Ausgrenzungsdebatten führt, diese Menschen nicht mehr erreicht? Wie groß muss der Hass auf die Anderen sein, wenn sich kleine Angestellte und normale Menschen nicht einmal mehr in Medien wiederfinden, die am laufenden Band Muslime kriminalisieren, Flüchtlinge dämonisieren, Ausländer zu Sündenböcken machen.

Wie es um diese Mitte bestellt ist, zeigt eine Veröffentlichung des Else-Frenkel-Brunswik-Instituts, das im Jahr 2023 rechtsextreme Einstellungen in den ostdeutschen Bundesländern untersucht hat. Befragt wurden 3546 Menschen, von denen 23 Prozent der Aussage »Der Nationalsozialismus hatte auch seine guten Seiten« zustimmen. 21 Prozent haben kein Problem mit der Erklärung »Ohne Judenvernichtung würde man Hitler als großen Staatsmann ansehen«. 34 Prozent sind der Meinung, »auch heute noch« sei »der Einfluss der Juden zu groß«. 70 Prozent glauben, »die Ausländer« kämen nur hierher, »um unseren Sozialstaat auszunutzen«. 51 Prozent der Menschen fordern »eine starke Partei, die die Volksgemeinschaft insgesamt verkörpert«. 33 Prozent sehnen sich nach einem »Führer, der Deutschland zum Wohle aller mit starker Hand regiert«.[176]

Die Politologin Rafaela Dancygier veröffentlicht ebenfalls im Jahr 2023 eine Studie, die einen Schritt weitergeht. Die Professorin aus Princeton befragte 3000 Menschen aus ganz Deutschland explizit zu Hass und Hasskriminalität gegenüber Flüchtlingen. Heraus kam, dass 17,7 Prozent der Befragten der Aussage »Wenn es um das Flüchtlingsproblem geht, ist Gewalt manchmal das einzige Mittel, das die Bürger haben, um die Aufmerksamkeit der deutschen Politiker zu erlangen« zustimmen. 16,7 Prozent können sich mit der Erklärung »Angriffe auf Flüchtlingsheime sind manchmal notwendig, um den Politikern klar zu machen, dass wir ein Flüchtlingsproblem haben« identifizieren. 18,7 Prozent halten »Feindseligkeit gegenüber Flüchtlingen« manchmal für gerechtfertigt, »auch wenn sie in Gewalt mündet«. 14,2 Prozent halten »fremdenfeindliche Gewalttaten« für »vertretbar, wenn sie dazu führen, dass weniger Flüchtlinge in der Stadt angesiedelt werden«.[177]

Es ist keine neue Erkenntnis, die das deutsche Volk in wissenschaftlichen Studien und Wahlentscheidungen zum Ausdruck bringt. Seit vielen Jahren nehmen die kleinen Angestellten ihr Recht in die eigene Hand, klären normale Menschen die Migrationsfrage auf ihre eigene Art.

Im Jahr 1970 verüben Unbekannte einen Brandanschlag auf die Israelitische Kultusgemeinde in München. Es verbrennen Rivka Regina Becher (59), Meir Max Blum (71), Rosa Drucker (59), Arie Leib Leopold Gimpel (50), David Jakubovicz (60), Siegfried Offenbacher (71), Eliakim Georg Pfau (63). Sie alle überleben den Holocaust und sterben in der Bundesrepublik durch die Hand der neuen und alten Judenfeinde. Bundeskanzler Willy Brandt verspricht, alles zu tun, um die Täter zu überführen. In den 1990er Jahren verschwinden Beweisstücke aus der Asservatenkammer des Bayerischen Landeskriminalamts. Fragen dazu kann die Bundesregierung nicht beantworten.[178]

Bei einem Brandanschlag auf ein Flüchtlingsheim in

Hamburg im Jahr 1980 sterben die Vietnamesen Nguyễn Ngọc Châu (22) und Đỗ Anh Lân (18). Mehrere Neonazis, die zuvor »Ausländer raus« an die Fassaden gesprüht und die Molotowcocktails durch die Fenster geworfen haben, werden zu langen Haftstrafen verurteilt.

Im selben Jahr verüben Rechtsextreme einen Terroranschlag in München, bei dem zwölf Menschen sterben. Gabriele Deutsch (17), Robert Gmeinwieser (17), Axel Hirsch (23), Markus Hölzl (44), Paul Lux (52), Ignatz Platzer (6), Ilona Platzer (8), Franz Schiele (33), Angela Schüttrigkeit (39), Errol Vere-Hodge (25), Ernst Vestner (30) und Beate Werner (11) verlieren ihr Leben. Es dauert 40 Jahre, bis im Jahr 2020 die Generalbundesanwaltschaft ein rechtsextremes Tatmotiv anerkennt. Zwischenzeitlich werden zahlreiche Asservate vernichtet, an mehreren Stellen der Ermittlung ist von Strafvereitelung im Amt die Rede.

Im Jahr 1984 sterben bei einem Brandanschlag in Duisburg Döndü Satır (40), Songül Satır (4), Ümit Satır (5), Çiğdem Satır (7), Zeliha Turhan (18), Rasim Turhan (18) und Tarık Turhan. Der kleine Tarık ist 50 Tage alt. Die Tatverdächtige Evelin D. wird im Zuge eines anderen Brandanschlags in Duisburg ermittelt. Zeugen berichten von Hakenkreuzen am Tatort. Dennoch befragt die Polizei im Krankenhaus die Überlebenden, ob sie Streit mit anderen Familien gehabt hätten, und vermutet einen Bandenkrieg zwischen Türken und Jugoslawen.[179] D. wird daraufhin als Pyromanin ohne politisches Tatmotiv verurteilt.

Im Jahr 1988 sterben bei einem Brandanschlag in Schwandorf Osman Can (49), Fatma Can (43), Mehmet Can (11) und Jürgen Hübener (47). Vor Gericht ist der Täter geständig und sagt »Ich hasse Ausländer«. Der Richter verurteilt ihn wegen schwerer Brandstiftung, will aber keinen Mord erkennen. Im Umfeld des Täters werden Hakenkreuz-Aufkleber und der Schriftzug »Türken raus« gefunden.

Im Jahr 1992 legen drei Jugendliche ein Feuer in der Flüchtlingsunterkunft in Lampertheim. Es stirbt eine dreiköpfige Familie aus Sri Lanka. Die Täter werden wegen schwerer Brandstiftung verurteilt. Ein fremdenfeindliches Motiv möchte das Gericht allerdings nicht erkennen. Im Nachgang an die Tat stellt der stellvertretende Landrat Heinz Fraas, ein Politiker der SPD, der Botschaft von Sri Lanka die Sozialhilfe und die Beerdigungskosten in Rechnung. Der *Spiegel* vermeldet dazu einen kurzen Beitrag.

> »Der Kreis habe der dreiköpfigen Familie insgesamt 22 194,40 Mark Hilfe zum Lebensunterhalt gezahlt, ›hinzu kommen Kosten in Höhe von 1822,86 DM, die für die Bestattung aufgewendet wurden‹. Das Geld soll jetzt aus dem Nachlaß eingetrieben werden, nachdem ein Sparkonto der Familie entdeckt wurde. ›Wir sind nicht dafür verantwortlich, wenn Kriminelle ein Haus anzünden‹, verteidigt sich Fraas.«[180]

Im Jahr 1992 greifen Neonazis in Mölln zwei Wohnhäuser an, die von türkischen Familien bewohnt werden. Bei dem Brandanschlag kommen Yeliz Arslan (10), Ayse Yilmaz (14) sowie Bahide Arslan (51) in den Flammen um. Die Täter rufen im Anschluss an ihre Tat bei der Polizei an und beenden das Gespräch mit »Heil Hitler«. Als im Rahmen der öffentlichen Auseinandersetzung mit der Tat Bundeskanzler Helmut Kohl gefragt wird, warum er nicht nach

Mölln reise, um den Hinterbliebenen sein Beileid auszusprechen, lässt Kohl ausrichten, er halte nichts von »Beileidstourismus«.[181]

Im Jahr 1993 zünden Neonazis in Solingen ein Wohnhaus an, das von zwei türkischen Familien bewohnt wird. Es sterben Saime Genç (4), Hülya Genç (8), Gülüstan Öztürk (11), Hatice Genç (18) und Gürsün İnce (27). Verletzt werden zudem ein sechs Monate alter Säugling und ein dreijähriges Kind. Als im Rahmen der öffentlichen Auseinandersetzung mit der Tat Bundeskanzler Helmut Kohl gefragt wird, warum er nicht nach Solingen reise, um den Hinterbliebenen sein Beileid auszusprechen, lässt Kohl ausrichten, er habe »weiß Gott wichtigere Termine«[182].

Im Jahr 1996 sterben acht Menschen aus Zaire, Angola, Togo und dem Libanon in Lübeck durch einen Brandanschlag. Es verbrennen Monica Maiamba Bunga (17), Nsuzana Bunga (7), Christine Makodila Nsimba (8), Christelle Makodila Nsimba (8), Sylvio Bruno Comlan Amoussou (27), Rabia El Omari (17), Françoise Makodila Landu (32), Jean-Daniel Makodila Kosi (3), Legrand Makodila Mbongo (5) und Miya Makodila (14). Rabia El Omari kann noch rechtzeitig seine Familie wecken, kommt aber selbst in den Flammen um. Die Täter sind bis heute auf freiem Fuß. Die Polizei ermittelt mit Vehemenz gegen einen libanesischen Hausbewohner, dem sie allerdings nichts nachweisen kann. Die vier tatverdächtigen Neonazis kommen davon.

Im Jahr 2008 sterben bei einem Brand in Ludwigshafen Ilyas Calar (2), Kennan Kaplan (2), Kamil Kaplan (3), Karanfil Kaplan (4), Dilara Kaplan (11), Döne Kaplan (21), Hülya

Kaplan (31), Medine Kaplan (48) und Belma Özkapli (22). Es tun sich mögliche Verbindungen zum NSU auf. Die Polizei ist engagiert, ermittelt gezielt zu den Neonazis in der Umgebung, kann aber weder Täter noch Brandursache abschließend klären. Einen rechtsextremen Anschlag schließen sie nicht aus.

Eine Gedenkveranstaltung für die Opfer rechtsextremistischer Gewalt. Der Raum ist abgedunkelt. Die Bundeskanzlerin trägt Schwarz. Im Hintergrund die schwarz-rot-goldene Flagge Deutschlands. Angela Merkel weiß um diesen geschichtsträchtigen Moment. Sie klingt bedächtig. Ungefähr in der Mitte ihrer Rede sagt sie Folgendes:

> »Als Bundeskanzlerin der Bundesrepublik Deutschland verspreche ich Ihnen: Wir tun alles, um die Morde aufzuklären und die Helfershelfer und Hintermänner aufzudecken und alle Täter ihrer gerechten Strafe zuzuführen. Daran arbeiten alle zuständigen Behörden in Bund und Ländern mit Hochdruck. Das ist wichtig genug, es würde aber noch nicht reichen. Denn es geht auch darum, alles in den Möglichkeiten unseres Rechtsstaates Stehende zu tun, damit sich so etwas nie wiederholen kann. (...) Der Staat ist hier mit seiner ganzen Kraft gefordert.«[183]

Erst ein Blick auf das Datum verrät: 23. Februar 2012. Es ist die Gedenkfeier für die Opfer des NSU.

Der sogenannte Nationalsozialistische Untergrund, eine rechte Terrororganisation, profitiert von den verstolperten Ermittlungen der Sonderkommission »Bosporus«, die ihre Aufgabe darin sieht, »Döner-Morde« zu ermitteln. Der NSU ermordet Enver Şimşek (38), Abdurrahim Özüdoğru

(49), Süleyman Taşköprü (31), Habil Kılıç (38), Mehmet Turgut (25), İsmail Yaşar (50), Theodoros Boulgarides (41), Mehmet Kubaşık (39), Halit Yozgat (21) und die Polizistin Michèle Kiesewetter (22). Jahrelang werden die Angehörigen verdächtigt. Je weniger die Sicherheitsbehörden finden, umso erbitterter ermitteln sie. Um den Angehörigen auf die Schliche zu kommen, locken die Ermittler die Familien in eine Falle. Der verwitweten Semiya Şimşek legen sie das Bild einer unbekannten Frau vor und sagen, ihr Mann habe mit dieser Frau eine Affäre gehabt und Kinder gezeugt. Semiya Şimşek sagt daraufhin: Wenn mein Mann diese Frau geliebt hat, werde auch ich sie lieben. Ihre Kinder sind auch meine Kinder.

Als mir der Anwalt der Nebenklage und der heutige Beauftragte der Bundesregierung gegen Antiziganismus Mehmet Daimagüler von diesem Vorfall erzählt, fällt es mir schwer, die Fassung zu bewahren.

Inmitten von Deutschland wird ein terroristisches Netzwerk offenbar, in das Neonazis, Ermittlungsbehörden und Nachrichtendienste verstrickt sind. Im Rahmen der Aufklärung müssen fünf Präsidenten verschiedener Verfassungsschutzämter zurücktreten, neun Parlamente richten Untersuchungsausschüsse ein, mehrere Angeklagte werden im Anschluss an einen fünf Jahre währenden Strafprozess verurteilt.

Die Bundeskanzlerin, die Bundesregierung, die Sicherheitsbehörden, sie alle möchten nach den vielen, vielen Versäumnissen, den Ermittlungspannen, den entpolitisierten Morden gegenüber Zuwanderern endlich einen Schritt nach vorne tun. Um das Vertrauen der Migranten zurückzugewinnen, um anzuzeigen, dass Hass und Gewalt gegenüber Ausländern und Flüchtlingen bedingungslos geahndet und konsequent verfolgt werden. Sie möchten die Spitze des Bundesamts für Verfassungsschutz austauschen, um ihre Bekundungen mit einem personellen Neuanfang zu begleiten. Der neue Verfassungsschutzchef, der den rechten Extremismus entschieden bekämpfen soll, heißt Hans-Georg Maaßen.

Im Jahr 2016, vier Jahre nach dem Versprechen der Bundeskanzlerin, erschießt ein Rechtsextremist Armela Segashi (14), Can Leyla (14), Dijamant Zabërgja (20), Guiliano Kollmann (19), Hüseyin Dayıcık (17), Roberto Rafael (15), Sabina S. (14), Selçuk Kılıç (15) und Sevda Dağ (45) vor einem Einkaufszentrum in München. Trotz der offen rechtsextremen Gesinnung, die der Täter im Internet zur Schau stellte, und trotz der offensichtlich rassistischen Auswahl seiner Opfer braucht das Landeskriminalamt drei Jahre, um in diesem Terroranschlag ein »politisches Motiv« zu erkennen. Bis dahin wird der Vorfall als unpolitischer Amoklauf behandelt.

Im selben Jahr registrieren die Behörden 995 politisch motivierte Anschläge auf Flüchtlingsunterkünfte. Deutschland brennt. Kleine Angestellte. Normale Menschen. Sie zünden Wohnhäuser und Unterkünfte an, in denen Menschen leben.

> »Fremdenfeindliche Gewalttaten sind vertretbar, wenn sie dazu führen, dass weniger Flüchtlinge in der Stadt angesiedelt werden.«

Im Jahr 2019 wird Walter Lübcke (65) erschossen. Der Kasseler Regierungspräsident hat sich für den Bau von Flüchtlingsunterkünften eingesetzt, dafür geworben, den Asylsuchenden ein menschenfreundliches Leben zu ermöglichen.

»Mit Hochdruck«. »Alles in den Möglichkeiten unseres Rechtsstaates Stehende«. »Der Staat mit seiner ganzen Kraft«. »Damit sich so etwas nie wiederholen kann«. Das waren die Worte, mit denen die Bundeskanzlerin den Hinterbliebenen der Opfer des NSU versicherte, dass dieser Staat und seine Repräsentanten den Menschenhass nicht mehr dulden würden. Dass alle, wirklich alle Menschen einen Platz haben in diesem Land, das ihnen Heimat sein und Schutz bieten soll. Nie wieder sollte der Rechtsstaat in dieser Form und mit dieser Wucht versagen.

Und dann Hanau. Eine Stadt in Hessen. Wieder einmal Hessen. In Hessen ermordete der NSU Halit Yozgat in seinem Internetcafé. In Hessen gründete sich der NSU 2.0, aus dem heraus mutmaßlich Polizisten rassistische und rechtsextreme Drohbriefe an ihnen missliebige Personen versenden. In Hessen ermordete ein Neonazi Walter Lübcke. In Hessen beging ein Rechtsradikaler einen Mordversuch an dem Eritreer Bilal M. und tötete sich anschließend selbst. In Hessen agierten rechtsextreme Gruppierungen wie »Blood and Honour«, »Combat 18«, »Freier Widerstand Kassel«, »Sturm 18« oder die »Oidoxie Streetfighting Crew« jahrelang ungestört unter den wenig wachsamen Augen der Sicherheitsbehörden.

Bereits im Jahr 2006 warnen 13 zivilgesellschaftliche Gruppen in einem gemeinsam verfassten Schreiben vor der wachsenden Gefahr durch die Neonazi-Szene in Hessen. Sie listen rechtsextreme Anschläge und Vorkommnisse auf, verweisen auf die Schändungen jüdischer Friedhöfe, auf Gewalttaten gegen Migranten und Andersdenkende und die Organisation rechtsextremer Musikveranstaltungen. Sie stellen konkrete Forderungen und bitten die Landesregierung unter Volker Bouffier um Unterstützung im Kampf gegen den Rechtsextremismus.

Wer lange genug sucht, findet zudem eine Vorlesung Theodor Adornos aus dem Jahr 1967. Der große Philosoph spricht in Wien über »den neuen Rechtsradikalismus« und stellt dabei fest:

> »Politische Gruppierungen überdauern Systeme und Katastrophen. In Deutschland scheinen zum Beispiel alte nationalsozialistische Zentren wie Nordhessen, wo es bereits in den 80er Jahren des vorigen Jahrhunderts eine wilde antisemitische Bewegung gab, besonders anfällig zu sein.«[184]

Eine Gedenkveranstaltung für die Opfer rechtsextremistischer Gewalt. Der Raum ist abgedunkelt. Kemal Kocak trägt Schwarz. Im Hintergrund die schwarz-rot-goldene Flagge Deutschlands. Aber auch die Flagge des Landes Hessen und die Flagge der Stadt Hanau. Kemal Kocak weiß vermutlich um diesen geschichtsträchtigen Moment. Er ringt um Fassung und klingt dennoch entschlossen.

Kocak betreibt mit seinem Sohn einen Kiosk in Hanau. Ein Laden, der mehr Anlaufstelle und Zufluchtsort ist als reine Verkaufsfläche. Am 19. Februar 2020 stürmt ein Rassist in den Vorraum und tötet Mercedes Kierpacz (35),

Gökhan Gültekin (37) und Ferhat Unvar (23). Anschließend stürmt er in die benachbarte Arena-Bar und erschießt dort Said Nesar Hashemi (21) und Hamza Kurtović (22). Zuvor tötete der Täter Kaloyan Velkov (33), Fatih Saraçoğlu (34) und Sedat Gürbüz (29). Vili Viorel Păun (22), der versucht, den Täter aufzuhalten, und verzweifelt die 110 in sein Telefon hämmert, wird durch die Windschutzscheibe seines Autos erschossen.

Kocak kannte alle Opfer persönlich. Er erzählt kurze Anekdoten über sie. Erzählt von ihren Eigenarten und Vorlieben. Erzählt von Mercedes, die immer ihre Musik leiser drehte, wenn er den Laden betrat. Und deren Musik nun verstummt ist. Erzählt von Said Nesar Hashemi, der jedes Mal drei Capri-Sonnen und zwei Naschtüten haben wollte. Er erzählt von sich selbst. Von seiner Verbundenheit zu seiner Heimatstadt Hanau. Erzählt von seiner Angst, die er nun verspürt. Und er richtet sich an die anwesenden Politikerinnen und Politiker:

> »Ich möchte, von meiner Seite aus und genauso wie die Angehörigen, nicht mehr viele Worte hören, sondern wir wollen Taten sehen, dass was passiert, dass so was nie wieder zustande kommt.«[185]

Taten statt Worte. Ein Rechtsstaat, der seine Bürger schützt. Auch jene, die in ihrer eigenen Heimat zu »Fremden« gemacht werden. Kocak weiß wohl selbst, dass dieser fromme Wunsch zu viel verlangt sein könnte. In einem Zeitungsinterview zeigt er sich zutiefst enttäuscht über das ständige Scheitern des Rechtsstaats im Kampf gegen den Rechtsextremismus. Er erwähnt die rassistischen Anschläge in den 1990er Jahren in Solingen, Mölln, Hoyerswerda und Rostock-Lichtenhagen. Fragt nach den kapitalen Ermittlungsfehlern im Falle des NSU. Wundert sich über den Unwillen und die Unfähigkeit der Sicherheitsbehörden.

Seit vielen Jahren und Jahrzehnten sterben Menschen, weil sie nicht aussehen, wie man sich Deutsche vorstellt. Weil sie andere Namen tragen, andere Sprachen sprechen, andere Gebete beten als die Mehrheit in diesem Land. Weil die Sicherheitsbehörden nicht in der Lage sind, Minderheiten zu schützen. Weil selbst hochrangige Beamte in diesem Land eine rechtsradikale Gesinnung in sich tragen.

Allzu oft wird die Spaltung der Gesellschaft beklagt, insbesondere dann, wenn die Mehrheit in diesem Land befürchtet, ihre Privilegien zu verlieren. Auch Maaßen spricht von dieser Spaltung und von seinem Versuch, »diese Menschen« zurückzugewinnen. Menschen, die hassen. Menschen, die töten. Menschen, die diese Gesellschaft zerreißen und dabei einen beträchtlichen Teil der Bevölkerung hinter sich wissen. Vielleicht ist es nicht so sehr die Spaltung, die diese Gesellschaft bedroht. Sondern das, was als tiefer Riss im Firnis der Zivilisation offenbar geworden ist. Eine Dunkelheit, die das »Wir« umhüllt und das »Ihr« in die Ferne rückt. Es gibt ein besseres Wort als Spaltung, um all das angemessen zu beschreiben.

Abgrund.

DAS ENDE DER SEHNSUCHT

»Now like a madman
I give my laurels to you
And like a hero
Forsake my trophies for you
Though a disciple of this devil
That is in our blood
Am I not also
Your hostage of love?«

Razorlight – »Hostage of Love«

Eimermenschen

Volker Bouffiers Worte sind höchst beunruhigend. Der hessische Ministerpräsident äußert sich im Jahr 2018 zur Spargelernte – und damit auch zur wirtschaftlichen Situation in Deutschland.

> »Wir könnten keinen einzigen Spargel mehr stechen, wenn wir nicht die Saisonarbeiter aus der Ukraine, aus Polen und aus anderen Ländern hätten.«[1]

Der Bauernverband liefert Zahlen. Zwei Drittel der 280 000 Erntehelfer kommen aus Rumänien, der Rest aus Polen, danach kommen die Ukrainer. Deutsche Spargelstecher gibt es ungefähr so häufig wie Ärzte mit lesbarer Handschrift. Also gar nicht. Als Journalisten der *Frankfurter Allgemeinen Zeitung* einen Spargelbauern in Darmstadt besuchen und mit dessen Arbeitern ins Gespräch kommen, ernten sie Gelächter.

> »Wer die Arbeiter auf den Tannenhoffeldern bei Darmstadt fragt, ob sie dieses Jahr schon einen Deutschen auf dem Acker gesehen haben, erntet Kopfschütteln und Grinsen. Vorarbeiter Ovidiu, seit sechs Jahren auf dem Hof, kann von keinem ein-

zigen Einheimischen berichten. ›Deutschland ist ein reiches Land‹, sagt er, hebt die Schultern und lacht. Einige Techniker seien Deutsche, manchmal auch ein Fahrer. Aber unter den Feldarbeitern? Nein. ›Das ist denen viel zu anstrengend‹, pflichtet ihm ein anderer Rumäne bei, der hier schon seit elf Jahren bei der Ernte hilft und sich ebenfalls an keinen deutschen Kollegen erinnern kann.«[2]

Die gesamte Landwirtschaft in Deutschland hängt von den fleißigen und zuverlässigen Saisonarbeitern ab. Das Problem ist nur, dass sie immer häufiger fernbleiben.

Die Spargelernte ist Sinnbild für den Arbeitskräftemangel. Der Deutschen Industrie- und Handelskammer zufolge sind 85 Prozent der deutschen Unternehmen vom Arbeitskräftemangel betroffen oder erwarten seinetwegen negative Effekte für die Zukunft.[3] Besonders schlimm trifft es das Handwerk, die Landwirtschaft, die Pflege, die Bildung, den Warenhandel, den Dienstleistungssektor und den Tourismus. Prinzipiell sind aber alle betroffen. Selbst beliebte Stellenprofile in Marketing oder Personalabteilung lassen sich kaum mehr besetzen, weil die Anzahl und Qualität der eingehenden Bewerbungen über alle Branchen, Funktionen und Regionen hinweg abgenommen hat.

Der Mangel an Arbeitskräften ist kein neues Phänomen. Seit 1972 sterben in Deutschland Jahr für Jahr mehr Menschen, als Kinder geboren werden. Gäbe es keine Zuwanderung aus dem Ausland, wäre die deutsche Bevölkerung in dieser Zeit bereits um 5,9 Millionen Menschen geschrumpft.[4] Zur gleichen Zeit ist das Renteneintrittsalter gesunken. Lag es bis Anfang der 1970er Jahre bei 65 Jahren, fiel es Mitte der 1970er und 1980er Jahre kontinuierlich auf 62 Jahre ab. Seit Anfang der 1990er Jahre verlaufen die Renteneintritte von Männern und Frauen parallel zueinander und steigen wieder an. Heute scheiden beide Geschlechter mit durchschnittlich 64 Jahren aus der Arbeitswelt aus.[5]

Man muss kein Mathematikgenie sein, um zu erahnen, dass eine Industrienation, der immer weniger Arbeitskräfte zur Verfügung stehen, eines Tages ein Problem bekommt.

Es gibt neben dem Geburtenrückgang einen weiteren Grund, warum in Deutschland die Arbeitskräfte fehlen. Das Landwirtschaftsministerium hat eine indirekte Erklärung für das Ausbleiben der Erntehelfer.

> »Laut Agrarministerium gab es bisher genug Saisonarbeiter aus der EU, überwiegend aus Polen und Rumänien. In letzter Zeit mehrten sich allerdings die Anzeichen, dass das Interesse wegen der positiven wirtschaftlichen Entwicklung in diesen Ländern nachlasse, teilte das Ministerium auf Anfrage mit.«[6]

Wegen der »positiven wirtschaftlichen Entwicklung« in ihrer Heimat möchten sich die Arbeiter hierzulande nicht länger ausbeuten lassen.

Der Entwicklungsorganisation Oxfam zufolge bekommen zahlreiche Saisonarbeiter in der Landwirtschaft nicht einmal den Mindestlohn, arbeiten zuweilen ohne Krankenversicherung und müssen von ihrem kärglichen Einkommen horrende Mieten für ihre Gemeinschaftsunterkünfte abführen. Der Oxfam-Experte Steffen Vogel verdeutlicht die Höhe dieser Abgaben mit einem Vergleich:

»Für eine Baracke ohne Küche verlangt einer der Betriebe 40 Euro pro Quadratmeter. Die durchschnittliche Kaltmiete in der Münchner Innenstadt liegt bei 23 Euro.«[7]

Die Unterkünfte, von denen er spricht, sind beengt, zugig und teilweise verschimmelt. Dass die polnischen und rumänischen Erntehelfer solche Arbeitsbedingungen nicht länger hinzunehmen bereit sind, ist mehr als verständlich. In anderen Branchen sieht es kaum besser aus.

Zur Fleischindustrie veröffentlichen Nachrichtenredaktionen seit vielen Jahren Meldungen, die sie mit »Moderner Sklavenhandel«[8] oder »Lohnsklaven in Deutschland«[9] überschreiben. Der Geschäftsführer der Gewerkschaft Nahrung-Genuss-Gaststätten in der Region Oldenburg Matthias Brümmer spricht im Interview mit der *Süddeutschen Zeitung* von »Menschenhandel« und »organisierter Kriminalität«.[10] Betroffen sind in besonderem Maße Arbeiterinnen und Arbeiter aus Bulgarien, Rumänien und der Slowakei. Einer *taz*-Reporterin, die über die Zustände in der Fleischindustrie recherchiert, sagen ausnahmslos alle Gesprächspartner:

»Dies ist ein Job, den kein Deutscher machen würde.«[11]

Die Fleischarbeiter schuften hart. Für wenig Geld. Auch bei Krankheit. Ein junger Mann legt seine Gehaltsabrechnung offen. 957,36 Euro netto für einen Monat Arbeit. Abzüglich der Kosten für die Miete bleiben 642,36 Euro. Auch die Fleischarbeiter hausen in verschimmelten Unterkünften und müssen fürchten, um ihren Lohn betrogen zu werden.

Im Jahr 2008 muss die Firma Tönnies wegen der schlechten Arbeitsbedingungen 80 000 Euro Strafe bezahlen. Tönnies hat seine Arbeitskräfte per Video überwacht. Auch in Umkleideräumen, in der Kantine und auf der Toilette.[12] Doch Tönnies ist damit nicht allein. Die Verhältnisse in der gesamten Branche sind dermaßen prekär, dass im Jahr 2020 die Sicherheitsbehörden deutschlandweit Razzien durchführen.[13]

In einer NDR-Dokumentation schleust sich ein Mitglied der Redaktion als Paketzusteller bei einem Logistikunternehmen ein. Dem Journalisten werden 1000 Euro Monatsgehalt netto angeboten. Bei einer Sechstagewoche. Es ist ein Betrag, mit dem man im Jahr 2011, dem Zeitpunkt der Dokumentation, kaum über die Runden kommt.[14] Den Beitrag hat der NDR mit dem Titel »Paketsklaven: Post zieht nun doch die Reißleine« überschrieben.[15] Auch der *Spiegel* führt eine solche Recherche durch und begleitet während der Weihnachtsfeiertage im Jahr 2019 den rumänischen Paketzusteller Milan Dragov. Teilweise arbeitet Dragov von 5 bis 23 Uhr. Für 1500 Euro netto. Die Schicht, bei der ihn der *Spiegel*-Redakteur begleitet, endet bereits um 18:18 Uhr. Erfreulich früh. Der Journalist rechnet aus, dass dies einen Stundenlohn von 7,22 Euro ergibt. Kündigen möchte Dragov trotzdem nicht.

> »Dragov bot an, mich einen Tag mitzunehmen, ›damit du weißt, was das für ein Sklavenjob ist‹. Er bat, seinen Namen und persönliche Details zu ändern, weil er seinen ›Sklavenjob‹ braucht.«[16]

Im Ammerland nahe Oldenburg sichten Anwohner einen Bus mit einer Werbeaufschrift. Zu sehen sind zwei Menschen, eine junge Frau und eine ältere Dame. Daneben ein Schriftzug:

> »Omas neue Polin!«[17]

Es ist die Werbeanzeige einer Pflegevermittlung.

Die *Zeit* berichtet in einem Artikel aus dem Jahr 2016 über die »Sklavinnen, die uns pflegen«.[18] Es geht um Pflegekräfte aus Polen, die 24 Stunden am Tag und sieben Tage die Woche als Pflege- und Haushaltshilfe alte Deutsche pflegen. Für 800 bis 900 Euro im Monat. Bis zu 300 000 solcher Frauen pflegen teils schwer demente Senioren, die Unterstützung beim Essen, Anziehen und Waschen benötigen. Sie heben und stützen bis zu 95 Kilo schwere Menschen ohne jeglichen Arbeitsschutz und häufig ohne Pflegeausbildung. Die Pflegekraft Ruslana schildert ihre Arbeitsumgebung und den Mangel an Privatsphäre:

> »Wir haben separate Zimmer, aber es gibt keine Tür. Sie schaut mich die ganze Zeit an, denn wenn ich nicht zu sehen bin, dann hat sie Angst, dass da niemand mehr sei. Und so muss ich mit ihr quasi in einem Zimmer sein. Das ist das Schlimmste. Weil ich die ganze Zeit bei ihr sein muss.«[19]

Ruslana ist eine Bequemlichkeit, die man sich in diesem Land leistet.

Die Deutschen möchten ihre Eltern nur ungern ins Heim geben. Sie möchten aber auch nicht ihr eigenes Leben der

Pflege ihrer Eltern widmen. Einen professionellen Pflegedienst, der die alten Menschen rund um die Uhr betreut, möchten sie nicht bezahlen. Da kommen die polnischen Frauen, die in ihrer Heimat häufig Mann und Kind zurücklassen, gerade recht. Experten gehen davon aus, dass die Hälfte der ambulanten Pflegekräfte in Deutschland illegal beschäftigt wird.

Und dann sind da noch die »Eimermenschen« aus Niedersachsen. Deutschlandfunk Kultur führt sie in einem Bericht aus dem Jahr 2017 auf. Der Beitrag trägt den Titel »Moderne Lohnsklaven in Deutschland«.

> »Im Sommer 2013 starben zwei rumänische Leiharbeiter, die in Papenburg mithalfen beim Bau von Luxuskreuzfahrtschiffen, bei einem Brand in einer heruntergekommenen Unterkunft. Knapp sechs Monate zuvor tobte eine Diskussion im Emsland darüber, wie viel Platz ein Mensch zum Leben braucht, als plötzlich Geschichten über diese ›Eimermenschen‹ in der Öffentlichkeit auftauchten. Sie waren Vertragsschlachter aus Osteuropa, die teilweise in Wäldern lebten, teilweise auf Baustellen – auf jeden Fall menschenunwürdig. Eimermenschen wurden sie von den Dorfbewohnern genannt, weil sie Eimer anstatt Taschen mit zur Arbeit nehmen mussten.«[20]

Eimermenschen. Die im Wald leben. In Deutschland.

Die Menschen, die dieses Land, seine Wirtschaft und seine Bevölkerung am Leben halten, leben selbst unter unmenschlichen Bedingungen. Unsichtbar. Am Rande der Gesellschaft. Sie putzen, pflegen, ernten, liefern Pakete aus, filetieren Hähnchen, kehren den Müll auf der Straße zusammen. Die meisten von ihnen sind Migranten. Viele sind Saisonarbeiter. In zahlreichen Branchen sind Schwarzarbeit, Steuerhinterziehung und Ausbeutung an der Tagesordnung. Das weiß auch der Staat. Aber was soll er mit diesem Wissen anstellen? Soll er allen Ernstes die Arbeitgeber der Erntehelferinnen, Paketboten, Pflegekräfte, Zimmermädchen und Bauarbeiter verfolgen, nur weil diese ihre Arbeitskräfte ausbeuten? Wer erledigt dann die Arbeit? Wer baut die Häuser? Wer verlegt die Leitungen? Wer liefert die Weihnachtsgeschenke? Und wer pflegt Oma?

Erst jüngst hat der Sachverständigenrat für Integration und Migration dieses Spannungsfeld empirisch erforscht. Zu seiner Publikation über ausländische Arbeitskräfte im deutschen Niedriglohnsektor heißt es von ihm:

> »Ausländische Arbeitskräfte sind in vielen Branchen der deutschen Wirtschaft längst unverzichtbar geworden. Dazu zählen auch solche Sektoren, in denen prekäre Arbeitsverhältnisse, die durch geringe Entlohnung und harte Arbeitsbedingungen gekennzeichnet sind, oftmals nicht die Ausnahme, sondern die Regel sind.«[21]

Es wäre nicht sonderlich klug, die Polizei, den Zoll, das Ordnungsamt, die Steuerfahndung und das Gesundheitsamt auf Unternehmen loszulassen, die unsere systemrelevanten Ausländer beschäftigen. Ausländer, die diesen Laden am Laufen halten. Zu sehr ist ein ganzes Land auf die Lohnsklaven angewiesen, als dass man das Verbot sittenwidriger Arbeitsverhältnisse und die Einhaltung von Menschenrechten und Mindestlohn ernsthaft durchsetzen wollte. Viel sinnvoller erscheint es, die Kapazitäten der Sicherheitsbehörden in 150 Hausdurchsuchungen bei İsmail Şahan, dem unbescholtenen Nicht-Clankriminellen, zu investieren.

Das wissen auch die Herrschaften von der AfD.

Als im Zuge der Covid-19-Maßnahmen alle deutschen Außengrenzen vollständig geschlossen werden und ein Einreisestopp für Erntehelfer in Kraft tritt, wendet sich die Alternative für Deutschland an die Bundesregierung. Sie fordert Ausnahmen für die »gut eingeübten Fachkräfte«, die die »Grundversorgung der Bevölkerung mit im eigenen Land produzierten Lebensmitteln« sichern.[22] Sie fürchtet einen Ausfall der Spargelernte. Und fordert offene Grenzen. Damit die Ausländer nach Deutschland kommen.

Auch die Rechtsradikalen sind nicht mehr das, was sie mal waren.

Die Bundesregierung folgt ihrer Logik und holt auf dem Höhepunkt der Coronakrise Tausende Rumänen nach Deutschland. Während allerorts strenge Hygienemaßnahmen durchgesetzt werden, leben die rumänischen Arbeiter in denselben beengten Unterkünften wie in den Jahren zuvor. Mindestens einer von ihnen stirbt noch in Deutschland an einer Coronainfektion. Der Aufschrei bleibt aus. Die deutschen Prioritäten sind eindeutig. Die Würde des Spargels ist unantastbar.

Wie schnell diejenigen, die sonst regelmäßig Abschiebung und Grenzschließung fordern, das Gegenteil anmahnen, wird sichtbar, als im Jahr 2022 der Sommerurlaub der Deutschen gefährdet ist. Mehrere Flughäfen öffnen ihre Tore und Drehtüren, die Schalter allerdings bleiben häufig unbesetzt.

Auch die Gepäckaufgabe verläuft schleppend. Manchmal gar nicht. Die Arbeitskräfte, die in der Vergangenheit die zahlreichen Tätigkeiten im Hintergrund des Flugbetriebs erledigten, fehlen. Das macht die Deutschen zornig.

Die *Bild* läuft zur Höchstform auf. In mehreren Artikeln schildert sie touristische Schicksalsschläge, bebildert Familiendramen, veröffentlicht Portraits verzweifelter Geschäftsreisender.

> »Reinhold Messner (77) musste mit Ehefrau Diane trotz Senator-Status einen Flug nach München verspätet antreten. Die Bergsteiger-Legende erklärte besorgt: ›Wir dürfen den Flug nicht verpassen, unser Jack Russell Flint ist ganz alleine in unserer Wohnung in München.‹«[23]

Trotz Senator-Status!

»Wut und Tränen auf deutschen FLUCHhäfen … und die Politik lässt die Verbraucher im Stich«, heißt der Artikel. Ein anderer Beitrag trägt die Überschrift »Wir haben unsere Ferien verpasst! Lange Gesichter zum Urlaubsstart in NRW«.[24] Man sieht Menschen mit langen Gesichtern, die zum Urlaubsstart in NRW ihren Flug verpasst haben. Die Reportage ist nicht zu verwechseln mit »Lufthansa-Passagiere in München gestrandet. ›Hier herrscht absolutes Chaos!‹«[25] oder »Ihr versaut uns den Urlaub! Politik, Flughafen-Chefs und Airline-Bosse geben sich gegenseitig die Schuld am Chaos«.[26] Es ist eine gute Gelegenheit für junge *Bild*-Mitarbeiter, um etwas Strecke zu machen und sich die Sporen zu verdienen.

Die Politik hat einen Plan. Auch darüber weiß die *Bild* zu

berichten. In dem Artikel »So will die Politik helfen« erklärt sie, wie der Urlaub noch zu retten ist.

> »Aktuell fehlen rund 2000 bis 3000 Mitarbeiter an den Flughäfen, heißt es in Regierungskreisen. Ziel sei demnach, eine vierstellige Zahl an Fachkräften aus der Türkei nach Deutschland zu holen, die bestenfalls schon ab Juli für einige Monate eingesetzt werden können.«[27]

Die Türken kommen. Wie damals.

Erst kamen sie als Gastarbeiter, dann als »Invasion«, nun sind sie Fachkräfte, die den Deutschen ihren Urlaub retten. Das weckt Begehrlichkeiten. »Auch Bayerns Wirte wollen Türken!«, heißt es Ende Juni 2022 in der *Bild*. Der Landesgeschäftsführer des Deutschen Hotel- und Gaststättenverbands Thomas Geppert fordert »gleiches Recht für alle« bei der Unterstützung durch türkische Zuwanderer.

> »Denn es kann ja nicht sein, dass wir mit Hilfe von Sonderregelungen deutsche Urlauber ins Ausland bringen, während heimische Tourismusbetriebe Gäste ablehnen müssen, da ihnen Arbeitskräfte fehlen.«[28]

Ein halbes Jahr später, am 6. Februar 2023, erlebt die Türkei eine Erdbebenkatastrophe unvorstellbaren Ausmaßes. 59 259 Tote werden geborgen, 125 000 Menschen sind verletzt. Zahlreiche Menschen verlieren auf einen Schlag ihr gesamtes Hab und Gut und werden obdachlos.

Wieder berichtet die *Bild*. Der Artikel klingt dieses Mal ein wenig anders.

> »Können wir wirklich noch mehr Flüchtlinge aufnehmen? Was Beben und Krieg für Deutschland bedeuten«[29]

Arbeitskräfte ja. Menschen nein. Es ist ein altbewährtes Prinzip.

Der sächsische Ministerpräsident und Leitkultur-Experte Michael Kretschmer schreibt am 14. Januar 2023 Folgendes auf Twitter:

> »Sachsen braucht Arbeitskräfte aus dem Ausland und das gemeinsame Verständnis, dass Fachkräftezuwanderung in unserem Interesse ist. Wenn Arbeitsplätze nicht besetzt sind, kann Wachstum nicht stattfinden. Wir brauchen Arbeitskräfte, um unser Wohlstandsniveau zu halten. Länder mit einem Jugendüberschuss sind für Fachkräftegewinnung besonders prädestiniert. Und der Osten Deutschlands ist attraktiv. Wir haben Platz, haben günstige Mieten und eine wunderbare Kulturlandschaft.«[30]

Es klingt etwas ungelenk, aber man versteht, was er meint. Wir brauchen Arbeitskräfte aus dem Ausland. Wir müssen endlich verstehen, dass uns die Zuwanderung von Fachkräften einen großen Mehrwert bietet. Der Osten Deutschlands ist gut gerüstet. Es gibt viel Platz und genügend Wohnungen.

Am 29. Mai 2023 twittert Michael Kretschmer einen kurzen Beitrag, in dem es wieder um Ostdeutschland und seine Infrastruktur geht.

»Die Zahl der Flüchtlinge ist zu hoch. Schulen & Kitas sind überlastet, es gibt keine Wohnungen. Wir können kaum noch Sprachunterricht anbieten.«[31]

Derselbe Kretschmer. Dasselbe Sachsen. Innerhalb von vier Monaten wurde aus der freundlichen Formel »Wir haben Platz und günstige Mieten« die Warnmeldung »Schulen & Kitas sind überlastet, es gibt keine Wohnungen«. Verändert hat sich in der Zwischenzeit nichts. Nur der Blick auf die Anderen. Es ist eine Klarstellung, wer in diesem Land willkommen ist und in welcher Funktion.

Arbeitskräfte ja. Menschen nein.

Standort

Am 1. November 2018 sitzt der ehemalige Bundestagspräsident und heutige Vorsitzende der Konrad-Adenauer-Stiftung Norbert Lammert mit dem namibischen Präsidenten Hage Geingob zusammen.[32] Es gibt einen Videoausschnitt von dem Gespräch.[33] Lammert redet über das Verhältnis zwischen Deutschen und Namibiern. Und er warnt vor dem Einfluss der Chinesen. Der chinesische Bevölkerungsanteil in Namibia sei mittlerweile viermal so groß wie der deutsche. Das sei ja prinzipiell kein Problem, aber … An dieser Stelle unterbricht ihn Geingob freundlich. Was für ein Problem er mit den Chinesen habe, fragt er ihn. Man könne doch auch mal über die Deutschen sprechen. Die Namibier hätten den Deutschen in der Vergangenheit immer gerne Visa ausgestellt, den roten Teppich ausgerollt und die europäischen Gäste herzlich begrüßt. Ob Lammert seinerseits wüsste, wie schlecht seine namibischen Landsleute in Deutschland behandelt würden? Selbst mit einem Diplomatenausweis würden Namibier an deutschen Flughäfen entwürdigt und drangsaliert. Vielleicht sollte man erst einmal über sich selbst nachdenken, bevor man mit dem Finger auf Andere zeigt.

Am 3. Februar 2023 besucht Bundesfinanzminister Christian Lindner die Universität in Accra, der Hauptstadt von Ghana. Er steht inmitten eines halb besetzten Hörsaals und erzählt von den vielen Möglichkeiten, die der deutsche Arbeitsmarkt zu bieten hat. Lindner wirkt etwas wahllos, als er unterschiedliche Branchen aufzählt. Er berichtet von der Industrie, der IT und der öffentlichen Verwaltung. Am Ende fragt er, wer sich vorstellen könne, nach Deutschland zu kommen, um hier zu arbeiten.

Niemand meldet sich.

Christian Lindner wirkt überrascht. Er scheint nicht damit gerechnet zu haben, dass in einem Raum voller Afrikaner kein einziger nach Deutschland kommen will. Es liegt nicht am schlechten Englisch des Finanzministers. Sie haben ihn schon richtig verstanden. Als sich dann, aus lauter Verlegenheit, doch noch einige wenige melden, atmet Lindner auf. Er geht auf die Interessenten zu und verspricht, halb im Spaß, ihre Telefonnummer aufzuschreiben. Zum Schluss fragt er: »Nur so wenige?«[34]

Deutschland ist für ausländische Arbeitskräfte keineswegs so attraktiv, wie man häufig annimmt. Dabei sind es nicht nur die polnischen Pflegekräfte, die rumänischen Erntehelfer oder die türkischen Flughafenmitarbeiterinnen, die Deutschland als rostigen Notnagel betrachten. Auch die akademische Elite in Polen, Rumänien und in der Türkei sieht kaum einen Grund, nach Deutschland zu kommen.

In einer Untersuchung für die OECD befasst sich die Bertelsmann Stiftung im Jahr 2023 mit der Frage, wie attraktiv Deutschland für ausländische Fachkräfte ist.[35] Das Ergebnis bietet viel Raum für Demut. Unter den 38 untersuchten Ländern belegt Deutschland den 15. Platz. Die Spitzenplätze gehen an Neuseeland, Schweden, Schweiz, Australien und Norwegen.

Im selben Jahr befragt die Organisation InterNations 12 000 ausländische Fachkräfte aus 171 Ländern nach den attraktivsten und unattraktivsten Regionen, um sich ein neues Leben aufzubauen.[36] Deutschland belegt Platz 49 von 53. Die befragten Expats berichten von Unfreundlichkeit, Ablehnung und Rassismus. Die Länderanalyse zu Deutschland ist mit dem Titel »Expats in Deutschland gehören zu den unglücklichsten und einsamsten Menschen weltweit« überschrieben. Es mangelt – Überraschung! – an einer Willkommenskultur.[37]

In Schulnoten übersetzt ist es eine glatte Sechs.

Zur gleichen Zeit kommt eine Studie des Instituts für Arbeitsmarkt- und Berufsforschung, der Forschungseinrichtung der Bundesagentur für Arbeit, zu dem Schluss, dass Deutschland auf eine jährliche Zuwanderung von 400 000 Personen angewiesen ist, damit das Arbeitskräfteangebot überhaupt aufrechterhalten bleibt.[38]

400 000 Personen. Jedes Jahr.

Es gibt mehrere Gründe, warum die Menschen nicht zu uns kommen. Bei den vermeintlich einfachen Tätigkeiten sind es die menschenunwürdigen Arbeitsverhältnisse und die niedrigen Löhne, die viele ausländische Arbeitskräfte davon abhalten, eine Stelle in Deutschland anzunehmen. Bei den Fachkräften in Wirtschaft und Wissenschaft sind es die fehlende Digitalisierung und die mangelnden Englischkenntnisse der Arbeitgeber, die verhindern, dass sich neue Kollegen schnell in ihrem Fachbereich zurechtfinden.

Es gibt darüber hinaus noch einen weiteren, sehr gewichtigen Grund für die schlechte Reputation Deutschlands in der Welt. Den möchte hierzulande nur kaum jemand hören.

Die Journalistin Miriam Hollstein veröffentlicht im März 2023 für die *t-online*-Nachrichtenseite einen Meinungsartikel über ihre Erfahrungen mit dem kanadischen Einwanderungssystem. Sie ist kurz zuvor im Pressetross mit Bundesinnenministerin Nancy Faeser und Bundesarbeitsminister Hubertus Heil nach Kanada geflogen, wo sich die beiden Politiker über die kanadische Einwanderungspolitik kundig gemacht haben. Sie berichtet von indischen und ägyptischen Einwanderern, die von der kanadischen Wirtschaft, der kanadischen Politik und der kanadischen Verwaltung umsorgt und tief in die kanadische Gesellschaft eingebettet werden. Ihr Fazit ist deprimierend.

> »In Kanada werden die Fremden von heute als wertvolle Staatsbürger von morgen gesehen. In Deutschland oft als die Sozialschmarotzer von morgen.«[39]

Es ist eine Erkenntnis, die noch nicht bei allen in diesem Land angekommen ist.

In einem Kommentarstrang der Internetplattform *Reddit* beschreibt ein US-amerikanischer Nutzer, wie das Unternehmen seines Vaters vor 30 Jahren eine Gruppe von Bosch-Technikern eingeflogen habe, um bei einem internationalen Maschinenbauprojekt eine mögliche Zusammenarbeit auszuloten. Einer der deutschen Gäste habe auch in der Abteilung des Vaters vorbeigeschaut, eine Maschine begutachtet und nach einer viertelstündigen Vorführung »Sehr gut!« gesagt und anerkennend genickt. Der Vater erzähle noch heute davon, wie einmal ein deutscher Techniker seine Maschine gelobt habe.

Man hört solche Geschichten in Deutschland sehr gerne. In ihnen schwingen die Worte »Welt« und »Meister« mit. Der deutsche Erfindergeist und die schwäbische Ingenieurskunst. Das Qualitätssiegel »Made in Germany«, das auch ein wenig auf die Deutschen selbst abstrahlt. Es ist eine kuschelig-warme Selbstvergewisserung, die der geschundenen deutschen Seele Balsam ist. Dazu passt auch die Erzählung, dass alle Welt nach Deutschland ströme. Dass man die vielen Bewerber abweisen müsse. Wir sind schließlich wer. Und deshalb wollen alle zu uns.

Das Gegenteil ist richtig.

Hollstein erklärt sehr präzise den Unterschied zwischen Deutschland und Kanada. Es hat viel damit zu tun, welchen Blick man auf die Einwanderer hat und wer eigentlich wem dankbar sein muss.

> »Während Deutschland immer noch darüber diskutiert, ob es wirklich ein Einwanderungsland sein will, tut Kanada seit Jahrzehnten sehr viel dafür, um die, die es im Land haben will, dann auch erfolgreich zu integrieren. (…) In Kanada wird eine Vielfalt der Kulturen als Bereicherung, in Deutschland sehr häufig als Bedrohung erlebt. (…) Nicht die hochqualifizierten Fachkräfte müssen dankbar sein, wenn sie in Deutschland ›arbeiten dürfen‹. Vielmehr müssen wir dankbar sein, wenn sie sich für uns entscheiden. Sonst wählen sie in Zeiten der Globalisierung ein Land, welches dankbarer ist. Kanada zum Beispiel.«[40]

Jawed Karims Familie hatte irgendwann keine Lust mehr, dankbar zu sein. Jaweds Mutter Christine stammt aus Wernigerode in Sachsen-Anhalt, sein Vater Naimul aus Bangladesch. Der kommt 1976 mit einem Stipendium in die DDR und lernt an der Universität Halle-Wittenberg seine spätere Frau kennen. 1979 wird Jawed geboren. In Merseburg. Christine Karim erzählt in der *Zeit*, wie die sachsenanhaltischen Behörden beginnen, die junge Familie zu drangsalieren, weil sie »nicht ins Bild« passen.[41] Sie werden förmlich aus der DDR hinausgedrängt. 1982 öffnet die Deutsche Demokratische Republik ihren »antifaschistischen Schutzwall« und entlässt die Karims in die Bundesrepublik.

Vater Naimul übernimmt eine Stellung beim Technologiekonzern 3M in Neuss, Mutter Christine promoviert in Biochemie. 1988 wird Jaweds Bruder Ilias geboren. Es könnte die Geschichte einer erfolgreichen, hoch qualifizierten, »gut integrierten« Familie sein.

Aber auch im Westen erlebt die Familie Ausgrenzung und Rassismus. Als im Jahr 1992 in ganz Deutschland die Häuser ausländischer Familien brennen, geht das an keiner migrantischen Familie spurlos vorbei. Auch nicht an Familie Karim. Wie durch eine Fügung erhält Naimul noch im selben Jahr die Gelegenheit, am 3M-Hauptsitz in Minnesota anzufangen. Die Familie verlässt Deutschland und zieht in die USA.

Jawed ist ein guter Schüler und beginnt ein Studium an der University of Illinois. Das Studium unterbricht er früh, um gemeinsam mit Bekannten eine App für Finanztransaktionen zu entwickeln. Die App heißt PayPal. Als PayPal für 1,5 Milliarden US-Dollar an eBay verkauft wird, holt Jawed seinen Abschluss nach und entwickelt mit zwei Freunden eine Plattform, um Videos im Internet hochzuladen. Der Name der App: YouTube. YouTube wird dermaßen erfolgreich, dass die Gründer ihre Plattform für 1,5 Milliarden US-Dollar an Google verkaufen. Im Anschluss daran studiert Karim Informatik an der Universität Stanford und gründet eine Fondsgesellschaft, mit der er Studenten finanziell unterstützt und in Start-up-Ideen investiert. Eines dieser Start-ups hört auf den Namen Airbnb.

Man kann die Debatten über »Leitkultur«, »Sozialtouristen«, »Paschas«, »Kinder statt Inder« und die »Verscherbelung der deutschen Staatsangehörigkeit« gerne führen. Insbesondere dann, wenn man seine konservative Wählerschaft mit Rechtsradikalen anreichern möchte. Nur führt dieses innenpolitische Wahlkampfgetöse zu harten Konsequenzen für die deutsche Wirtschaft. Der Hass, die Hetze, der Rassismus und der Rechtsextremismus, die sich aus solchen politischen Debatten herauskristallisieren, bleiben nicht folgenlos.

Im Jahr 2004 erforschen der Kriminologe Kai Bussmann und der Soziologe Markus Werle die »Fremdenfeindlichkeit und rechte Gewalt« als »Standortnachteil für die ostdeutsche Wirtschaft«.[42] 40 Prozent der befragten ostdeutschen Unternehmen geben an, dass Bewerber bei Vorstellungsgesprächen ihre Angst vor rechter Gewalt thematisieren. 18 Prozent der Unternehmen geben an, dass rechte Gewalt Standortentscheidungen in Ostdeutschland beeinflusst. Ostdeutsche Unternehmen vermuten siebenmal häufiger als westdeutsche Unternehmen, dass die Angst vor Rassismus und Rechtsextremismus eine Rolle spielt, wenn ihnen Bewerberinnen absagen.

Die Max-Planck-Gesellschaft bestätigt 2009 gegenüber der *Zeit*, dass hochkarätige Forscher »aus Gründen der Sicherheit nicht in einem Labor in Dresden oder Leipzig arbeiten wollen«.[43] Das Max-Planck-Institut für ethnologische Forschung in Halle unterstützt seine ausländischen Forscherinnen bei der Suche nach Wohnungen in sicheren Stadtteilen. Das Max-Planck-Institut für Mikrostrukturphysik in Halle bezahlt seinen ausländischen Forschern Taxigutscheine, damit sie sicher zum Institut kommen und nicht mit öffentlichen Verkehrsmitteln fahren müssen.

Als im Jahr 2015 Pegida die bürgerliche Mitte in Dresden erfasst, wird auch die Politik aufmerksam. Der stellvertretende Ministerpräsident von Sachsen Martin Dulig stellt fest, dass »für den Freistaat längst ein massiver wirtschaftlicher und kultureller Schaden eingetreten« ist. »Internationale Wissenschaftler und Fachkräfte« seien »nur noch schwer für Sachsen zu gewinnen«.[44] Der Chef des Dresdner Tourismusverbandes Johannes Lohmeyer berichtet, dass im Zuge der Pegida-Demonstrationen die Inlandsreisen nach Dresden um einen zweistelligen Prozentsatz eingebrochen seien.[45] Die örtlichen Gastronomen beklagen an Pegida-Montagen einen Umsatzrückgang um 80 Prozent.[46] Kanada warnt im Zuge der rechtsradikalen Proteste vor Reisen nach Ostdeutschland.[47]

Im Jahr 2016 veröffentlicht der Ökonom Oliver Holtemöller einen Aufsatz mit dem Titel »Fremdenfeindlichkeit als Standortnachteil im Osten? Besonders viele rechtsextremistisch motivierte Gewalttaten in den Neuen Ländern«.[48] Er beschreibt, dass die Zahl der Straftaten in Ostdeutschland höher ist als in Westdeutschland und dass sich insbesondere die Zahl der rechtsextrem motivierten Gewalttaten zwischen 2012 und 2015 verdreifacht habe. Das werde nicht spurlos an den migrantischen Arbeitskräften vor Ort vorbeigehen.

Im Jahr 2018 verfasst der Präsident des Deutschen Instituts für Wirtschaftsforschung Marcel Fratzscher eine Kolumne in der *Zeit* und stellt dar, dass die »Pegida-Demonstrationen in Leipzig (…) nicht nur Ausländerinnen und Ausländer« abstoßen. Auch »die Mehrheit der Deutschen« will nicht dort leben, »wo Intoleranz und Diskriminierung herrschen«.[49] Im selben Jahr äußert sich die Geschäftsführerin des Uhrenherstellers Nomos Glashütte Judith Borowski im *Spiegel*. Mehr als alle anderen engagiert sich das Unternehmen gegen Rassismus und Rechtsextremismus. Sie erzählt von der geschäftsschädigenden Reputation, die rechte Umtriebe mit sich bringen.

> »Die Kunden wollen wissen, ob ein Nazi an ihrer Uhr gearbeitet hat.«[50]

Im Jahr 2019 kommt der deutsche Tourismusverband zusammen. Alle großen Unternehmenszusammenschlüsse im Tourismusbereich veröffentlichen eine gemeinsame Erklärung mit dem Titel »Ja zu Weltoffenheit«.

> »Extremistische Taten, die gegen das friedliche Miteinander in unserem Land gerichtet sind, erschrecken uns zutiefst. Erstar-

> kenden Tendenzen von ausgrenzendem Populismus, nationaler Abschottung und Fremdenfeindlichkeit treten wir entschieden entgegen.«[51]

Im selben Jahr berichtet der Unternehmensverbund »Wirtschaft für ein weltoffenes Sachsen« dem *Tagesspiegel* von der Zurückhaltung ausländischer Fachkräft gegenüber dem Bundesland Sachsen.

> »Dass auch internationale Fachkräfte ungern nach Sachsen kommen, ist keine Sorge mehr. Es ist eine Tatsache.«

Doch es sind nicht nur die ausländischen Bewerber, die davor zurückschrecken, ihren Lebensmittelpunkt nach Sachsen zu verlegen.

> »Bewerber hätten Bedenken, dass sie und ihre Familien nicht willkommen sein könnten. Manche sorgten sich, ihre Kinder in Sachsen zur Schule zu schicken. Der Verein erhalte auch Zuschriften von Personen, die wegen ihrer Bedenken einen Job in Sachsen abgelehnt haben. Die Betroffenen sind dabei nicht unbedingt aus dem Ausland. Auch Deutsche aus anderen Bundesländern mit Migrationshintergrund gehören dazu.«[52]

Im Jahr 2020 warnt der Hauptgeschäftsführer des Städte- und Gemeindebunds Gerd Landsberg, dass der steigende Rechtsextremismus »nicht nur Unternehmen, sondern vor allem auch dringend benötigte Fachkräfte abschrecken und so natürlich auch das wirtschaftliche Wachstum in den Kommunen und ganzen Regionen gefährden« könne.[53] Der

Präsident des Deutschen Industrie- und Handelskammertages Eric Schweitzer legt nach. Extremistische Tendenzen seien ein Gift, »auch für unsere Volkswirtschaft«.[54] Der Präsident des Bundesverbands Deutsche Start-ups Christian Miele äußert seine Besorgnis über die Entwicklungen in Deutschland, »die der kürzlich veröffentlichte Verfassungsschutzbericht auf dramatische Art bestätigt«. Sie seien ein Alarmsignal. Aus »gesellschaftlicher und historischer als auch aus ökonomischer Sicht«.[55]

Im Jahr 2021 veröffentlicht die Personalagentur Königsteiner ein Papier zum »Politischen Klima als Standortnachteil«.[56] Das Ergebnis ist eindeutig. 72 Prozent der Befragten empfinden Sachsen als unattraktives Bundesland. Sachsen-Anhalt folgt mit 63 Prozent. Die Umfrageteilnehmer äußern sehr konkret, dass ihre Einschätzung mit den politischen Verhältnissen vor Ort zu tun habe. Wunschziele sind Bayern, Baden-Württemberg und Nordrhein-Westfalen. Geschäftsführer Nils Wagener führt die Beobachtungen aus.

> »Der Standort hört nicht am Werkstor auf, sondern vielfach beginnt er erst dort. Arbeitgeber, die sich gegen extreme politische Positionen stellen, haben die Chance, eine Option für Arbeitskräfte zu bleiben.«[57]

Als im Jahr 2023 das Unternehmen Intel eine Chipfabrik in Magdeburg plant, warnt Oliver Holtemöller vor Schwierigkeiten bei der Rekrutierung der Fachkräfte. Niemand stünde Schlange, um in Sachsen-Anhalt arbeiten zu dürfen.[58] Die Fremdenfeindlichkeit werde sich als Problem herausstellen, wenn die Landesregierung keine Maßnahmen ergreife.

Was daraufhin erfolgt, ist symptomatisch für die Auseinandersetzung mit Rassismus und Rechtsextremismus in diesem Land. Nicht die Rechtsextremen werden von Teilen der sachsen-anhaltischen Gesellschaft als Problem identifiziert, sondern Holtemöller und sein Institut. Der ehemalige Oberbürgermeister von Magdeburg spricht Holtemöller seine wissenschaftliche Expertise ab, die Oberbürgermeisterin von Magdeburg erklärt sich Holtemöllers Einschätzung mit Neid, weil der Institutsstandort Halle bei der Wahl Intels leer ausgegangen sei, und der Fraktionsvorsitzende der CDU Guido Heuer äußert öffentlich, ob man nicht die Finanzierung von Holtemöllers Institut einstellen könne.[59]

Der Umgang mit dem Standortnachteil Rechtsextremismus offenbart die Vielzahl überkommener Glaubenssätze, an die sich Deutsche klammern wie Ertrinkende am letzten Strohhalm.

1. »Wir« gehören keineswegs mehr zu den attraktivsten Ländern dieser Erde.
2. »Die« möchten nicht in großer Zahl nach Deutschland kommen.
3. Die »knallharten Wahrheiten« vergiften das gesellschaftliche Klima und vergraulen die dringend benötigten Fachkräfte. Jeder Prozentpunkt, den eine politische Partei mit rassistischen Schlagzeilen gewinnt, ist ein Grund für Wissenschaftlerinnen, Informatiker und Ingenieure, dieses Land zu meiden.
4. Die Ausbeutung der Arbeitskräfte im Niedriglohnsektor wird die drängenden Probleme unserer Infrastruktur verschärfen. Wir haben mit Blick auf die demographi-

sche Entwicklung noch immer keine langfristige Strategie entwickelt, mit der wir den Herausforderungen der Zukunft begegnen können.

5. Wir werden nicht weniger, sondern bedeutend mehr Pflegekräfte brauchen, wenn die vielen Mittelalten eines Tages alt werden wollen. Dass wir uns noch immer darauf verlassen, dass uns die Ausbeutung von Migranten durch die zahlreichen Krisen tragen wird, offenbart einen beeindruckenden Grad an Realitätsverlust.
6. Es kommen keine Gastarbeiter mehr. Nur noch Menschen.

Wer in seinem Land Krieg, Verfolgung und Hunger erfährt, wird alles daran setzen, sich selbst und seine Familie zu schützen. Menschen, die auf dem Weg ihrer Flucht Wüsten und Meere überqueren, lassen sich von Zäunen und Mauern nicht aufhalten. Auch hier ist Kanada führend. In dem *t-online*-Artikel berichtet Miriam Hollstein von kanadischen Scouts, die den Menschen in Flüchtlingsunterkünften die Möglichkeit eröffnen, eine Bewerbung als »Wirtschaftszuwanderer« einzureichen. Von einer solchen Idee sind wir noch mehrere Dutzend Sozialschmarotzer-Debatten entfernt.

Überhaupt, die Flüchtlinge.

Von den Geflüchteten, die im Jahr 2015 nach Deutschland kamen, hatte fünf Jahre später jeder Zweite einen sozialversicherungspflichtigen Job. Ein gigantischer Erfolg. Es ist eine große gemeinschaftliche Leistung, bei der alle Beteiligten voneinander profitiert haben. Man könnte feststellen, dass die Worte der Bundeskanzlerin eingetreten sind. Dass wir es geschafft haben. Das wir es weiterhin schaffen. Dass es sich lohnt, die Kämpfe zu kämpfen, die Schlachten zu schlagen und der Hoffnung Raum zu geben. Stattdessen stellen sich Spitzenpolitiker vor die Kamera und wiederholen das immer gleiche Mantra.

»2015 darf sich nicht wiederholen.«

Den intellektuellen Bankrott dieser Debatte kann man daran bemessen, dass noch immer Pflegekräfte und Pflegeschüler abgeschoben werden.

Bolanle Elizabeth Lawani und ihr Mann Martins Dele absolvieren aktuell eine Ausbildung zu Sozialpflegern und arbeiten bereits mit einem unbefristeten Arbeitsvertrag in einem Pflegeheim in Herzogenaurach. Sie sollen abgeschoben werden.[60]

Dem 24-jährigen Tesfaye Gebremedn erteilt das Bayerische Innenministerium ein Ausbildungsverbot. Um ein Haar hätte er an der Isar-Amper-Klinik in Taufkirchen als Pflegefachschüler angefangen. Nun soll er abgeschoben werden.

Die 53-jährige Zoufinar Murad wurde gar während einer Nachtschicht aus ihrer Pflegeeinrichtung von Polizisten abgeholt und nach Armenien abgeschoben. Das Regierungspräsidium Karlsruhe versteht die Aufregung nicht. Murad habe schließlich keinen ordentlichen Aufenthaltsstatus gehabt, ihren Asylantrag habe man abgelehnt, sie hätte jederzeit mit einer Abschiebung rechnen müssen, heißt es in einer schriftlichen Stellungnahme gegenüber dem SWR. Dass das in einem Land, das heftig unter seiner Demographie und unter einem gravierenden Arbeitskräftemangel leidet, ungefähr so weit gedacht ist wie von Wand bis zur

Tapete, scheint dort allerdings noch niemandem aufgefallen zu sein.[61]

Der 20-jährige Pflegeschüler Osaivbie »Kelvin« Ekogiawe aus Würzburg soll seine Ausbildung unterbrechen, damit er abgeschoben werden kann.[62] Ekogiawe spielt in seinem Heimatverein SV Heidingsfeld Fußball und ist allseits beliebt. Gegen seine Abschiebung protestieren zahlreiche Menschen, die im Bayerischen Landtag eine Petition eingereicht haben.

Ich muss an den markigen Spruch von Andreas Scheuer denken.

> »Entschuldigen Sie die Sprache: Das Schlimmste ist ein fußballspielender, ministrierender Senegalese, der über drei Jahre da ist. Weil den wirst du nie wieder abschieben. Aber für den ist das Asylrecht nicht gemacht, sondern der ist Wirtschaftsflüchtling.«[63]

Ein fußballspielender, ministrierender Senegalese. Das Schlimmste.

Die Sache mit der Abschiebung gestaltet sich allerdings schwieriger als gedacht. Der Bundespolizei fehlt qualifiziertes Personal, um die anstehenden Abschiebungen durchzuführen.[64] Auch dort leidet man unter dem Fachkräftemangel.

Sehnsucht

»Alles stärken, was uns verbindet«.

So heißt die Veranstaltung, zu der ich eingeladen bin. Ich, der Sohn zweier Bürgerkriegsflüchtlinge, sitze nun in Schloss Bellevue. Der Bundespräsident redet zur Lage der Nation. Es ist eine aufrüttelnde Rede. Sie ist aufgeladen mit Bedeutung und Erwartung.

Es ist der Herbst 2022. Der russische Angriff auf die Ukraine dauert bereits ein halbes Jahr an. Die grauenhaften Bilder aus Butscha hämmern sich der Weltöffentlichkeit ins Bewusstsein. Im ganzen Land ist die Stimmung angespannt.

Frank-Walter Steinmeier nutzt die Hälfte seiner Rede, um den russischen Angriff zu verurteilen. In der anderen Hälfte behandelt er die Krisen der deutschen Gegenwart. Klimawandel. Generationengerechtigkeit. Armut. Ostdeutschland. Westdeutschland. Es ist eine gute Rede. Ich hoffe trotzdem, dass er an irgendeiner Stelle das Skript verlässt. Vielleicht will ich auch einfach, dass er auf den Tisch haut. Aber er verhält sich, wie sich Bundespräsidenten üblicherweise verhalten.

Während ich dem Bundespräsidenten bei seiner Rede zuhöre, muss ich an eine andere Rede von ihm denken. Ich habe ein schlechtes Gewissen, weil ich dadurch seine eigentliche Rede verpasse. Aber es hält sich in Grenzen. Die Rede, die ich in Gedanken durchgehe, ist seine Rede zum 75. Jahrestag der Befreiung vom Nationalsozialismus und des Endes des Zweiten Weltkrieges in Europa. So heißt sie offiziell.

Es ist ein furchtbarer Titel. Deutschland wurde nicht befreit. Deutschland wurde nicht verführt. Deutschland wurde nicht unterdrückt. Ich empfinde dieses Reden als unredlich und unanständig. Es folgt dem vertrauten und beliebten Muster der Deutschen, sich selbst als Opfer darzustellen. Auch wenn sie zu den Tätern zählen. Steinmeier kann für diesen Titel nichts. Den haben Walter Scheel und Richard von Weizsäcker zu verantworten.

Es gibt einen Satz in der Rede, der mich anfasst. Tatsächlich gibt es kaum etwas, was mein Verhältnis zu diesem Land derart eindringlich und passend beschreibt wie dieser eine Satz. Der Bundespräsident zitiert in der Mitte seiner Rede Rabbi Nachman.

> »Kein Herz ist so ganz wie ein gebrochenes Herz.«

Es geht um Erinnerung und Zukunft. Um Patriotismus und um unser Verhältnis zu uns selbst.

> »Die deutsche Geschichte ist eine gebrochene Geschichte – mit der Verantwortung für millionenfachen Mord und millionenfaches Leid. Das bricht uns das Herz bis heute. Deshalb: Man kann dieses Land nur mit gebrochenem Herzen lieben.«[65]

Man kann dieses Land nur mit gebrochenem Herzen lieben.

Frank-Walter Steinmeier meint diesen Satz anders, als er bei mir ankommt. Aber wie auch bei Max Frisch ist der Satz größer als die Rede selbst. Er ist so groß, dass er über seine eigentliche Bestimmung hinausragt.

Man kann dieses Land nur mit gebrochenem Herzen lieben.

Wann immer ich mich im Ausland bewege, bin ich jedes einzelne Mal glücklich, nach Deutschland zurückzukehren. Dieses Land ist meine Heimat. Und meine Heimat erfüllt mich mit Glück. Aber so wie es in langjährigen Beziehungen häufig vorkommt, frage ich mich auch bei meiner Beziehung zu Deutschland, weshalb ich noch Teil dieser Partnerschaft bin. Ist es Liebe? Zuneigung? Gewohnheit? Oder der Mangel an Alternativen?

Oft genug, wenn das Leben in diesem Land nicht auszuhalten ist, denke ich darüber nach, die Brocken hinzuschmeißen und zu gehen. Aber wohin? Das Land meines Vaters ist nicht mein Vaterland. Die Sprache meiner Mutter ist nicht meine Muttersprache. Von allen Ländern dieser Welt fühle ich mich in Deutschland am wenigsten fremd. Ich spüre Vertrautheit, aber kein Vertrauen. Je mehr Zeit vergeht, desto mehr verschärft es sich in beide Richtungen.

Ich habe im Rahmen meines Studiums eine Predigt zum 3. Buch Mose, Kapitel 19, Verse 33 und 34 gehalten.

> »Wenn ein Fremdling bei euch wohnt in eurem Lande, den sollt ihr nicht bedrücken. Er soll bei euch wohnen wie ein Einheimischer unter euch, und du sollst ihn lieben wie dich selbst; denn

ihr seid auch Fremdlinge gewesen in Ägyptenland. Ich bin der HERR, euer Gott.«

Es ist ein utopischer Bibelvers. Aber vielleicht ist er auch deshalb wichtig. Wichtiger denn je.

Unser Umgang mit den Fremden ist beschämend. Die Ausgrenzung, die Ausbeutung, die unbändige Zerstörungswut. Als ich das erste Mal das Bild des kleinen syrischen Jungen Alan Kurdi sehe, der bei seiner Flucht über das Mittelmeer an die türkische Küste angespült wird, zerbricht etwas in mir. Ist es das, was wir sind? Ist es das, wer wir sind? Menschen sterben beim Versuch, dieses Land zu erreichen – und wir, die wir in diesem Land leben, wissen nicht zu schätzen, was wir aneinander haben. Dieses Land ist ein Sehnsuchtsort für viele. Nicht für alle. Die, die man gerne aufnehmen würde, kommen nicht. Die, die man gerne aufhalten würde, machen sich auf den Weg. Dass es Menschen sind, die an unseren Außengrenzen frieren, hungern und ertrinken, scheint uns oft genug aus unserem kollektiven Bewusstsein zu geraten. Viel zu häufig führen wir Abwehrkämpfe, sprechen Abwehrsprachen. Michel Friedman bezeichnet die Ausländerbehörden als Abwehrbehörden.[66] Ausländer werden in diesem Land abgewehrt. Inländer auch, wenn sie nicht angemessen inländisch erscheinen.

Wer ist überhaupt wir? Uns? Was ist deutsch?

Wer ist hier fremd? »Heute sind wir tolerant, morgen fremd im eigenen Land«, heißt es von denjenigen, die verunsichert, die verärgert sind. Die keine Schuld tragen wollen. Es ist nur ein kleiner Schritt, bis sie anderen gegenüber zu Tätern werden, weil sie sich als Opfer fühlen. Es braucht nur einen Funken, und das Feuer brennt.

Fremd. Was soll das sein? Und wer soll das sein? Menschen, die seit Generationen in der Mitte dieses Landes leben, müssen sich tagtäglich anhören, sie würden nicht in die Mitte dieser Gesellschaft gehören. Wir grenzen aus, wir wehren ab. Es sind die letzten Kämpfe eines verzweifelten Volkes, das sich in eine Zeit zurücksehnt, die es nie gab. Das nicht erträgt, dass auch die Neuen die Unseren sind. Dass auch die Anderen dieses Land lieben. Und daran verzweifeln.

Vielleicht muss man an diesem Land verzweifeln, wenn man nicht an alledem zerbrechen will.

Nun schafft der Mangel an Menschen neue Möglichkeiten. Die Arbeitskräfte, die wir so lange verachtet haben, fehlen. Nun suchen wir händeringend eine Arbeiterschaft, die Teil dieser Wirtschaft, aber nicht Teil dieser Gesellschaft werden soll. Wo das doch schon bei den Gastarbeitern so gut geklappt hat.

Es ist bei alledem ein gutes Land. Das einzige, was wir haben. Wir sollten es nicht verloren geben. Wir können es gemeinsam gestalten. Gemeinsam. Miteinander. Wir können einander Liebe und Zugehörigkeit zugestehen. Das wäre ein Lichtblick.

Man kann dieses Land nur mit gebrochenem Herzen lieben.

Aber man kann es lieben.

ANMERKUNGEN

Alle Weblinks wurden zuletzt abgerufen am 4. Juli 2023.

Ich liebe dieses Land

1 Zu den beliebtesten Hundenamen gehören Charly, Bruno, Sammy, Emma, Maja, Amy und Lilly: https://www.da-direkt.de/hundekrankenversicherung/ratgeber/hundenamen

2 »Tipps für werdende Hunde-Eltern«: https://www.blog-ergo.de/tipps-fuer-hundeeltern

3 https://www.sueddeutsche.de/kultur/im-kino-almanya-leitkultur-sachte-verbogen-1.1070351

4 https://www.tagesspiegel.de/kultur/migranten-wie-wir-1896073.html

5 https://www.stmi.bayern.de/med/pressemitteilungen/pressearchiv/2021/300/index.php

6 https://www.deutscheakademie.de/de/auszeichnungen/georg-buechner-preis/max-frisch/dankrede

7 https://www.schauspielhaus.ch/de/1397/chronik

8 https://www.schweizerkulturpreise.ch/dam/awards/de/dokumente/2013/Film/332_Seiler_de.pdf

9 https://www.swissfilms.ch/de/movie/siamo-italiani-die-italiener/0E8D52C47BA4478C8310AF1123857A19

10 https://www.newsd.admin.ch/newsd/message/attachments/33756.pdf

11 Ebd.

12 https://www.ns-zwangsarbeit.de/italienische-militaerinternierte/themen/deutschland-und-italien-als-buendnispartner-1936-1943/

13 https://www.wolfsburg.de/Newsroom/2020/11/10/12/42/IZS-Italiener-Dorf

14 Ebd.

15 https://www.zdf.de/nachrichten/wirtschaft/gastarbeiter-italien-deutschland-65-jahre-100.html

16 https://www.ndr.de/geschichte/chronologie/Gastarbeiter-in-Deutschland-Gekommen-und-geblieben,gastarbeiter258.html

17 Gudrun Pausewang: Frieden kommt nicht von allein. Geschichten um Frieden und Freundschaft, Otto Maier Verlag 1988, S. 133

18 https://www.abendzeitung-muenchen.de/muenchen/historikerin-ueber-italienische-arbeiter-in-muenchen-alle-kamen-erst-hierher-art-826238

19 https://www.ndr.de/geschichte/chronologie/Gastarbeiter-in-Deutschland-Gekommen-und-geblieben,gastarbeiter258.html

20 https://www.wolfsburg.de/Newsroom/2020/11/10/12/42/IZS-Italiener-Dorf

21 https://www.spiegel.de/politik/komm-komm-komm-geh-geh-geh-a-da95a50c-0002-0001-0000-000043801107

22 Ebd.

23 Eberhard Nann: Die Kriminalität der italienischen Gastarbeiter im Spiegel der Ausländerkriminalität, in: Kriminologische Schriftenreihe, Kriminalstatistik Verlag Hamburg 1967

24 Günther Gräff: Die Kriminalität der Gastarbeiter im Landgerichtsbezirk München I in den Jahren 1960–1963, München 1967, S. 76, zitiert nach: Franziska Dunkel u. Gabriellea Stramaglia-Faggion: Zur Geschichte der Gastarbeiter in München. »Für 50 Mark einen Italiener«, München 2000, S. 324

25 https://www.abendzeitung-muenchen.de/muenchen/historikerin-ueber-italienische-arbeiter-in-muenchen-alle-kamen-erst-hierher-art-826238

26 https://www.crew-united.com/de/Amara-Terra-Mia__254293.html

27 Bettina Severin-Barboutie: Die Fremdwahrnehmung von Italienern und Türken, in: Oliver Janz u. Roberto Sala (Hg.): Dolce Vita? Das Bild der italienischen Migranten in Deutschland, Campus Verlag 2011, S. 118

28 Ebd., S. 125

29 Reinhard Körner, Ulrich Spies: Zur Fremdenfeindlichkeit in der Bundesrepublik Deutschland, in: Gewerkschaftliche Monatshefte, Jg.33, Nr. 7, 1982, S. 397–407

30 https://www.spiegel.de/politik/die-tuerken-kommen-rette-sich-wer-kann-a-5b1ba6e5-0002-0001-0000-000041955159

31 https://taz.de/Muslime-sind-nicht-integrierbar/!1089647/

32 https://www.zeit.de/2002/38/Das_Tuerkenproblem/komplettansicht

33 https://www.deutschlandfunkkultur.de/tuerkenprobleme-ohne-ende-100.html

34 https://www.tagesspiegel.de/berlin/anzeige-gegen-nicolaus-fest-wegen-volksverhetzung-3819919.html

35 https://www.diepresse.com/6262819/karl-nehammer-geht-wieder-auf-die-gruenen-zu

36 https://www.abendzeitung-muenchen.de/promis/elyas-mbarek-muenchen-ist-meine-stadt-art-172029

37 https://www.spiegel.de/kultur/gesellschaft/schauspiel-newcomer-m-barek-einmal-tunesier-immer-tuerke-a-591098.html

38 https://www.solon-buch.de/details/T422278/9783866761919/T%C3%BCrken-und-Araber-verstehen-und-vernehmen

39 https://www.spiegel.de/kultur/gesellschaft/schauspiel-newcomer-m-barek-einmal-tunesier-immer-tuerke-a-591098.html

40 https://www.stern.de/sport/fussball/mesut-oezil-und-ilkay-guendogan--spd-lokalpolitiker-beleidigt-nationalspieler-7995626.html

41 https://www.sueddeutsche.de/muenchen/oezil-guendogan-erdogan-deutsches-theater-1.4018175

42 Ebd.

43 https://www.youtube.com/watch?v=Wi_dz3-MFUM

44 https://twitter.com/JuliaKloeckner/status/1021394727613104128

45 https://www.youtube.com/watch?v=WmdBuObi7Vc

46 https://www.faz.net/aktuell/politik/inland/schmaehwettstreit-in-berlin-bei-afd-kundgebung-15610469.html?fbclid=IwAR0xq4-SLBS-2K1h8Vc5dhWF9iDGey5q_HE5vCtdeovPzBbPstQwXt3QYX0

47 https://twitter.com/S_Muenzenmaier/status/996054216794927104

48 https://afdbundestag.de/alice-weidel-fall-oezil-integrations-traeumerei-funktioniert-nicht-nicht-mal-bei-fussball-millionaeren/

49 https://www.facebook.com/fruehstuecksfernsehen/videos/mesut-%C3%B6zil-erdogans-bester-mann-geh%C3%B6rt-nicht-zu-dem-deutschland-f%C3%BCr-das-die-nati/2023941634344940/

50 https://www.bild.de/bild-plus/sport/fussball/fifa-wm-2018/matthaeus-habe-das-gefuehl-oezil-will-gar-nicht-mitspielen-56047046.bild.html

51 https://uebermedien.de/29417/integrationsmaskottchen-zum-buhmann-degradiert/

52 https://www.instagram.com/p/BkiK9ikB-b6

53 Den Titel ändert die *Frankfurter Allgemeine Zeitung* später genauso wie das Artikelbild: https://www.faz.net/aktuell/sport/fussball-wm/deutsches-team/wm-aus-kommentar-debatte-um-joachim-loew-muss-sein-15663078.html

54 Auch die *Welt* ändert später das Artikelbild: https://www.welt.de/sport/fussball/wm-2018/article178359782/Fussball-WM-2018-Deutschlands-Blamage-Das-sind-die-Zahlen-des-Grauens.html

55 https://de.style.yahoo.com/blamage-perfekt-deutschland-scheidet-vorrunde-155800894.html

56 https://www.abendblatt.de/sport/wm-2018/article214715313/Ich-werde-einige-Zeit-brauchen-Oezil-reagiert-auf-WM-Aus.html

57 https://www.manager-magazin.de/magazin/artikel/twitter-facebook-wie-konzerne-bei-social-media-versagen-a-1222054.html

58 https://www.zeit.de/politik/deutschland/2016-06/afd-fussball-nationalmannschaft-deutsch-populismus-alexander-gauland

59 https://www.spiegel.de/politik/deutschland/freispruch-fuer-npd-funktionaere-knick-in-der-optik-a-749938.html
60 https://www.abendblatt.de/sport/article108098243/Podolski-und-Klose-Pendler-zwischen-zwei-Welten.html
61 https://www.tagesspiegel.de/sport/lukas-podolski-entscharft-solidaritats-tweet-5193337.html
62 https://www.welt.de/sport/fussball/wm-2018/article178887082/WM-2018-Bin-halber-Russe-Matthaeus-spricht-im-Kreml-mit-Putin.html
63 https://www.youtube.com/watch?v=zWF_RF8_DSo
64 Nicht immer gehört beides zusammen.
65 https://www.faz.net/aktuell/sport/fussball-em-1/deutsches-team/mesut-oezil-druck-von-rechts-11794657.html
66 https://www.spiegel.de/politik/deutschland/eklat-in-brandenburg-npd-spitzenkandidat-beleidigt-nationalspieler-oezil-als-plaste-deutschen-a-649472.html
67 https://www.faz.net/aktuell/sport/fussball-em-1/deutsches-team/mesut-oezil-druck-von-rechts-11794657.html
68 https://www.zeit.de/news/2012-06/21/em-2012-friedrich-nennt-attacke-gegen-oezil-widerwaertig-21103407
69 https://www.faz.net/aktuell/sport/fussball-em-1/deutsches-team/mesut-oezil-druck-von-rechts-11794657.html
70 https://www.youtube.com/watch?v=8VMBaSeCoVY&t=2895 s
71 https://www.spiegel.de/politik/deutschland/afd-politiker-erklaeren-ihre-syrien-reise-zum-assad-regime-a-1198854.html
72 https://www.handelsblatt.com/politik/international/davos2018/trump-dinner-mit-dax-chefs-wie-joe-kaeser-den-us-praesidenten-kontert/20896064.html
73 https://twitter.com/AuswaertigesAmt/status/949587720426356736
74 https://www.tagesschau.de/inland/oezil-debatte-101.html
75 https://www.spiegel.de/panorama/mesut-oezil-tuerkischstaemmige-menschen-in-deutschland-fuehlen-sich-tuerkei-verbundener-a-00000000-0003-0001-0000-000002650859
76 Ebd.
77 https://www.deutschlandfunk.de/wenn-fachkraefte-auswandern-100.html
78 https://www.bib.bund.de/DE/Fakten/Fakt/M12-Zuzuege-Fortzuege-Deutschland-Tuerkei-ab-1974.html
79 https://twitter.com/M10/status/1021093637411700741
80 https://www.facebook.com/joachimstamp70/posts/pfbid02MugVomjpakNcyWynPECy37WdA1pRU2jB7EnyZMERryfih7DZvDKZeTG5QWbyeiawl
81 https://www.spiegel.de/politik/deutschland/freispruch-fuer-npd-funktionaere-knick-in-der-optik-a-749938.html

82 https://www.faz.net/aktuell/politik/inland/afd-vize-gauland-beleidigt-jerome-boateng-14257743.html
83 https://www.dwdl.de/interviews/82321/man_fragt_sich_in_welchem_land_wir_gross_geworden_sind
84 https://www.tiktok.com/@bennyhenrichs/video/7218759073297206534?lang=de-DE
85 https://www.bundesliga.com/de/bundesliga/news/nach-dfb-u21-landerspiel-zuspruch-fur-youssoufa-moukoko-jessic-ngankam-23867
86 https://www.express.de/koeln/schwarze-adler-shary-reeves-ueber-rassismus-und-jens-lehmann-41060

Wer wir sind

1 https://www.facebook.com/photo.php?fbid=2381885355184316&set=a.305185579520981&type=3&ref=embed_post
2 https://www.facebook.com/ob.boris.palmer/posts/2383292448376940
3 https://www.facebook.com/ob.boris.palmer/posts/pfbidoC8wNWxMrkxLiwZ7yzqNQncJ7tPo1ZXXJ9hRiXsP4NwYDU27qpecu8XvynZSafo8Ul
4 Gemeint sind natürlich die Juden.
5 Anfang der 2000er Jahre gab es eine NPD-Kampagne mit den Plakaten »Maria statt Scharia«, »Geld für die Oma statt für Sinti und Roma« und »Gute Heimreise« mit dem Bild dreier Menschen auf einem fliegenden Teppich.
6 https://www.sueddeutsche.de/politik/bundesregierung-berlin-erinnerung-an-anschlag-von-hanau-rassismus-ist-ein-gift-dpa.urn-newsml-dpa-com-20090101-210213-99-424249
7 https://www.facebook.com/SWRAktuell/photos/a.225453950826673/3523896927649009
8 https://m.facebook.com/tagesschau/videos/10155863259214407/
9 https://twitter.com/bundeswehrInfo/status/1650783751301914624
10 https://www.wuv.de/Archiv/Boris-Palmer-entfesselt-Emp%C3%B6rungswelle-zur-Bahn-Kampagne
11 https://afdbundestag.de/gauland-boris-palmer-hat-wichtige-debatte-angestossen/
12 https://www.bild.de/politik/inland/politik-inland/palmer-und-deutsche-bahn-warum-reagieren-so-viele-darauf-mit-hass-61440636.bild.html
13 Artikel 1: Et es wie et es. Artikel 2: Et kütt wie et kütt. Artikel 3: Et hätt noch emmer joot jejange. Artikel 4: Wat fott es, es fott. Artikel 5: Et bliev nix wie et wor. Artikel 6: Kenne mer nit, bruche mer nit, fott domet. Artikel 7: Wat wellste maache? Artikel 8: Maach et joot, ävver nit zo off. Artikel 9: Wat soll dä Kwatsch? Artikel 10: Drinks de ejne met? Artikel 11: Do laachs de disch kapott.

14 https://www.bundesverfassungsgericht.de/SharedDocs/Entscheidungen/DE/2016/12/rk20161216_2bvr034916.html
Leitartikel über die »Spaltung der Gesellschaft« hat es damals bemerkenswerterweise keine gegeben.

15 https://www.zeit.de/wirtschaft/2022-10/gender-pay-gap-ostdeutschland-westdeutschland-frauen-maenner

16 https://www.bamf.de/SharedDocs/Anlagen/DE/Forschung/Forschungsberichte/Kurzberichte/fb38-muslimisches-leben-factsheet.pdf

17 https://www.zentralratderjuden.de/der-zentralrat/ueber-uns/

18 Ausnahme: die Spanierin Belén Garijo (Merck)

19 Guillaume Faury (Airbus), Thierry Bernard (Qiagen), Vincent Warnery (Beiersdorf)

20 Bjørn Gulden (Adidas)

21 Hans Dieter Pötsch (Porsche Automobil Holding)

22 Ola Källenius (Mercedes Benz Group)

23 Jean-Jacques Henchoz (Hannover Rück)

24 (Fresenius)

25 Christian Bruch (Siemens Energy), Christian Klein (SAP), Christian Kohlpaintner (Brenntag), Christian Sewing (Deutsche Bank)

26 Oliver Bäte (Allianz), Oliver Zipse (BMW), Oliver Blume (Porsche und Volkswagen)

27 https://www.deutschlandfunkkultur.de/ueber-die-entstehung-des-rasse-gedankens-das-schwarz-weiss-100.html

28 Zur Geschichte der Hautfarbentafel und ihrer Rolle in Kolonialzeit und Holocaust sind die Ausführungen des Farbexperten, der bezeichnenderweise Andreas Schwarz heißt, sehr lesenswert: https://dr-andreas-schwarz.de/haut-und-haar-denkwuerdiger-rueckblick.html

29 https://www.stabilo.com/ch-de/produkte/malen-und-zeichnen/filzstifte/stabilo-pen-68-brush und https://www.stabilo.com/ch-de/fileadmin/products/coloring/pen_68_brush/colorChanger/568_26_Hex_C86551_565x565px.png

30 https://www.paulmaendli-ag.com/images/stories/virtuemart/product/effect-colour-paste-classic-line.pdf

31 https://www.revell.de/produkte/farben-kleber-co/aqua-color/aqua-color-hautfarbe-matt-18 ml.html

32 https://www.brillux.de/unternehmen/blog/fabelhafte-farbraeume-beschreibung-von-farbkonzepten/

33 https://www.wuv.de/Archiv/Banalit%C3%A4t-des-Dr%C3%B6gen-Das-Wohnzimmer-von-Jung-von-Matt

34 https://www.bpb.de/shop/zeitschriften/apuz/183452/deutschlands-haeufigstes-wohnzimmer/

35 https://www.deutschland.de/de/topic/leben/so-wohnen-deutsche-blick-in-deutschlands-wohnzimmer

36 https://www.deutschlandfunkkultur.de/100-jahre-deutsche-nationalhymne-100.html

37 https://www.welt.de/kultur/literarischewelt/article110264402/Das-Problem-der-Deutschen-mit-Nationalsymbolen.html

38 Immanuel Kant: Kants handschriftlicher Nachlass, Bd. II, 1. Anthropologie, Berlin/Leipzig 1923, S. 590 f., zitiert in: Ulfert Ricklefs: Geschichte, Volk, Verfassung und das Recht der Gegenwart: Achim von Arnim, in: A. v. Bormann (Hg.): Volk – Nation – Europa. Königshausen & Neumann 1998, S. 66

39 Flodoard von Biedermann (Hg.): Goethes Gespräche, 2. Band, 1805–1810, F. W. v. Biedermann 1889, S. 250

40 Ebd., S. 282

41 Friedrich Strehlke (Hg.): Goethes Werke Erster Theil, Gedichte, Gustav Hempel Verlag um 1900

42 Arthur Schopenhauer: Parerga und Paralipomena, Band I, Aphorismen zur Lebensweisheit, Kapitel IV: Von dem was einer vorstellt, S. 342

43 Friedrich Nietzsche: Jenseits von Gut und Böse. Vorspiel einer Philosophie der Zukunft, Leipzig, Druck und Verlag von C. G. Naumann 1886, S. 244

44 Friedrich Nietzsche: Menschliches, Allzumenschliches. Ein Buch für freie Geister, Zweiter Band, Neue Ausgabe, Verlag von E. W. Fritzsch 1886

45 https://www.bild.de/unterhaltung/leute/veronica-ferres/und-maria-furtwaengler-was-ist-deutsch-42700142.bild.html

46 https://beckassets.blob.core.windows.net/product/readingsample/24387411/24387411_leseprobe_deutsche-tugenden.pdf

47 https://www.bundespraesident.de/SharedDocs/Reden/DE/Richard-von-Weizsaecker/Reden/1985/06/19850608-Rede-Deutscher-Evangelischer-Kirchentag.html

48 https://www.cicero.de/comment/83628

49 https://www.bild.de/politik/inland/thomas-de-maiziere/leitkultur-fuer-deutschland-51509022.bild.html

50 https://www.bpb.de/themen/islamismus/dossier-islamismus/255521/leitkultur-als-integrationskonzept-revisited/

51 Ebd.

52 Ebd.

53 Ebd.

54 https://www.bpb.de/shop/zeitschriften/apuz/26535/leitkultur-als-wertekonsens/

55 https://www.bild.de/politik/inland/islamwissenschaft/was-ist-deutsch-459 52294.bild.html

56 https://www.bpb.de/themen/islamismus/dossier-islamismus/255521/leitkul tur-als-integrationskonzept-revisited/

57 *Berliner Zeitung*, 22.06.1998

58 https://taz.de/!1215578/

59 *Berliner Zeitung*, 27.03.1999

60 https://www.zeit.de/1998/30/199830.assheuer_schoenb.xml/komplettan sicht

61 https://www.spiegel.de/politik/leitkultur-uebernehmen-a-7f373929-0002-0001-0000-000037494646

62 https://www.tagesspiegel.de/berlin/cdu-ballermann-und-multikulti-735232.html

63 https://www.tagesspiegel.de/berlin/cdu-ballermann-und-multikulti-735232.html

64 https://www.zentralratderjuden.de/aktuelle-meldung/veranstaltung-zum-gedenken-an-die-reichspogromnacht-am-9-november-1938-ber lin/

65 https://www.spiegel.de/politik/deutschland/entgleisung-bei-der-csu-warum-lasst-ihr-deutschland-nicht-den-deutschen-a-181039.html

66 https://www.spiegel.de/politik/deutschland/bundestagspraesident-lammert-fordert-patriotismusdebatte-a-380600.html

67 https://www.spiegel.de/politik/deutschland/sachsen-cdu-thesenpapier-zu-patriotismus-a-380602.html

68 https://www.spiegel.de/politik/deutschland/empoerung-in-regierung-und-opposition-proteststurm-gegen-seehofers-auslaender-offensive-a-722308.html

69 https://www.sueddeutsche.de/politik/vorstoss-in-der-union-csu-und-sachsen-cdu-preisen-heimat-und-patriotismus-als-kraftquelle-1.3186 713

70 https://www.gesetze-bayern.de/Content/Document/BayIntG-NN1

71 Philipp Amthor: In guter Verfassung? Unser Land braucht eine Leitkultur Debatte, in: Ralph Hauptmann &. Mark Brinkhaus: Eine Politik für morgen, Die junge Generation fordert ihr politisches Recht, Herder Verlag 2020, S. 5–6

72 https://www.rnd.de/politik/cdu-niedersachsen-migranten-sollen-vertrag-zur-leitkultur-abschliessen-D4AMUGNWNZF6AB7VNQ KLB5PGFM.html

73 https://www.zdf.de/nachrichten/heute-sendungen/videos/gauland-ueber-oezoguz-100.html

74 https://www.afd.de/kultur-medien/

75 https://daserste.ndr.de/panorama/aktuell/AfD-Hoeckes-Lehre-von-Menschentypen,hoeckeslehre100.html

76 https://afd-thl.de/wp-content/uploads/2018/05/Leitkultur-Identit%C3%A4t-Patriotismus.pdf

77 https://uebermedien.de/31188/afd-die-partei-mit-den-auslaendischen-models/

78 https://www.afd.de/kultur-medien/

79 https://twitter.com/CSU/status/752511067474030593

80 https://www.gesetze-bayern.de/Content/Document/Y-300-Z-BECKRS-B-2019-N-33112

81 https://www.csu-geschichte.de/media/user_upload/CSU_Grundsatzprogramm_2016.pdf

82 Ebd.

83 https://www.planet-interview.de/interviews/heino/33414/

84 www.bayern.landtag.de/www/ElanTextAblage_WP17/Drucksachen/Schriftliche%20Anfragen/17_0011872.pdf

85 https://www.sueddeutsche.de/bayern/einwanderung-was-ist-die-bayerische-leitkultur-1.3176129

86 Ebd.

87 Ebd.

88 https://www.fdp.de/pressemitteilung/kubicki-interview-will-deutschland-seinen-wohlstand-behalten-muss-es-bei-der

89 https://www.faz.net/aktuell/feuilleton/debatten/leitkultur-thomas-de-maizieres-entfacht-diskussion-neu-14995718.html

90 https://www.deutschlandfunk.de/debatte-ueber-leitkultur-der-begriff-passt-nicht-in-eine-100.html

91 https://www.spiegel.de/politik/deutschland/schweinefleisch-offensive-der-cdu-spd-und-gruene-machen-sich-lustig-a-1081521.html

92 https://www.news4teachers.de/2016/03/aus-ruecksicht-auf-muslime-verzichten-immer-mehr-schulen-und-kitas-komplett-auf-schweinefleisch-das-sorgt-jetzt-fuer-streit/

93 https://www.finanznachrichten.de/nachrichten-2016-03/36821757-schmidt-muslime-und-fluechtlinge-muessen-leitkultur-anerkennen-003.htm

94 https://www.lvz.de/lokales/leipzig/leipziger-kita-streicht-schweinefleisch-vom-speiseplan-und-wird-bedroht-ILGJ6IKZXDWTVXCIYJSS3F3J7U.html

95 https://twitter.com/cdusachsen/status/1153625925885603840?lang=de

96 https://www.volksverpetzer.de/schwer-verpetzt/kita-schweinefleisch-bild/

97 https://twitter.com/PolizeiSachsen/status/1153749701944127493

98 https://www.tagesspiegel.de/gesellschaft/medien/berlin-tag-nacht-hat-ein-rassismusproblem-3530383.html
99 https://www.zeit.de/kultur/film/2014-04/gntm-aminata-rassismus/komplett ansicht
100 https://www.zeit.de/zett/2017-02/das-ist-das-erste-schwarze-karnevalsprin zenpaar
101 https://www.spiegel.de/panorama/gesellschaft/facebook-hetze-philipp-awounou-wurde-opfer-eines-shitstorms-a-1200301.html
102 https://www.stern.de/neon/wilde-welt/wirtschaft/katjes-kampagne--was-die-werbeagentur-zum-shitsorm-sagt-7846310.html
103 https://www.zeit.de/gesellschaft/zeitgeschehen/2019-11/benigna-munsi-nuern berg-christkind-ulrich-maly-rassismus-afd
104 https://www.faz.net/aktuell/stil/trends-nischen/wie-otto-eine-rassistische-userin-vorfuehrt-16635989.html
105 https://www.spiegel.de/kultur/tv/dschungelcamp-2022-janina-youssefian-wird-nach-rassismus-aeusserung-von-rtl-aus-sendung-geworfen-a-8980a 45f-dd35-4587-b0ec-50542bbf14b5
106 https://www.sueddeutsche.de/politik/streit-um-integration-sarrazin-streicht-die-genetik-1.1024651
107 https://www.uni-mannheim.de/newsroom/presse/pressemitteilungen/2018/juli/max-versus-murat-schlechtere-noten-im-diktat-fuer-grundschulkinder-mit-tuerkischem-hintergrund/
108 https://www.sueddeutsche.de/karriere/diskriminierung-bewerberinnen-mit-kopftuch-werden-bei-der-jobsuche-benachteiligt-1.3170492
109 www.faz.net/aktuell/wirtschaft/mit-kopftuch-findet-man-schwerer-einen-job-14444256.html
110 https://www.faz.net/aktuell/feuilleton/debatten/naika-foroutan-migrations forscherin-ueber-deutsche-muslime-18968400.html
111 https://interaktiv.br.de/hanna-und-ismail/
112 https://twitter.com/mamjahid/status/1395273408586395649?lang=bg
113 https://www.spiegel.de/politik/leitkultur-uebernehmen-a-7f373929-0002-0001-0000-000037494646
114 https://www.spiegel.de/politik/stuttgarter-leitkultur-a-167f0a2d-0002-0001-0000-000029054286
115 Ebd.
116 https://www.spiegel.de/lebenundlernen/schule/religioese-symbole-an-schu len-kein-kopftuch-keine-kutte-a-290423.html
117 https://www.deutschlandfunk.de/das-kruzifix-urteil-wenn-der-staat-reli gion-und-freiheit-100.html
118 Ebd.
119 https://taz.de/Bayerische-Schulen/!5149878/

120 https://www.welt.de/regionales/bayern/article138382073/Christentum-muss-privilegiert-bleiben.html
121 https://www.zeit.de/gesellschaft/zeitgeschehen/2017-03/eugh-kopftuch-verbot-arbeitsplatz-urteil
122 https://www.merkur.de/bayern/bundesverfassungsgericht-kopftuch-an-bayerns-schulen-bedingt-erlaubt-zr-4825951.html
123 https://www.swr.de/swraktuell/baden-wuerttemberg/mannheim/kim-hiller-steinmetz-meisterin-aus-mudau-100.html
124 https://www.spiegel.de/panorama/bildung/gerichtsprozess-strafarbeit-fuer-drittklaesslerin-wegen-tuerkisch-auf-schulhof-war-rechtswidrig-vergleich-a-19c3b0c0-5e60-46ef-ad9f-1fa0205774ec
125 Ebd.
126 https://www.bild.de/politik/inland/islam/heimat-minister-seehofer-islam-gehoert-nicht-zu-deutschland-55108896.bild.html
127 https://www.faz.net/aktuell/politik/inland/alexander-dobrindt-islam-gehoert-nicht-zu-deutschland-15503427.html
128 https://www.spiegel.de/politik/deutschland/alexander-dobrindt-islam-soll-fuer-deutschland-nicht-kulturell-praegend-sein-a-1202279.html
129 https://www.sueddeutsche.de/bayern/wallerstein-csu-kommunalwahl-politik-muslime-1.4745493
130 https://www.bmi.bund.de/DE/themen/themen-node.html
131 Scheibenwischer vom 29.12.2007
132 Der *Spiegel* hatte das Z-Wort ausgeschrieben.
133 https://www.schantall-und-scharia.de/die-ehrkultur-selbst-ist-nichts-religioeses/
134 https://www.bild.de/news/inland/gerichtliche-entscheidung/tote-jolin-geben-unsere-gerichte-islam-rabatt-35291480.bild.html https://www.bild.de/news/inland/mord/islam-rabatt-fuer-moerder-jolins-tagebuch-35287736.bild.html https://www.bild.de/news/inland/rechtsprechung/so-diskutiert-das-netz-ueber-den-islam-rabatt-35298338.bild.html
135 https://www.schantall-und-scharia.de/die-ehrkultur-selbst-ist-nichts-religioeses/
136 https://mediendienst-integration.de/fileadmin/Expertise_Hestermann_Herkunft_von_Tatverdaechtigen_in_den_Medien.pdf
137 https://www.focus.de/politik/deutschland/ein-aehnlicher-nachname-reicht-das-falsche-spiel-mit-den-clan-statistiken_id_12045120.html
138 https://www.mi.niedersachsen.de/startseite/aktuelles/presseinformationen/vorstellung-des-ersten-offentlichen-lagebildes-zu-clankriminalitat-2019-in-niedersachsen-189233.html
139 https://www.mi.niedersachsen.de/download/196485/Lagebild_Clankriminalitaet_2022.pdf

140 https://www.zeit.de/gesellschaft/2020-05/diskriminierung-clan-kriminalitaet-razzien-polizei-rassismus
141 https://www.sueddeutsche.de/politik/scholz-missbrauch-kirche-aufklaerung-1.5519106?reduced=true
142 https://polizei.nrw/artikel/politisch-motivierte-kriminalitaet-angriff-auf-die-mitte
143 https://www.spiegel.de/kultur/corona-leugnung-und-antisemitismus-warum-verschwoerung-warum-die-juden-a-46d89ede-6bc3-43f0-9b53-5064992ad416
144 https://www.spiegel.de/panorama/justiz/halle-saale-stephan-balliet-bereitete-tat-seit-monaten-vor-a-1291500.html
145 https://www.tagesspiegel.de/gesellschaft/medien/narzissten-unter-sich-5348308.html
146 Uwe Steimle: Warum der Esel Martin heißt: Neues von Martin Luther, Gütersloher Verlagshaus 2016, S. 24
147 https://www.saechsische.de/das-muss-sich-steimle-gefallen-lassen-3813885.html
148 https://twitter.com/MDRpresse/status/1138826316847996933?s=20
149 https://www.juedische-allgemeine.de/kultur/rothschild-soros-und-der-teufel/
150 https://www.juedische-allgemeine.de/kultur/lisa-eckhart-und-die-judenwitze/
151 https://www.pewresearch.org/religion/2018/05/29/being-christian-in-western-europe/
152 https://www.facebook.com/watch/?v=2205856202759649
153 https://taz.de/Protestoper-in-Berlin-Grunewald/!5707948/
154 https://www.welt.de/debatte/kommentare/plus225670443/Freiheit-fuer-Geimpfte-Moeglich-dass-ich-ein-Geisterfahrer-bin.html
155 https://twitter.com/welt/status/1458027741824135174
156 https://www.welt.de/debatte/plus234936428/Ungeimpfte-Die-Suendenboecke-der-Corona-Krise.html
157 https://twitter.com/BILD/status/1463419604278124546?s=20
158 https://denkfabrik-r21.de/wp-content/uploads/2022/11/Denkfabrik-R21_Manifest_7.11.2022.pdf
159 https://www.youtube.com/watch?v=eOF6pwzKOqc
160 https://www.rbb-online.de/kontraste/archiv/kontraste-vom-10-11-2022/union-auf-der-suche-nach-ihrer-dna.html
161 https://www.rbb-online.de/kontraste/archiv/kontraste-vom-26-01-2023/die-radikalisierung-des-hans-georg-maassen.html
162 https://www.zeit.de/gesellschaft/zeitgeschehen/2020-01/antisemitismus-philipp-amthor-cdu-judenhass-zuwanderer

163 https://twitter.com/BMISprecher/status/1392482794706817030

164 https://www.t-online.de/region/hannover/id_100094234/reichsbuerger-war-sicherheitsexperte-bei-synagogen-so-plante-er-den-umsturz-.html

165 https://www.rnd.de/politik/polizei-muenster-wehrmachtspanzer-abbildung-auf-rucksack-ermittlungen-gegen-beamten-eingeleitet-6SLAAAVCEBEUTNLMPFFY73VNFE.html

166 https://www.sueddeutsche.de/muenchen/muenchen-polizei-verwaltungsgericht-antisemitismus-1.5747676

167 https://bildblog.de/59135/kein-platz-fuer-judenhass-fuer-moslemhass-aber-schon/

168 https://www.bild.de/news/standards/religionen/islam-als-integrationshindernis-36990528.bild.html

169 https://bildblog.de/109793/judenhass-pfui-moslemhass-naja/

170 Ronen Steinke: Terror gegen Juden, Berlin Verlag 2020, S. 131

171 https://www.zeit.de/campus/2018-04/antisemitismus-judentum-leben-berlin-interview/komplettansicht

172 https://www.rnz.de/politik/hintergrund_artikel,-auftritt-bei-der-cdu-basis-hans-georg-maassen-die-cdu-und-18-millionen-araber-_arid,449854.html

173 https://twitter.com/HGMaassen/status/1152168472685817856

174 https://youtu.be/aQOcZOWFDOI

175 https://rp-online.de/politik/deutschland/horst-seehofer-lehnt-stichtags-regelung-fuer-fluechtlinge-als-fachkraefte-ab_aid-32736207

176 https://efbi.de/details/efbi-policy-paper-2023-2-autoritaere-dynamiken-und-die-unzufriedenheit-mit-der-demokratie-2.html

177 https://www.pnas.org/doi/10.1073/pnas.2212757120

178 https://www.juedische-allgemeine.de/politik/keine-unterlagen-vom-verfassungsschutz/

179 https://www.amadeu-antonio-stiftung.de/36-jahre-schweigen-der-fall-duisburg-1984-61359/

180 https://www.spiegel.de/politik/rechnung-an-die-opfer-a-f56e3045-0002-0001-0000-000013693140

181 https://www.tagesspiegel.de/politik/brandzeichen-im-idyll-3898579.html

182 https://www.zeit.de/gesellschaft/zeitgeschehen/2018-05/solingen-tuerkei-fremdenfeindlichkeit-anschlag-gedenken/komplettansicht

183 https://www.bundesregierung.de/resource/blob/992814/733478/3b726689c7aacea4b71b7f6a9aa482d2/2012-04-26-gedenkveranstaltung-download-bpa-data.pdf

184 https://www.mediathek.at/atom/014EEA8D-336-0005D-00000D5C-014E5066

185 https://www.fr.de/rhein-main/f-kemal-13578394.html

Das Ende der Sehnsucht

1 https://www.faz.net/aktuell/rhein-main/wirtschaft/bouffier-ohne-zuwanderer-kein-spargel-mehr-15538782.html
2 https://www.faz.net/aktuell/wirtschaft/spargelstecher-verdienen-doppelt-so-viel-wie-noch-2008-15575720.html
3 https://www.dihk.de/de/themen-und-positionen/fachkraefte/beschaeftigung/fachkraeftereport-2021/fachkraeftemangel-mit-gravierenden-folgen--61818
4 https://www.demografie-portal.de/DE/Fakten/natuerliche-bevoelkerungsentwicklung.html
5 https://www.demografie-portal.de/DE/Fakten/renteneintrittsalter.html
6 https://www.sueddeutsche.de/wirtschaft/agrar-bauern-wollen-erntehelfer-aus-der-ukraine-holen-dpa.urn-newsml-dpa-com-20090101-180522-99-401140
7 https://www.merkur.de/wirtschaft/oxfam-unhaltbare-bedingungen-fuer-saisonarbeitskraefte-zr-92294002.html
8 https://www.ndr.de/nachrichten/niedersachsen/Fleischindustrie-Moderner-Sklavenhandel,fleischindustrie135.html
9 https://www.sueddeutsche.de/wirtschaft/skandaloese-verhaeltnisse-in-der-fleischindustrie-lohnsklaven-in-deutschland-1.1703776
10 Ebd.
11 https://taz.de/Ausbeutung-in-der-Fleischindustrie/!5791699/
12 https://www.focus.de/politik/deutschland/toennies-muss-wegen-videoueberwachung-bussgeld-zahlen-datenschutz_id_2772940.html
13 https://www.dw.com/de/razzia-in-der-fleischindustrie/a-55023003
14 https://daserste.ndr.de/panorama/archiv/2011/Ausbeutung-Undercover-als-Paketzusteller,paketsklaven151.html
15 https://daserste.ndr.de/panorama/aktuell/Paketsklaven-Post-zieht-nun-doch-Reissleine-,paketsklaven161.html
16 https://www.spiegel.de/wirtschaft/soziales/paketboten-reportage-ueber-die-ausbeutung-von-paketzustellern-a-1301473.htm
17 https://www.nwzonline.de/ammerland/slogan-omas-neue-polin-von-procura24-pflegevermittlung-aus-cloppenburg-auf-bussen-im-ammerland-linke-oldenburg-ammerland-rassismus_a_50,9,3296416056.html
18 https://www.zeit.de/wissen/gesundheit/2016-08/pflegekraefte-bundesregierung-osteuropa-illegal-hausangestellte
19 https://www.deutschlandfunkkultur.de/haeusliche-betreuung-ausbeutung-rund-um-die-uhr-100.html
20 https://www.deutschlandfunkkultur.de/moderne-lohnsklaven-in-deutschland-ackern-im-akkord-100.html

21 https://www.svr-migration.de/publikation/prekaere-beschaeftigung/

22 https://afdbundestag.de/ehrhorn-gesundheitspruefung-statt-einreisestopp-fuer-erntehelfer/

23 https://www.bild.de/news/inland/politik-inland/chaos-in-duesseldorf-und-koeln-wut-und-traenen-auf-deutschen-flughaefen-80511374.bild.html

24 https://www.bild.de/regional/koeln/news-inland/duesseldorf-koeln-flughafen-chaos-wir-haben-unsere-ferien-verpasst-80506016.bild.html

25 https://www.bild.de/regional/muenchen/muenchen-aktuell/lufthansa-passagiere-in-muenchen-gestrandet-hier-herrscht-absolutes-chaos-80505794.bild.html

26 https://www.bild.de/bild-plus/politik/inland/politik-inland/bringt-das-krisen-treffen-die-wende-ihr-versaut-uns-den-urlaub-80532494.bild.html

27 https://www.bild.de/politik/inland/politik-inland/so-will-die-politik-helfen-bundesregierung-holt-gastarbeiter-wegen-flughafen-cha-80511414.bild.html

28 https://www.bild.de/regional/muenchen/muenchen-aktuell/wie-bei-flughaefen-auch-bayerns-wirte-wollen-tuerken-80556612.bild.html

29 https://www.bild.de/politik/ausland/politik-inland/erdbeben-und-ukraine-krieg-koennen-wir-wirklich-noch-mehr-fluechtlinge-aufnehmen-82868416.bild.html

30 https://twitter.com/MPKretschmer/status/1614187488008101888

31 https://twitter.com/MPKretschmer/status/1663129603328602113

32 https://www.kas.de/de/veranstaltungsberichte/detail/-/content/-demokratie-steht-und-fallt-mit-dem-engagement-ihrer-burger-

33 https://www.youtube.com/watch?v=t89AP1TRyNo

34 https://www.morgenpost.de/politik/article237546067/christian-lindner-fachkraeftemangel-ghana-deutschland-reaktion.html

35 https://www.bertelsmann-stiftung.de/de/themen/aktuelle-meldungen/2023/maerz/deutschland-faellt-zurueck-im-internationalen-wettbewerb-um-top-talente

36 https://www.internations.org/expat-insider/2023/best-and-worst-places-for-expats-40353

37 https://www.internations.org/expat-insider/2023/germany-40368

38 https://iab.de/presseinfo/nur-mit-einer-jaehrlichen-nettozuwanderung-von-400-000-personen-bleibt-das-arbeitskraefteangebot-langfristig-konstant/

39 https://www.t-online.de/nachrichten/tagesanbruch/id_100149570/einwanderungsland-deutschland-warum-die-bundesregierung-jetzt-handeln-muss.html

40 Ebd.
41 https://www.zeit.de/2006/43/YouTube-43/komplettansicht
42 https://idw-online.de/de/news87540
43 https://www.zeit.de/2009/30/Kommentar-Dresden-Attentat
44 https://www.zeit.de/politik/deutschland/2015-10/pegida-dresden-wirtschaft
45 Ebd.
46 https://www.deutschlandfunk.de/sachsen-rechtsextremismus-schadet-der-wirtschaft-100.html
47 https://www.spiegel.de/politik/deutschland/kanada-warnt-vor-reisen-nach-ostdeutschland-a-1055563.html
48 https://www.iwh-halle.de/publikationen/detail/aktuelle-trends-fremden feindlichkeit-als-standortnachteil-im-osten-besonders-viele-rechtsextre mist/
49 https://www.zeit.de/wirtschaft/2018-09/rechtsextremismus-sachsen-aus schreitungen-chemnitz-wirtschaft-perspektive
50 https://www.spiegel.de/wirtschaft/nomos-glashuette-die-kunden-wollen-wissen-ob-ein-nazi-an-ihrer-uhr-gearbeitet-hat-a-00000000-0002-0001-0000-000159428645
51 https://www.bvdiu.org/2019/01/21/ja-zu-weltoffenheit
52 https://www.tagesspiegel.de/wirtschaft/dass-internationale-fachkrafte-ungern-nach-sachsen-kommen-ist-eine-tatsache-4658506.html
53 https://www.spiegel.de/wirtschaft/diw-praesident-marcel-fratzscher-sieht-standort-deutschland-durch-extremismus-bedroht-a-3580cc17-554c-41f6-ae7c-644497cec96a
54 https://www.new-facts.eu/sortierung-top/deutschlandwelt-block/2020/07/13/deutsche-wirtschaft-besorgt-ueber-zunehmenden-extremismus/385604/
55 https://www.handelsblatt.com/politik/deutschland/reaktion-auf-verfas sungsschutzbericht-start-up-verband-sieht-wachsende-extremismus-gefahr-als-alarmsignal/25997108.html
56 https://presse.koenigsteiner.com/2021/10/22/politisches-klima-als-stand ortnachteil/
57 Ebd.
58 https://www.spiegel.de/panorama/intel-ist-das-wunder-von-magdeburg-in-gefahr-a-a3915387-6930-4710-b663-dd601a940b6b
59 https://www.mdr.de/nachrichten/sachsen-anhalt/magdeburg/magdeburg/kommentar-streit-intel-iwh-100.html#heftige-reaktionen
60 https://www.sueddeutsche.de/bayern/gefluechtete-ukraine-nigeria-abschie bung-fachkraefte-1.5771402
61 https://www.swr.de/swraktuell/baden-wuerttemberg/suedbaden/abschie bung-pflegekraft--polizei-100.html

62 https://www.br.de/nachrichten/bayern/aufenthaltserlaubnis-fuer-gut-integrierten-kelvin-abgelehnt,TZ492bI

63 https://www.br.de/nachricht/niederbayern/inhalt/ein-abend-mit-andreas-scheuer-100.html

64 https://www.spiegel.de/politik/deutschland/bundespolizei-zu-wenig-qualifiziertes-personal-fuer-abschiebungen-a-1225944.html

65 https://www.bundesregierung.de/breg-de/service/bulletin/rede-von-bundespraesident-dr-frank-walter-steinmeier-1752232

66 Michel Friedman: Fremd, Berlin Verlag 2022, S. 20

Alle Weblinks finden sich auch hier: